国防科学技术大学研究生一流课程体系
"科学技术与国家安全"课程建设资助

科学技术与国家安全

Science - technology and
National Security

杜雁芸　刘杨钺　主编

社会科学文献出版社
SOCIAL SCIENCES ACADEMIC PRESS (CHINA)

目 录

第一章　绪论

刘杨钺

早在第二次世界大战结束前夕，当世界反法西斯阵营已开始憧憬即将到来的和平时，美国白宫首席科学顾问布什却给总统罗斯福递交了一份报告，题目是《科学——没有止境的前沿》。在这份报告中，布什极具远见地指出："如果没有科学的进步，那么其他方面再多的成就也不能保证我们作为现代世界上的一个国家的兴旺、繁荣和安全。"[①] 尽管这句话是站在美国维系其全球霸权的立场之上，但其核心思想却反映出现代国际政治的一个重要规律，那就是科学技术和国家的发展与安全之间日趋密切的联系。习近平总书记在中国科学院和中国工程院院士大会上发表讲话时强调："科技是国家强盛之基，创新是民族进步之魂。"[②] 科学技术不仅是国家繁荣昌盛的保证，也给国家的安全稳定带来了深刻影响。特别是进入 21 世纪以来，随着人类对新兴战略空间的利用和拓展，以及在新技术领域的不断突破和革新，对国家安全的思考已经越来越难以绕开科技这个直接因素。因此，本书着眼于科技视角下的国家安全，探索两者之间的有机联系，为全面理解和认识国家安全问题提供新的维度。

一　科学技术与国家安全的基本概念

科学技术和国家安全是本书最核心的两个概念，同时也是内容非常丰富和复杂的概念体系。分析两者的有机联系，必须建立在对其内涵进行准确界定和把握的基础上。

---

① 〔美〕布什等：《科学——没有止境的前沿》，范岱年等译，商务印书馆，2004。
② 习近平：《在中国科学院第十七次院士大会、中国工程院第十二次院士大会上的讲话》，《人民日报》2014 年 6 月 10 日。

（一）科学技术的内涵与性质

科学技术是科学与技术的辩证统一。马克思、恩格斯认为，科学在本质上体现了"人对自然界的理论关系"，是一般的生产力。自然科学作为关于自然系统本质联系的客观动态知识体系，是人类认识自然的根本手段。人类在探索自然的实践活动过程中，以及在与自然接触的过程中，逐渐获得对自然的认识，并形成理论化、系统化的知识体系。也就是说，科学是产生知识体系的认识活动，科学的任务就是发现事实并揭示客观事物的规律性。从马克思主义视角来看，科学具有以下基本特征：首先，马克思认为科学是真正实证的科学，是真正的知识来源。他指出，"科学就在于把理性方法运用于感性材料。归纳、分析、比较、观察和实验是理性方法的主要条件"。[①] 其次，科学是"一种在历史上起推动作用的、革命的力量"。[②] 这一特征揭示出科学对人类社会进程的塑造作用。再次，科学是一种特殊的社会意识形态，它透过特定的生产关系被赋予了阶级属性。最后，科学也具有双刃剑的作用，它一方面推动了社会的发展，另一方面又成为一种控制人的力量。总的来看，科学具有客观性和实证性、探索性和创造性、通用性和共享性等基本特点。

现代科学通过技术体现其特征。"技术"一词来源于希腊，泛指艺术、技能和本领。技术作为人类同自然界之间进行物质、能量、信息转换和传递的媒介，其本质在于它是人类改造自然的基本手段。技术可以理解为人的本质力量的对象化。首先，劳动资料和物质设备延长了人的"自然的肢体"。[③] 其次，技术在本质上"揭示出人对自然的能动关系"。[④] 最后，技术的发展往往引起生产关系的变革。基于此，有人将技术定义为"人类为了满足社会需要而依靠自然规律和自然界的物质、能量和信息，来创造、控制、应用和改进人工自然系统的手段和方法"。[⑤] 这个定义准确地指明了人对自然的实践关系，认为技术是生产力直接的体现，而广义上的技

---

① 《马克思恩格斯文集》第1卷，人民出版社，2009，第331页。
② 《马克思恩格斯文集》第3卷，人民出版社，2009，第602页。
③ 《马克思恩格斯文集》第5卷，人民出版社，2009，第209页。
④ 《马克思恩格斯文集》第5卷，人民出版社，2009，第429页。
⑤ 于光远等主编《自然辩证法百科全书》，中国大百科全书出版社，1995，第216页。

术——如艺术、技巧和管理方法等——则不在其考虑范围之内。综上所述，技术是人类为了实现社会需求而创造的手段和方法体系；是人类利用自然规律控制、改造自然的过程和能力；是科学知识、劳动技能和生产经验的物化形态。

科学与技术的辩证统一反映出人的认识实践过程的两次飞跃：第一次飞跃是人类在实践活动基础上对客观世界的能动认识，是从实践到认识的飞跃，也正是科学的要旨所在；第二次飞跃则是人类在已获得的认识成果的指导下，进一步对客观世界的能动性控制和改造，是从认识再到实践的飞跃，也是技术的本质体现。由此来看，科学技术虽然具有客观性和自然性，但其发展变化更受实践性和社会性的深层影响。科学技术与社会活动之间的这种有机联系，最为突出地表现在军事技术与战争（和平）的互动关系上。一方面，先进的物质手段总是优先用于军事目的。对这一点，马克思指出"战争比和平发达得早，某些经济关系，如雇佣劳动、机器等等，怎样在战争和军队等等中比在资产阶级社会内部发展得早，生产力和交往关系的关系在军队中也特别显著"。[①] 另一方面，科学的实际重要性往往从战争方面得到体现。[②] 科学学奠基人贝尔纳作出过这样的论断，"科学与战争一直是极其密切地联系着的；实际上，除了19世纪的某一段期间，我们可以公正地说，大部分重要的技术和科学进展是海陆军的需要所直接促成的"。[③] 这一论断在今天看来或许略有些夸张，毕竟现代军事技术与民用技术的发展越来越呈现出并驾齐驱又相互交织的特点，但从科学技术的视角思考安全这一人类社会发展的核心问题，军事技术无疑是其首要元素。

（二）国家安全的概念与特点

要理解国家安全就要首先了解安全的含义。在国际政治领域，安全是一个基本的概念，同时也是一种基本的价值。《现代汉语词典》（第6版）对"安全"作出了如下解释：没有危险；平安。这实际上反映出安全在客观上和主观上的双重含义。在这一点上，现实主义理论代表人物阿诺德·

---

① 《马克思恩格斯军事文集》第1卷，战士出版社，1981，第341页。
② 罗素：《西方哲学史》，商务印书馆，1976，第5页。
③ 贝尔纳：《科学的社会功能》，陈体芳译，商务印书馆，1982，第241页。

沃尔弗斯的论述被人广泛引用，他认为："安全，在客观的意义上，表明所获得价值不存在威胁；在主观意义上，表明不存在这样的价值会受到攻击的恐惧。"① 将这一分析延伸到对国家安全的理解上就可以得出，在客观上，国家安全是指某一国家不存在外来攻击和侵犯的状态与现实，也就是国家有消除威胁的能力，并且处于没有危险、不受威胁的状态；在主观上，国家安全是一种没有恐惧感，不担心会有外来威胁的心理状态，是对国家抵御外来攻击和防卫自身安全能力的主观感觉。它涉及对国家力量、对敌友力量及其意图、对未来的发展趋势以及对维护安全形势的评估和信心。总之，国家安全是客观事实与主观认知的有机统一。

从对象客体上看，国家安全的概念经历了纵向与横向的拓展过程。自国家出现以来，对国家安全的理解长期以来建立在以确保领土完整、主权不受侵犯为主要目标的传统安全观的基础之上。这种传统的国家安全观念具有三方面主要特征：首先，安全被认为是一种单边行为，即安全完全是国家行为体自己的事情，国家也只能通过自身的努力来获取安全；其次，安全被视为竞争性的，是一种此消彼长、你死我活的"零和博弈"；再次，安全的范围是狭隘的，仅仅局限于军事领域。② 在最后一点上，传统国家安全观主要着眼于军事上主权国如何应付外来的威胁和军事入侵。其焦点主要集中于政治和军事内涵方面。但自冷战结束以来，国际形势发生了深刻变化，国际关系的内涵也大为丰富，由此国家安全的内容也发生了重要的改变。一方面，安全的主体在纵向上延伸，由国家向个人和全球扩展，国家安全成为个人、国家和国际三个相互联系层面的融合统一。国家仍然是安全主体的根本所在，但个人与社会安全在国家安全中的重要性也不断上升。另一方面，安全的要素在横向上拓展，尽管传统意义上的军事安全仍然占据核心地位，但政治安全、经济安全、文化安全、环境安全等要素也成了国家安全的新内容。不仅如此，这些要素之间的联系也更加密切，使得国家安全更像是一个成分多元、不断变化的生态体系。

我国国家安全观的变化发展，正体现了上述安全对象和内容双向拓展的客观要求。在中央国家安全委员会第一次会议上，习近平总书记明确提

---

① Arnold Wolfers, *Discord and Collaboration*, Baltimore: Johns Hopkins University Press, 1962.

② 周丕启：《安全观、安全机制和冷战后亚太地区的地区安全》，《世界经济与政治》1998年第 2 期。

出要坚持总体国家安全观,走中国特色国家安全道路。在讲话中,习近平指出:"当前我国国家安全内涵和外延比历史上任何时候都要丰富,时空领域比历史上任何时候都要宽广,内外因素比历史上任何时候都要复杂,必须坚持总体国家安全观,以人民安全为宗旨,以政治安全为根本,以经济安全为基础,以军事、文化、社会安全为保障,以促进国际安全为依托,走出一条中国特色国家安全道路。"其中,对国家安全的理解要兼顾传统安全与非传统安全,要"构建集政治安全、国土安全、军事安全、经济安全、文化安全、社会安全、科技安全、信息安全、生态安全、资源安全、核安全等于一体的国家安全体系"。① 这些重要论述标志着以人民安全为宗旨、以政治安全为根本、以经济安全为基础的中国特色国家安全道路建设步入正轨。总体国家安全观是一种与时俱进的,强调现代国家安全的全面性、整体性和系统性的国家安全观。只有坚持和贯彻总体国家安全观才能科学而准确地认清国家安全现实,也才能科学而高效地指导现实的国家安全工作,促进现实的国家安全治理。

特别值得注意的是,总体国家安全观将科技安全纳入国家安全体系的战略框架内,明确肯定了科学技术与国家安全的内在联系。事实上,科学技术发展本身就是国家安全观演进变革的重要驱动力。科技发展使得军事与民用的界限日益模糊,从而促使安全的内涵向其他领域扩散。某一特定的技术实体往往具有多重意义和影响,映射出不同的安全需求。例如,核技术的民用化与普及化,使传统的军事安全考量与能源、经济、环境等新的安全需求交织在一起。与此同时,技术发展本身也常常催生着新的安全范畴。例如,人类对外层空间的探索和利用,以及在数字空间的创造性活动,便衍生出外空安全与网络安全的新命题。因此,探索科学技术对国家安全的影响机理,将为新时期国家安全战略建构提供重要内在支撑。

二 科学技术与国家安全的哲学逻辑

前文已经提到,科学技术具有社会性和政治性,而安全则是人类社会政治发展的基本价值。那么应当如何看待科技与安全的关系呢?科学技术与社会(简称STS)是一门研究科学、技术与社会相互关系的性质、结构、

---

① 《习近平:坚持总体国家安全观,走中国特色国家安全道路》,新华网,2014年4月15日。

规律及其应用的综合性交叉学科，在其发展过程中，逐渐形成了以下几类哲学范式。本部分将简要探讨科学技术与国家安全关系的基本逻辑。

（一）技术决定论

技术决定论者的逻辑认为，科学技术是外生于政治和社会分析的变量，并对政治有着实质性的、可定义的影响。据此论断，科学技术能够影响政治但本身却是非政治的。科技是自然的产物，是人类设计所无法改变的，因此不需要用政治分析来理解它。在这方面，罗伯特·海伯纳于1967年发表了一篇颇有影响力的文章，标题为《机器创造了历史吗?》。在该文中，海伯纳认为在特定社会中技术的广泛形式将决定社会与经济关系的总体模式。对此他总结道："我认为我们确实能够断言，一个社会的技术将一种确定的社会关系形式强加于该社会之上。"① 在国际政治学者中，杜德尼从决定论立场对科技的政治功能进行了理论化阐述。他认为潜在的技术环境决定了政治权威的本质，或者更准确地说，决定了安全供应的机制。火药、枪炮和其他常规炸药所营造的环境生成了国家体系；而核武器所营造的环境，由于其意味着国家的毁灭，将最终带来"后国家"的国际体系。这种转变是由"处于人类掌控之外的毁灭性物质力量的基本改变所驱动的"。也就是说，科学技术作为一种独立的、外生的自然力量，塑造着国际体系与单元的总体特征，从而以明确的、自主的方式影响着社会领域。

决定论的逻辑为我们理解科学技术与国家安全的关系提供了一定的参考。不同技术体系所具有的特征属性，往往对国家安全产生特定的影响。例如，网络技术的边界模糊性，使得国家面临的网络安全威胁呈现跨国性的特点。然而，将决定论立场奉为圭臬也会带来许多认识上的误区。首先，决定论将科技的政治影响视为单向的和不可逆的，忽视了人的主观能动性。具体到国家安全上，这意味着科技与安全之间的联系是单向度的，人的安全需求对科技发展所具有的反向作用却被拒之门外。事实上，国家安全等政治性因素对科技发展起约束作用的案例并不鲜见。国际军备控制的核心要旨就在于通过限制和规范某些特定技术和装备的发展，缓解国家

---

① Robert L. Heilbroner, "Do Machines Make History", *Technology and Culture*, Vol. 8, No. 3, 1967, pp. 335 – 345.

间的安全困境，维持国际体系的总体和平。其次，在技术决定论视角下，科技是一种外生性变量，这割裂了科学技术与国家安全的内在统一。科技进步与国家安全和发展的各要素之间是有机联系、相互促进的关系，科技安全本身就是国家安全的重要内容。最后，秉持决定论立场，可能产生科学技术是解决人类一切问题的工具的错误观念。对国家安全而言，这意味着国家安全问题必须也只能通过科学技术的进步来加以应对。然而，科学技术不仅不能成为维护国家安全的万能灵药，科技发展还常常附带着新的安全问题的产生。例如，基因技术的新突破增加了生物武器威胁的风险，而技术手段并不能完全消除这种风险，制度、规范、合作等社会性因素同样不可或缺。

（二）社会建构论

社会建构论在哲学上（以及政治学上）与技术决定论对立，自 20 世纪 70 年代末开始在对科学与技术的社会学和历史学研究中占据重要地位。社会建构主义认为技术是"彻头彻尾的社会性的"。技术及其影响不是以外部变革因素的身份进入社会领域，而是完全由人类的兴趣和开创性，以及政治经济力量所塑造成的。在社会建构主义者看来，科技的发展是由人类决定的，它们不是或至少不是像沙滩拾贝那样被人发现。哪些技术获得发展（而哪些没有）并不是技术可行性的产物，也不遵循某种不可避免的技术发展轨道，而是人的选择、兴趣、理念、制度、权力和资源等社会因素的综合作用。例如，对社会建构主义者而言，核武器不属于那些一旦被引入人类社会环境，就会对环境产生明确、独立的影响的自然人工产物。相反，核武器是人类的发明，其所表现的特定形态只是众多可能的"核武器"假定形态的一种。现实生活中的核技术并不是必然产生的，它无法与社会、经济或政治力量分离。社会建构论的哲学逻辑指出了科技与安全联系机制的另一方面，即人类的安全需求（与其他社会因素一起）对科技发展的塑造作用。但社会建构论显然低估了科技发展及其政治社会影响的独立性。一些科学技术成果的固有属性并不是一开始就被人为设定好的，而技术发展过程中产生的许多负面效应（包括安全上的）也并不总是受制于人的控制。因此，社会建构论也无法为科学技术和国家安全的内在关系提供完备的解释。

(三) 辩证唯物主义观

正确看待科学技术与国家安全的关系，必须坚持马克思主义辩证唯物论的基本立场。首先，马克思主义认为，科学技术是推动人类历史前进的重要力量。科学技术的每一次重大突破，都会引起生产力的深刻变革和人类文明的巨大进步。马克思对科学技术的伟大历史作用作过精辟而形象的概括，认为科学是"历史的有力的杠杆"，是"最高意义上的革命力量"。① 在当代，科学技术已经越来越成为第一生产力。邓小平在 1988 年便指出："马克思讲过科学技术是生产力，这是非常正确的，现在看来这样说可能不够，恐怕是第一生产力。"② 科技进步和创新越来越成为先进生产力的集中体现和主要标志。世界范围的经济竞争、综合国力竞争，在很大程度上表现为科学技术的竞争。而解决人类社会发展中面临的资源、环境、人口等重大问题，都离不开科学技术的进步。因此，从这个意义上看，科学技术无疑是有效维护国家安全的重要支点，科技安全也是国家安全体系中的核心环节之一。从科学技术视角分析国家安全，首先就要认识科学技术对社会历史发展的推动作用。

其次，科学技术在应用中产生的负面效应也越来越凸显。科学技术是一把双刃剑，如果不能正确驾驭技术发明并合理地发挥它的内在价值，就会给人类带来巨大威胁甚至灾难，并有可能成为人类发展的对抗性力量。爱因斯坦曾就这一点进行过深刻分析，他认为："我们时代为其在人的理智发展中所取得的进步而自豪。……当然，我们一定要注意，切不可把理智奉为我们的上帝；它固然有强有力的身躯，但却没有人性。……理智对于方法和工具具有敏锐的眼光，但对于目的和价值却是盲目的。"③ 因此，马克思主义指出，科学技术有时"表现为异己的、敌对的和统治的权力"。④ 人类对当代科学技术的不合理使用，已经带来了诸如核扩散与核威慑、外层空间和网络空间军事化、生化恐怖主义等一系列新型国家安全威胁。从科学技术视角分析国家安全，就要正确认识科学技术的这种双刃剑

---

① 《马克思恩格斯全集》第 19 卷，人民出版社，1963，第 372 页。
② 《邓小平文选》第 3 卷，人民出版社，1993，第 275 页。
③ 《爱因斯坦文集》第 3 卷，商务印书馆，1979，第 349 页。
④ 《马克思恩格斯文集》第 8 卷，人民出版社，2009，第 358 页。

效应。

最后，科学技术发展所受到的社会约束程度越来越高。现代生产力的高速发展，为科学技术发展规模的扩大提供了物质条件，同时也使科学技术的发展越来越依赖强大的物质条件。社会政治、经济等利益关系的分化，制约着科学研究的方向、目标和进程以及科技成果的转化和应用。社会价值规范和制度体系，也越来越多地干预着科研活动及其成果的应用。在那些与国家安全密切相关的领域，科学技术的发展明显受到安全需求的导引和约束。反过来说，有效引导或规范特定科学技术的发展轨道，以及参与国际社会共同管理科学技术风险的各类合作机制，也成为维护国家安全的重要途径。因此，在审视科学技术带来的国家安全威胁时，最终的应对举措又常常回到对科技变革的管理和应用上，这充分体现出科学技术与国家安全之间的辩证关系。

三 科学技术与国家安全的研究对象

科学技术与国家安全是一个跨学科、综合性的交叉研究领域，但其内在核心仍是聚焦于国家安全问题，属于政治学与国际关系学科的研究范畴。主要研究对象是影响国家安全的科技因素以及维护国家安全的科技保障等。前者研究科学技术影响国家安全的主要表现和特点，后者则探讨如何通过科学技术发展有效维护国家安全。

（一）科学技术与国家安全研究的主要内容

本书共分为六章，系统论述了科学技术与国家安全互动关系的理论与实践。其中第一章从理论角度探讨了科学技术与国家安全的基本概念，阐述了科学技术对国家安全的影响。正确看待科学技术与国家安全的关系，必须避免技术决定论和社会建构论的单向度思维，而应坚持马克思主义辩证唯物论的立场与方法。第二至第五章从具体的技术领域分析科学技术与国家安全的关系。第二章讨论核技术与国家安全。核技术的发展不仅使国家间的政治生态发生了时代性转变，大国间直接对抗逐渐被战略威慑所替代，其民用领域的开发利用也伴随着能源、环境、突发事件管理等一系列安全考量。第三章分析生化武器与国家安全。生物和化学武器的使用由来已久，且早已被国际社会严厉禁止。但相关技术的发展，特别是基因技术的新突破，再次为生化技术的安全性蒙上了阴影，国家面临的生化安全威胁也日益凸显。第四章探讨外层空间的安全问题。外层空间凝聚着巨大的国家利益，外空安全的重要性也愈发明显。但外空安全正面临着严峻挑战，主要表现在外空武器化和军备竞赛威胁日益加剧，外空利益争夺活动空前激烈，外空环境保护问题迫在眉睫等方面。第五章着眼于网电技术与网络空间安全。网络空间的虚拟性、匿名性和去中心化等特点使得对其有效管控存在相当大的难度，这也导致网络犯罪、网络军事化、网络霸权主义等各种威胁对国家安全构成了严重挑战。当然，上述技术领域并不是科学技术影响国家安全的全部内容，能源技术和材料技术等领域同样与国家安全密切相连。本书选取核技术、生化技术、外空技术和网电技术加以重点研究，首先在于这些技术具有高度的军民两用性。这使得这些技术影响国家安全的机制更为复杂，而如何协调军用与民用技术之间的关系也是国家安全需要面对的全新课题。此外，这些技术领域的战略意义较为明显，外层空间和网络空间被视为继陆、海、空之后的新型战略空间，而核、生、化武器则是与国际安全息息相关的大规模杀伤性武器，因此，这些技术领域对国家安全而言具有特殊的重要性。第六章讨论国际军事技术交流与合作。军事技术交流不仅受到国家安全利益和国家军事战略的决定性影响，反过来也对维护国家安全、拓展国家利益起着重要推动作用。本章还分析了美国、俄罗斯、印度和日本等国的对外军事技术交流，这些主要国家的军事援助与贸易塑造着全球和区域安全态势，也成为我国国家安全环境的重要影响因素。

（二）科学技术与国家安全研究的目的和意义

国家安全是随着国家的产生而出现的一种社会现象，是关系一个国家生存与发展的根本性问题。国家安全历来是国际关系学科的重要研究内容，但国家安全既不局限于国际领域，也不只局限于政治领域。冷战后，在传统安全观已经难以解释日益复杂多变的安全问题的情况下，各种非传统的新安全观开始不断出现。我国的国家安全观也经历了一个不断深化发展的过程。在当前科学技术飞速发展的时代，要科学全面地认识国家安全问题，就不能仅仅局限于国际关系和政治的视角，还要从科学技术的发展变革入手，探索国家安全在内容和特点上的变化，掌握国家安全的新动态。这就要求我们必须全面系统地研究科学技术与国家安全问题。《科学技术与国家安全》一书旨在通过对科学技术与国家安全有机联系的研究和探讨，为全面、系统、科学地了解和认识国家安全问题提供新的视角，为准确把握科技发展条件下国家安全的基本特征和变化趋势提供重要参考，并为深入理解国家总体安全观、树立科学的国家安全意识、有效维护国家利益和国家安全提供理论支撑。

第二章　核技术与国家安全

杨华文

核技术是 20 世纪人类取得的最重大的科技成果之一。作为"最具国际政治重要性的技术"，① 它深深地影响着世界格局、国际安全和人类福祉。作为人类自身铸就的一把"双刃剑"，核技术既能造福地球，也能毁灭世界；既可以是国家安全之"盾"，也能够成为国家安全之"祸"。以 1945 年 7 月 16 日 5 时 30 分美国新墨西哥州阿拉莫戈沙漠冉冉升起的蘑菇云为标志，人类进入核时代已经有 70 个春秋。在美苏冷战严峻对抗的几十年间，"恐怖的和平"一度成为核时代国际安全的显著标志；在后冷战时期，战争与和平依然在"世界末日钟"指针的摇摆中左右徘徊。当前，国际核扩散形势严峻，一些地区核问题向纵深发展，核恐怖主义"幽灵"在世界徘徊，国际安全和国家安全仍面临严峻挑战。各国只有树立和践行新的核安全观，切实加强国际核合作，才能够有效维护国际安全和地区稳定，确保国家安全。

第一节　世界核技术发展与国家安全

19 世纪末 20 世纪初，近代科学处于一个历史性转折时期，重大科学成果频出，物理学领域尤其突出。正当科学界为经典物理学的辉煌成就而欢庆鼓舞时，X 射线、放射性、核裂变等一系列伟大发现相继涌现，贝克勒尔、玛丽·居里、汤姆孙、卢瑟福、哈恩、费米等一群杰出科学家登上科学的大舞台，开创了物理学的重要分支学科——核物理学。建立在核物理学之上的核科技最初在军事领域开花结果，继而在民用领域广泛应用，

---

① 参见时殷弘《国际政治中的核武器与防核扩散问题》，《世界知识》2003 年第 22 期。

对国家安全乃至国际安全产生了重大影响。新时期，随着世界生产力水平的提升和整个科技的发展，核技术也在发展进步，并在可以预见的将来继续对国家安全产生深刻影响。我们应深入思考核技术发展与国家安全的互动关系，以此作为认识和维护核时代国家安全的逻辑起点。

一　世界核技术发展的历史概况

自从 1896 年贝克勒尔发现了放射性现象、人类首次观测到核变化以来，核科学技术的发展已经有 110 多年的历史。其发展过程可大致分为三个阶段。①

（一）19 世纪末到 20 世纪 40 年代：核物理基础研究阶段

现代核物理的奠基肇始于对传统原子理论的颠覆性认识和对原子结构的革命性破解。传统理论认为原子是组成物质的最基本单位，是不可再分的。但这一理论随着对阴极射线研究结果——原子中另一基本粒子——电子的发现而被颠覆。阴极射线是德国物理学家普吕克尔（J. Plücker）在 1858 年利用低压气体放电管研究气体放电时发现的，它是从低压气体放电管阴极发出的一种射线。但这种射线的本质是什么？是一种电磁波还是一种粒子流？对此，当时世界上物理学家们莫衷一是。英国科学巨匠、剑桥大学卡文迪许（Cavendish）实验室主任 J. J. 汤姆孙（Joseph John Thomson）首先对阴极射线继而对原子作了开创性研究。1897 年，他在皇家学会提出的报告中写道，"阴极射线是带负电的粒子"。当汤姆孙发现电子后，他开始对原子结构这样一个非常深奥而又非常基本的问题进行探讨，得出"原子不是不可分割的"的结论，并设想了一个原子模型——"葡萄干面包模型"。汤姆孙为人类找到了第一个基本粒子——电子，从而也使人类对原子有了新的认识。因此，汤姆孙被称为"电子之父"，并获得 1906 年诺贝尔奖物理学奖。

20 世纪初，被称为"近代原子核物理学之父"的英国科学家欧内斯特·卢瑟福（Ernest Rutherford）也在剑桥大学卡文迪许实验室研究非常热门的放射性现象。1906 年，卢瑟福开始研究原子内部结构，认定了原子核

---

① 参见杨华文《英国核战略研究》第一章，国防工业出版社，2013。

的存在，并提出了新的原子结构模型假说：原子由原子核和若干围绕原子核运动的带负电的电子构成，原子核的半径为 $10^{-12} \sim 10^{-13}$ 厘米。1908 年卢瑟福因放射性研究而获得诺贝尔化学奖。1911 年，年轻的丹麦物理学家尼尔斯·玻尔（Niels Henrik David Bohr）来到剑桥求学。起初，尼尔斯·玻尔也是在物理学家汤姆孙领导的卡文迪许实验室工作，1912 年 4 月转到曼彻斯特大学卢瑟福的实验室工作。他于 1913 年在原子结构问题上迈出了革命性的一步并以量子理论解释了卢瑟福原子模型中悬而未决的问题，获1922 年诺贝尔物理学奖。1932 年，另一位英国物理学家詹姆斯·查德威克（James Chadwick）发现了中子。这一重大发现被视为原子能研究的起点。因为自然界中中子不带电荷很容易钻进带电的原子核，而且穿透力极强，利用中子轰击铀原子核所引起的链式反应（Chain Reaction）是制造原子弹的关键。1935 年，查德威克因发现中子而获得诺贝尔物理学奖。在原子科学史上，"如果说放射性的发现使人类跨入了原子世界的大门，那么中子的发现则是人类打开原子世界的第二道大门"。① 有的学者甚至指出，中子的发现标志着核物理学作为一门学科正式诞生。"如果说，1932 年中子发现以前是核物理的'史前时期'，那么从 1932 年起才开始了核物理的历史。"②

核裂变的发现是核科学发展史上的里程碑。核裂变（又称核分裂）是指由重的原子（主要指铀或钍）分裂成较轻原子的一种核反应形式。1938年圣诞节前夕，德国化学家奥托·哈恩（Otto Hahn）和弗里茨·斯特拉斯曼（Fritz Strassmann）在中子轰击铀的实验过程中，成功使铀核分裂为两部分，他们将根据实验报告写成的论文寄给德国《自然科学》杂志，次年1 月 6 日，这篇宣告"铀核裂变被发现"的论文发表了。之后不久，多国科学家验证了这一发现，并进一步提出有可能创造这种裂变反应自持进行的条件，从而开辟了利用这一新能源为人类创造财富的广阔前景。哈恩也因"发现重原子核裂变"而获得 1944 年诺贝尔化学奖。1939 年 9 月初，玻尔及其合作者惠勒从理论上阐述了核裂变反应过程，并指出能引起这一反应的最好元素是同位素铀 -235。

制造原子弹是否可行？促成链式反应发生的临界质量是多少？这是制

---

① 李树宝、吴杰明：《神秘的蘑菇云：核武器发明史》，解放军出版社，1999，第 22 页。
② 杨建邺：《科学的双刃剑——诺贝尔奖和蘑菇云》，商务印书馆，2008，第 98 页。

造原子弹首先要解决的问题。在世界所有国家中，"英国是解决核武器制造问题的第一个国家"。①

1940 年 3 月，英国伯明翰大学两位科学家鲁道夫·皮埃尔斯（Rudolf E. Peierls）和奥拓·弗里希（Otto Frisch）就在备忘录中（Frisch-Peierls Memorandum）最先提出了原子弹制造（他们称之为"超级炸弹"）的可行性：仅用几公斤铀 -235 就能制造和起爆当量等于几千吨炸药的原子弹。②这个备忘录在核武器研制史上的地位如此重要，用英国原子能官方史家玛格丽特·高英的话讲，就是"皮埃尔斯 - 弗里希的论文，抓住了原理和性能，是科学之广度和洞察之深度的杰出范例。……它以科学的信念昭示制造出一枚原子弹的切实可行性和它会带来的恐怖"。③ 美国著名核战略学家麦乔治·邦迪也不得不承认："弗里希 - 皮尔斯（引者注：皮埃尔斯）备忘录是朝着原子弹秘密迈出的第一大步。"④

（二）20 世纪 40 年代到 50 年代：核技术军事应用与竞争阶段

在诸多社会领域里，军事是对社会生产力发展水平反应最为灵敏的领域，核技术发展也鲜明地呈现出该特征。核技术最令人瞩目的运用最初就出现在军事领域，其标志性成果就是核武器的发明。所谓核武器是指利用能自持进行核裂变或聚变反应释放的能量，产生爆炸作用，并具有大规模杀伤破坏效应的武器的总称。⑤ 通常分两类：第一类称原子弹，主要利用铀 -235（U -235）或钚 -239（Pu -239）等重原子核的裂变链式反应原理制成的武器，所以也叫裂变武器；第二类称氢弹，主要利用重氢（氘）或超重氢（氚）等氢原子核的热核反应原理制成的武器，也叫聚变武器或热核武器。⑥

① Peter Calvocoressi, *The British Experience*, *1945 - 1975*, New York：Penguin Books Ltd.，1979，pp. 209.

② 此报告的影印件见 Peter Hennessy, *Cabinets and the Bomb*, Oxford：Oxford University Press，2007，pp. 24 - 30。

③ Margaret Gowing, *Britain and Atomic Energy*, *1939 - 1945*, London：Macmillan, 1964, p. 37.

④ 〔美〕麦乔治·邦迪：《美国核战略》，褚广友等译，世界知识出版社，1991，第 36 页。

⑤ 刘华秋主编《军备控制与裁军手册》，国防工业出版社，2000，第 147 页。

⑥ 需要特别说明的是，通常所说的"核武器"是个一般性的概念，它是指一个完整的武器系统，包括运载工具和核弹头。核武器有不同分类。按照运载工具或发射方式类型，它可分为陆基、海基和空基三种类型；按照作战使用范围和效应，核武器又可分为战略核武器和战术核武器。

核武器的"横空出世"是人类科学技术进步与大国战略需求相结合的产物，是人类历史上划时代的大事，是"最富于革命意义的事件"。[①] 于战争而言，核武器是当今人类进行战争的最大"魔器"，是骇人听闻的"绝对武器"，是"能量杀伤"和"心理杀伤"的极致兵器。核武器的巨大破坏力和威慑力，既令人生畏，又让人"垂涎"。

作为核武器的第一类形态——原子弹，在血肉横飞的战争岁月中首先来到世上。"在原子弹诞生史上，战争以其不可抗拒的强制性姿态扮演了催产婆的角色。"[②] 第二次世界大战初期，为尽早研究开发原子能和尽快掌握制造原子弹技术，促进战争向有利于自己的方向转化，美国、英国、法国、德国以及苏联等国家展开了秘密而又激烈的竞争。最初，在原子能研究的关键领域——铀裂变研究工作领域，英国无可置疑地处于领先的地位。皮埃尔斯-弗里希备忘录甫一发表，就引起了人们极大的关注，被迅速递交给英国当时致力于把科学用于战争的重要委员会——蒂泽德委员会（Tizard Committee）。1940 年 4 月，英国政府成立了一个负责核研究的委员会，即莫德委员会（Maud Committee），隶属空军飞机工业生产局，主席是约瑟夫·汤姆孙（Joseph Thomson），所以也叫汤姆孙委员会，成员包括查德威克等一大批核物理学家。根据莫德委员会的报告制订的英国"管合金"计划（Tube Alloy Project）可以说是世界上最早的核研究计划。

"管合金"计划展开后，得到了大笔政府拨款，并用它购置了一批先进的实验设备，各国科学家对英国原子弹研制的支持非常积极。比如，仍留在丹麦的著名物理学家尼尔斯·玻尔，曾经通报英国，德国重水和铀的需求正在不断增加。他还提出了"利用慢中子链式反应制造原子弹"的建议。这些技术情报，使得英国的原子弹研究如虎添翼。短短一年多的时间内，英国无论在原子弹的结构上，还是在稀有铀同位素的分离方法上，都取得了富有成效的进展。正当英国考虑是否着手建设大规模试验工厂的决定性时刻，德国对英国的空中侦察和轰炸也开始不断升级。严酷战争环境下的英国不可能有核研究的净土。大洋彼岸的新大陆成了接纳、继续英国原子弹研究伟业的理想场所。

---

① 〔英〕劳伦斯·弗里德曼：《核战略的演变》，黄钟青译，中国社会科学出版社，1990，第24 页。

② 李显荣：《论核战略》，人民出版社，2014，第 18 页。

美国的原子弹研究起步稍晚于英国。在美国，从欧洲迁来的匈牙利物理学家利奥·西拉德（Leo Szilard）首先考虑到，一旦法西斯德国掌握原子弹技术可能给世界带来严重后果。经他和另几位从欧洲移居美国的科学家积极奔走推动，1939 年 8 月，物理学家爱因斯坦写信给美国时任总统罗斯福，建议迅速研制原子弹，这才引起美国政府的注意。1940 年 10 月，美国政府成立了由林曼·布里格斯（Lyman Briggs）领导的"铀委员会"（the Uranium Committee），"该委员会的任务是确定裂变是否可成功地使用于爆炸或辐射武器，或用于潜水艇推进，或最终用于生产可利用的能源"。[①] 这是美国正式进入核研究领域的标志。1941 年 6 月，美国国防研究委员会主席万尼瓦尔·布什（Vannevar Bush）创建了一个重要机构——"科学研究与发展办公室"（the Office of Scientific Research and Development），该机构直接向总统负责，其职能是对政府所有科研活动进行管理，在它直接管辖下的有哈佛大学校长詹姆斯·科南特（James Conant）领导的"国防研究委员会"。"铀委员会"则成为"科学研究与发展办公室"的一个分部（S-1 委员会）。1941 年 12 月 6 日，即"珍珠港事件"前一天，罗斯福总统组建了一个高级政策小组，作为其核事务顾问班子。但这时由于美国一直是把主攻方向放在原子能研发而非核武器制造方面，故方向不明，进展不快。在最初的英美核关系中，英国是处于主动有利的一方，不愿意跟美国人分享研究成果。

1942 年 8 月，美国政府正式启动名为"曼哈顿工程"（Manhattan Project）的核计划。1942 年 12 月，恩利克·费米（Enrico Fermi）等人在美国芝加哥建成了世界上第一座铀石墨反应堆，实现了人类首次驾驭原子能的壮举。1943 年 8 月 19 日，在加拿大的魁北克，罗斯福与丘吉尔签订了《魁北克协议》（Quebec Agreement），决定两国在原子弹研究领域进行全面合作。英国科学家到达美国之后，他们跟美国科学家一道，努力工作，无私奉献，无论是在核物理的理论研究还是在核工程技术方面，都作出了堪称卓越的贡献。据估计，英国科学家的加盟至少使第一批原子弹的研制成功比预期提前了两个月到 1 年的时间。[②]

---

① 〔法〕贝特朗·戈尔德施密特：《原子竞争（1939~1966）》，高强等译，原子能出版社，1984，第 50~51 页。

② 〔美〕麦乔治·邦迪：《美国核战略》，褚广友等译，世界知识出版社，1991，第 148 页。

经过各国科学家的共同努力，终于在第二次世界大战结束前夕，研制出了世界上第一颗原子弹。

其实，1942 年以前，德国在核技术领域的水平与美、英大致相当，但后来落伍了。为生产高浓缩铀，德国曾把研制高速离心机作为其核计划的重点，但由于空袭和电力、物资匮乏等原因，进展十分缓慢。德国采用重水反应堆生产钚 - 239，到 1945 年初才建成一座规模不大的次临界装置。加上希特勒迫害科学家，更主要的是，希特勒过分自信，认为战争可以很快结束，不需要花气力去研制尚无必成把握的原子弹，研制工作无果而终。

（三）20 世纪 50 年代至今：核技术军事应用与和平应用并举阶段

这一时期核技术军事应用主要体现在两方面：一是核武器的继续发展；二是军用核动力的广泛应用。

核武器发展方面，继美国之后，苏联于 1949 年 9 月 22 日成功爆炸了第一颗原子弹。1952 年 1 月 3 日，英国第一颗原子弹试制成功。[①] 1960 年 2 月 13 日，法国爆炸了第一颗钚弹。1964 年 10 月 16 日，中国试爆成功第一颗原子弹。除这些国家已掌握核武器外，印度在 1974 年进行过一次核试验。1998 年 5 月 11 日开始，印度在 48 小时内进行了五次核试验。巴基斯坦也在 1998 年 5 月 29 日进行首次核试验并获得成功。以色列和日本虽未公开进行核爆试验，但以色列是公认的有核国家，日本被认为是准核国家。朝鲜经过多次核试验，也初步形成了核遏制力。

氢弹方面，1952 年 11 月 1 日，美国进行了世界上首次氢弹原理试验。从 50 年代初至 60 年代后期，美国、苏联、英国、中国和法国都相继研制成功氢弹，并随之开始服役。

为发展和改进核武器的性能，1945 ~ 1996 年，世界主要核国家进行了 2045 次大气层和地下核试验（见表 2 - 1）。其中，美苏（俄罗斯）两个超级大国核试验次数共计 1745 次，占五国核试验次数总和的 85.3%。

---

① 英国原子弹研制的详细历史请参见杨华文《英国核战略研究》，国防工业出版社，2013。

表 2 - 1　世界主要核国家核试验对比表

年代	英国		美国		苏联（俄罗斯）		法国		中国	
	大气层	地下	大气层	地下	大气层	地下	大气层	地下	大气层	地下
1945～1950	0	0	6	0	1	0	0	0	0	0
1951～1955	3	0	59	2	23	0	0	0	0	0
1956～1960	18	0	107	20	59	0	3	0	0	0
1961～1965	0	5	43	193	136	25	1	12	2	1
1966～1970	0	0	0	231	0	87	21	1	8	0
1971～1975	0	1	0	119	0	104	24	2	5	1
1976～1980	0	7	0	88	0	131	0	47	8	2
1981～1985	0	6	0	87	0	102	1	47	0	5
1986～1990	0	4	0	62	0	47	0	39	0	4
1991～1996	0	1	0	13	0	0	0	12	0	9
小计	21	24	215	815	219	496	50	160	23	22
总计	45		1030		715		210		45	

资料来源：http：//www.nrdc.org/nuclear/nudb/dutab15.asp（美国自然资源保护委员会网站）。

自 20 世纪 60 年代以来，核武器的发展主要有以下几个趋向。

第一，比威力大幅增加。随着技术的发展，核武器的核战斗部（由核装置、引爆控制系统及相应结构部件组成）重量、尺寸显著减小，但衡量核弹头设计水平的指标——比威力（威力与重量的比值）[①] 有了大幅提高。据资料披露，美国在长崎投下的原子弹（名为"胖子"）重约 4.5 吨，威力约 2 万吨 TNT；70 年代后期，装备部队的"三叉戟"Ⅰ潜地导弹重量约 1.32 吨，共 8 个分导式子弹头，每个子弹头威力为 10 万吨 TNT，其比威力同长崎投下的原子弹相比提高约 135 倍。美国在 1963 年服役的 155 毫米榴弹炮的核炮弹，长度不到 1 米，直径只有 150 毫米，重量约 54 千克，当量约 1000 吨 TNT。热核武器（氢弹）的比威力提高的幅度更大，已有 5000 万吨威力的氢弹进行过试爆。

第二，努力使之战场战术化。在冷战时期，虽然核武器只被当作战略威慑的底牌，并不是要动辄拿出来使用的实战武器，但美、苏等国仍研制

――――――――――

① 比威力是衡量核弹头设计水平的一个概略指标。比威力 = 核弹头威力（kt TNT）/ 核弹头质量（kg），通常用千吨 TNT 当量/千克为计量单位。

了适于战场使用的各种核武器，如可变当量的核战斗部（如美国 W - 84 型可变当量核战斗部，爆炸威力为 200 吨至 15 万吨 TNT 当量）；还研制了可在战舰、潜艇、飞机、导弹等平台上通用发射的核战斗部；甚至设想研制微型核武器，其爆炸当量或只有几吨 TNT。同时，改进和提升核战斗部及其引爆控制系统的可靠性、作战环境适应性，重视研究在核战争环境中提高核武器的抗核加固能力以防止敌方的破坏，如对洲际导弹发射井进行抗核加固。目前，美、俄洲际弹道导弹发射井均具备抗百万吨级核弹距离井口 500 米爆炸的冲击波的能力。另外，还提升导弹本身的抗核加固能力。据俄罗斯称，其白杨 - M 洲际导弹的抗核加固水平非常高，除非被拦截弹直接击中，否则敌方拦截弹的核效应不能使其偏离目标。[①]

第三，提高生存能力和命中精度。20 世纪 70 年代以来，核武器系统的发展更着重于提高武器的生存能力和命中精度。如美国的"和平卫士/MX"洲际导弹，它多采用地下井发射与机动发射相结合的方式，平时导弹放在发射架上，定期利用运输车改变停放位置，导弹射程 11000 千米，命中精度达 90 米。苏联的 SS - 24 洲际导弹，采用分导式多弹头导弹，可携带 10 枚 35 万吨级的子弹头，具有命中精度高、弹头威力大的特点，采用地下井冷发射和铁路机动发射，可逃避对方探测、监视。由于潜艇隐秘性强、机动性好，主要核国家还大力发展潜射弹道导弹，大力提高海基战略核武器系统的攻击能力、突防能力和生存能力，如美国的"北极星 A - 3""海神 C3""三叉戟"系列，苏联的 SS - N - 6、SS - N - 8、SS - N - 18，法国的 M - 20、M - 4 等。由于自身的"自伤"效应，核武器大量生产和部署而带来的安全隐患也引起了有关各国的关注。

第四，按照需要优化性能。为了应对舆论及普遍兴起的反核运动，核科学家通过设计调整核武器性能，按照不同需要，增强或削弱其中某些对环境影响大、"不人道"的杀伤破坏性因素。比较典型的如"增强辐射武器"和"减少剩余放射性武器"。前者通常称为中子弹，它是将高能中子辐射所占份额尽可能增大、使之成为主要杀伤破坏因素的小型氢弹。据统计，1 枚 1000 吨 TNT 当量的中子弹，在距离爆炸中心 800 米处的核辐射

---

① 张玉敏、朱春来：《核武器发展的趋势与核检测技术研究》，《舰船防化》2009 年第 6 期。

量，为相同当量纯裂变武器的 10 倍左右，而放射性沾染只有其 2% ,① 因而导致的环境问题较轻（故中子弹的确切名称叫增强辐射弹）。后者将剩余放射性减到最小，突出冲击波、光辐射的作用，如冲击波弹。冲击波弹是以冲击波效应为主要杀伤破坏因素的特殊氢弹，己方部队甚至可在爆炸后不久就进入爆区。由于其杀伤破坏作用与常规武器相近，因此也被称为"干净"的核武器。1980 年，美国宣布研制成功冲击波弹。

军用核动力应用方面，美国等国很早就认识到把核反应堆作为军用动力的独特优势，并较早地在潜艇上使用核动力装置。1946 年，以海曼·里科弗（Hyman G. Rickover）为首的一批美国科学家开始研究舰艇用原子能反应堆（也就是后来潜艇上使用的压水反应堆）。1952 年 6 月，世界上第一艘核潜艇——"鹦鹉螺号"在美国开工建造，1954 年 1 月 24 日首次开始试航。此后，苏联、英国、法国、中国和印度相继制造出了本国的核潜艇。核潜艇水下续航能力可达到 20 万海里，自持力达 60 ~ 90 天，大大提高了潜艇的生存能力。

核潜艇的建成充分展示了核动力的优越性，人们开始设想将核动力应用于航母和巡洋舰等大型水面舰艇。1961 年 11 月，世界上第一艘核动力航母"企业号"建成服役，其更换一次核燃料可连续航行 10 年，惊人的续航力和超常的机动性极大地提高了美国的海权。它的问世，使航母的发展进入新纪元。在此基础上，美国又研制了第二、第三代核动力航空母舰——"尼米兹"级和"福特"级航母。目前，美国的核航母技术仍处于世界领先地位。除美国外，只有法国拥有一艘核动力航母。世界上第一艘核动力巡洋舰是美国伯利恒钢铁公司于 1957 年 12 月开工、1960 年下水的"长滩号"核动力导弹巡洋舰。

除了用于潜艇、航母和巡洋舰外，一些技术先进的国家还把核动力应用于空间卫星，即核动力卫星。使用核电源的人造地球卫星具有适应能力强、空间飞行阻力小等特点，适用于某些军用卫星和行星探测器。卫星用的核电源通常有两类：放射性同位素温差发电器和核反应堆电源。前者功率较小，为几十瓦至几百瓦；后者功率较大，可达数千瓦至数十千瓦。②

① 靖宝庆编《现代核技术与应用》，湖南人民出版社，2012，第 160 页。

② 《核动力卫星用的核电源有两类》，中国储能网，2013 年 11 月 15 日，http://www.escn.com.cn/news/show‒86232.html。

在外行星探测中，由于探测器远离太阳而难以利用太阳能电池发电，必须采用核电源。美国的"海盗号"、"先驱者"10 号和 11 号、"旅行者"1 号和 2 号、土星、木星等探测器中都采用了同位素温差电源。① 苏联在 1967～1982 年共发射了 24 颗核动力海洋监视卫星。由于卫星坠毁时会对大气和地球造成污染，核电源的使用受到安全上的限制。1964 年 4 月，美国海军的运输导航卫星——"子午仪号"导航卫星携带的放射性同位素发电机在大气中解体，泄漏了超过 950 克的钚-238。这比 1964 年全年所有核爆炸所释放的钚元素还多。1978 年 1 月 24 日，苏联"宇宙"954 号核动力卫星发生故障，未燃尽的带有放射性的卫星碎片散落在加拿大境内，造成严重污染。近些年来，美国和欧洲又重新开始新一代核动力卫星的研发。

核能的和平利用技术是随着其军事利用自然发展起来的。20 世纪 50 年代，各有核国家在抓紧军备竞赛的同时，也竞相建造核电站。核电站的核心是一个能维持和控制核裂变反应的装置——核反应堆，由此实现核能和热能的转换。其核蒸汽供应系统（核岛）相当于常规火电厂的锅炉系统，再由蒸汽驱动汽轮发电组进行发电（常规岛）。20 世纪 50～60 年代，核电还处于试验阶段，单堆功率小、堆型多、经济性差。1954 年，苏联建成世界上第一座核电站，装机容量仅为 5 兆瓦。1956 年和 1957 年，英、美也相继建成核电站。但直到 1960 年，全世界核电站装机容量只有 859 兆瓦。经过 20 世纪 60～70 年代的反复摸索实践，核电技术已经比较成熟。截至 1975 年，全世界核电站装机容量已达 75841 兆瓦。② 相比于火电，核电成本低、环境污染小，其主要问题是产生核爆炸的后果十分严重。但从历史上看，几次发生的核电事故均属人为造成，与核电技术本身无关。

除了用于核电的发展，核技术还应用于：①同位素的应用，包括同位素示踪、同位素仪表和同位素药剂等。②射线辐照的应用，如利用加速器及同位素辐射源进行辐照加工、食品消毒保鲜、辐照育种、探伤以及放射医疗。③ ③中子束的应用，如用中子束来进行辐照、掺杂、测井、探矿、

---

① 罗上庚编著《走近核科学技术》，原子能出版社，2005，第 55 页。
② 于仁芬、缪宝书编著《核能——无穷的能源》，清华大学出版社 & 暨南大学出版社，2011，第 167 页。
③ 参见靖宝庆编《现代核技术与应用》，第六章、第九章等相关章节，湖南人民出版社，2012。

治癌等。④离子束的应用，可用于物品改良、肿瘤治疗、投影曝光、镀膜加工、痕量分析等。

二 世界核技术发展的基本态势

新时期，随着世界生产力水平的提升和科技的发展，核技术也在不断发展进步，在核基础研究、核武器技术、核能技术以及核燃料循环技术等领域呈现出一些新的态势。伴随着中国整体科技实力的跃升，中国的核科技在若干领域也取得了重大进展。

（一）核科技基础研究领域[①]

核物理研究的趋势和目标越来越清晰和明确。总体来说，当前和今后一段时期，核物理研究的趋势是朝极端条件（高能、高温、高密、高自旋、高同位旋、远离稳定线、超重核等）以及离子物理、天体物理结合两个方向发展，其热点研究包括四个方面：极端条件下的核结构、核内夸克的动力学、相对论重离子碰撞与夸克胶子等离子体、核天体物理学。[②] 核物理研究主要目标将集中在：第一，通过核现象研究粒子的性质和作用（特别是核子间的相互作用），如研究中子的电偶极矩、中微子的质量、质子的寿命问题等。第二，核多体系运动的研究，重点研究高自旋态、高激发态、大变形态、远离 β 稳定线核素、基态和低激发态等特殊运动形态。

研究极端条件下的核物理以及核物理与粒子物理、天体物理的交叉成为当前核物理研究的前沿热点课题。在高同位旋极端条件下，核物理的研究领域将扩大 20 倍，从过去自然界提供的 300～400 种核素扩大到 6000～8000 种核素，从而生成许多新的研究领域。[③] 粒子加速器、探测手段、数据记录和处理以及计算技术的应用促进了核物理与粒子物理的交叉发展。核天体物理学是核物理与天体物理相结合形成的交叉学科，研究爆炸性天

---

① 以下内容主要参见杨福家等编著《原子核物理》，复旦大学出版社，2006；卢希庭主编《原子核物理》，原子能出版社，1981；国家自然科学基金委员会、中国科学院编《未来 10 年中国学科发展战略》，科学出版社，2012。以及百度"原子核物理学""核科学"词条。

② 国家自然科学基金委员会、中国科学院编《未来 10 年中国学科发展战略》，科学出版社，2012，第 29 页。

③ 王顺金：《21 世纪核物理发展前沿探讨》，《原子核物理评论》2000 年第 1 期。

体事件中的核过程是其学术前沿。

加速器技术快速发展大大促进了核科技基础研究。加速器是核科学研究的重要平台。当前，超导磁铁和超导高频腔在加速器中广泛应用，激光加速、等离子体尾场加速和双束加速器等研究取得突破性进展。高能加速器在高能量前沿、高亮度前沿以及新技术、新原理等方面取得新的进展。随着加速器能量的不断提高，人类对微观物质世界的认识更加深入，粒子物理研究取得了巨大的成就，为在实验室研究极端条件下的核结构、核内夸克动力学、相对论重离子碰撞与夸克胶子等离子体，以及核天体物理等科学前沿问题带来了崭新的机遇。

ITER 计划（"国际热核聚变实验堆"计划）取得重大进展。该计划倡议于 1985 年，1988 年开始试验堆的研究设计，2001 年完成工程设计。它将集成当今国际上受控磁约束核聚变的主要科技成果，首次建造可实现大规模聚变反应的聚变试验堆以研究解决大量技术难题，[①] 是人类受控核聚变研究走向实用的关键一步，备受各国政府与科技界的高度重视和支持。以 ITER 计划的启动为标志，磁约束核聚变研究已经完成科学（等离子体物理学）可行性验证。国际上普遍认为，建造和运行 ITER 的科学和工程技术基础已经具备，成功的把握性较大，经过示范堆、原型堆核电站阶段，可在 21 世纪中叶实现聚变能商业化。

另外，核物理试验方法和射线探测技术取得新的发展。核物理研究大大提高了核多体计算的精确度，原子核的结合能成为实验上最精确的测量之一；技术先进的核临界安全研究设施、试验平台已建立，并获取了许多临界安全基准数据；数字化控制与保护、人因工程、老化管理、非能动安全、防恐怖和防核扩散等技术成为核安全重点研究领域。

中国的核基础研究领域取得重大进展。中国第一座高能加速器——北京正负电子对撞机于 1988 年 10 月 16 日首次对撞成功，这是继原子弹、氢弹爆炸成功，人造卫星上天之后中国在高科技领域又一重大突破性成就。2013 年 1 月 5 日，中国"人造太阳"实验装置辅助加热工程的中性束注入系统在综合测试平台上成功实现 100 秒长脉冲氢中性束引出。2014 年 7 月

---

① ITER 装置是一个能产生大规模核聚变反应的超导托克马克（Tokamak 的音译），俗称"人造太阳"。

4 日，中核集团自主研发的 100MeV 质子回旋加速器首次调试出束，标志国家重点科技工程 HI – 13 串列加速器升级工程的关键实验设施建成。这是中国基础核物理研究向前迈出的重要一步。

（二）核武器技术领域

核武器技术领域是主要大国较量和国家安全的核心领域。当前各国特别是主要大国在该领域竞争十分激烈，风起云涌。美、俄等国高度重视战略"技术储备"原则，集中有限的经费，在核武器技术领域保持持续的研发和生产能力，为有效应对未来的形势变化做准备。

1. 计算机模拟核实验技术

核爆炸试验曾经是研制和改进核武器不可缺少的一环，但现在情况有了较大的改变。为了顺应世界反核运动和呼声、规避《全面禁止核试验条约》[①] 等国际规则，一些核大国开始寻求不通过核试验而保持现有核武器性能得到提高的有效途径。其中，通过计算机模拟试验来建立核爆炸模型、评估核试验效应、进行各种有关的数据计算，进而完善和发展核技术，就成了它们的首要选择。计算机模拟核试验具有可多次重复、便于监测、节省费用、保护环境和便于保密等突出优点，对研制和完善新型核武器具有重大意义。这说明世界主要国家获得、保持与发展核武器的手段已从地下核试验走向地上的实验室。未来，核技术优势的获取与竞争将主要在实验室内展开。

从 20 世纪 90 年代开始，美国就积极发展新的核武器试验技术。1992 年 7 月，时任美国总统布什宣布美国继续暂停核试验，同时责成能源部探索在不通过地下核试验的情况下仍然确保美国核弹头先进、可靠和保密的其他途径。在此情况下，国家点火装置（NIF）应运而生。该计划自 1994 年启动，于 1997 年正式开始工程建设，2009 年竣工，并在 2010 年开始点

---

① 1996 年 9 月，联合国通过《全面禁止核试验条约》（CTBT），其宗旨和目标是：全面禁止核武器试验爆炸及其他任何核爆炸，有效促进全面防止核武器扩散及核裁军进程，从而增进国际和平与安全。条约由序言、17 项条款、2 个附件和 1 个议定书组成。迄今为止，全世界已有 177 个国家签署了该条约，其中 156 个国家批准了该条约。美国在克林顿执政时期也签署了该条约，但美国参议院一直拒绝批准这一条约。

火试验。整个用于容纳国家点火装置的建筑物长 215 米，宽 120 米，相当于三个足球场面积，是目前世界上最大的激光聚变机器。有估算称，国家点火装置总预算达到 70 亿美元。① 模拟核爆炸需要超大型计算机，而早在 1997 年 IBM 公司就宣布将制造一种每秒能计算 10 亿次的超级计算机。这给美国提供了一种模拟核爆炸而又无须实际核爆的有效手段。1997 年初，依靠以往的地下核试验数据和计算机模拟技术，美国成功把将 B61 - 7 普通型核航弹改装为一种能钻入地下爆炸的新型核航弹。② 2011 年，美国能源部下属的核军工管理局宣布，桑地亚国家实验室和洛斯·阿拉莫斯实验室在高温高压条件下，利用高强度 X 射线照射，制造出与核爆炸时相同的物理状态，完成了两次模拟核试验，随后一种特殊的"Z 机器"将取得的数据提供给超级计算机，以模拟核武器的性能。③

在本国政府于 1996 年签署《全面禁止核试验条约》后，法国原子能委员会随即启动了一项计算机模拟计划。1997 年，法国政府为原子能委员会拨款 69.04 亿法郎用于实施核试验模拟计划。④ 2009 年 9 月，法国布尔（Bull）公司等机构发布消息说，它们将使用一台超级计算机模拟核试验，以确保法国在终止核试验后仍能获取相关数据。

据外界估计，除美国、法国外，到目前为止能够进行计算机模拟仿真核试验的国家还有俄 、英、中、日等。印度声称将要进行核武器的计算机模拟试验。日本则一直关注着其他大国利用计算机仿真技术进行模拟核试验的研究工作。

一些国家频繁用计算机模拟仿真核试验，将导致核军备竞赛在新的更高层次上进行。对此，我们应当保持清醒的头脑，不为表面现象所迷惑。只有保持必要的军事技术能力，才能有效维护国家的利益和尊严。

2. 亚临界核试验技术

亚临界核试验（通常也叫次临界核试验）是研究核武器所使用的裂变材料在高能炸药或其他方式冲击（或爆轰）下的物理、化学行为，试验中

① "美国核聚变国家点火装置（NIF）首次实现输出能量超出输入能量"，http：//www. guancha. cn/Science/2013_10_08_176993. shtml。

② 张玉敏、朱春来：《核武器发展的趋势与核检测技术研究》，《舰船防化》2009 年第 6 期。

③ 中国国际问题研究所军控研究中心：《全球核态势评估报告 2011/2012》，时事出版社，2012，第 96 ~ 97。

④ 张玉敏、朱春来：《核武器发展的趋势与核检测技术研究》，《舰船防化》2009 年第 6 期。

所用的武器级钚、高浓缩铀等核材料的数量以不发生自持链式反应为限。①
在亚临界试验中，由于核材料没有达到临界反应，就不会释放核能量、导
致核爆炸、造成破坏性污染，全球核试验监测网也难以监测到。相对地，
传统的核试验会产生巨大的能量、形成巨大无比的蘑菇云，这也是通称的
临界试验；二战末期美国在日本广岛、长崎投下的原子弹，则是处于超临
界状态。

亚临界试验是美、俄等核大国应对核禁试的主要技术手段。在俄罗
斯，它叫"非核爆试验"，美国则称之为"流体动力试验"。这项试验的主
要目的是：通过试验检验库存核武器的性能，维持核武库的安全性和可靠
性。因为核武器的设计寿命一般为30年，随着储存时间的延长，核武器中
的核材料会逐渐老化、变质甚至失效，需要定时检验。当然，亚临界核试
验中得到的数据和经验，也可为开发下一代核武器服务。

亚临界核试验对计算机技术要求很高，前述的计算机模拟核试验只是
辅助亚临界试验的基础性试验。目前只有美、俄、英、法等国家拥有这种
能力，而唯有俄罗斯能够"与美（国）争锋"。美国于1992年宣布停止地
下核试验，但亚临界核试验却一直在进行。2012年12月初，美国在内华
达州一个地下设施进行了一场亚临界核试验，引起伊朗和日本的强烈谴
责。这其实是奥巴马政府的第4次亚临界核试验。而自1997年以来，美国
亚临界核试验已进行了27次。苏联于1990年10月在哈萨克斯坦的塞米巴
拉金斯克试验场进行了最后一次核试验，从1995年开始，俄罗斯在新地岛
开始了亚临界试验。俄罗斯进行亚临界试验的情况对外界较为保密。据估
计，从1997年到2000年，俄罗斯进行了20多次亚临界试验。2004年8月
9日又进行了一次亚临界试验，时任俄原子能部部长的亚历山大·鲁缅采
夫表示，俄罗斯以后将继续每年进行几次亚临界试验。另据中国国防科技
信息网于2012年10月报道，俄罗斯可能将在新地岛的核试验场进行新的
亚临界核试验，以测试其核武库的安全性和可靠性。

3. 核武器小型化技术

通过核武器小型化技术能达到核实战的目的。通常大多数国家认为1

---

① 谢武：《美国亚临界试验 奥巴马"反核"论调出现反常?》，中国网，2010年10月25
日，http://news.china.com.cn/txt/2010-10/25/content_21194671.htm。

万吨 TNT 当量以下的核武器为小型核武器。[①] 但很长一段时间以来，美国核武器专家流行这样一种看法：当量在 5000 吨级 TNT 及其以下的核弹能够轻易地钻入地下；因为小型核弹的低当量设计，使释放到地表的辐射物质微不足道，从某些方面看，发展小型核弹比改进大型核弹更实际。[②] 这样一来，核武器就不再仅仅是一种威慑力量，而是与坦克、战斗机、潜艇、航母一样，成了一种实实在在的军事工具了。

20 世纪 60 年代，美国制造过一种名叫"大卫·克罗基特"（Davy Crockett）的小型核武器，仅重 50 磅，[③] 但爆炸后能量相当于几百磅 TNT。1991 年第一次海湾战争结束后，许多军事家认为：由于精确制导武器能投放到距离目标几米的范围内爆炸并摧毁目标，从而可以替代毁伤半径巨大的战术核武器。1993 年，美国国会还通过了弗斯－斯普拉特 1994 年国防授权法修正案，禁止研制当量小于 5000 吨的新战术核武器。但是，"9·11"后，美国又出现了需要战术核武器的呼声，以用来打击伊拉克地下军事目标。[④] 美国国防部于 2002 年初发布的《核态势评估报告》中提出，美国要改进核武器，使库存武器的当量更灵活；改进钻地核武器，以对付加固和深埋的设施；在某些情况下可以使用核武器来对付"流氓国家"。2003 年 3 月，美国能源部核军工管理局副局长埃弗里特·贝克纳透露，美国将在短时间内启动新一代核武器的初步试验，其核心内容就是研制"增强型核钻地弹"。[⑤]

当前，美、俄等国已拥有核炮弹、核炸弹、核深水炸弹、核钻地弹、核地雷、核鱼雷、特殊用途核爆破雷（皮箱炸弹）、舰舰核导弹、反潜核导弹等几种现役的小型战术核武器。其中，美国的钻地核航弹 B61－11，战斗部重为 549 千克，外径 0.34 米，长 0.37 米，威力当量可调（300 吨～30 万吨 TNT）。

美、俄正在秘密研制中的第四代核武器——反物质武器将可以彻底实现小型化。由于反物质武器不存在临界质量，即使特别微小的质量也能形

---

① 俄罗斯的标准为 1.5 万吨 TNT 当量以下。

② 朱萍：《令人恐惧的美国小型核武器》，中国《新闻周刊》2003 年第 21 期。

③ 1 磅 ＝ 0.4536 千克。

④ 刘华秋：《坚实的核钻地弹——美国开始研究的新式战术核武器》，中国网，2003 年 1 月 22 日，http://www.china.com.cn/chinese/2003/Jan/266150.htm。

⑤ 朱萍：《令人恐惧的美国小型核武器》，中国《新闻周刊》2003 年第 21 期。

成爆炸，因此这种武器可以做得特别小，甚至可以做到只有子弹大小。而且，因为反物质武器爆炸后不会有放射性残留，使用完这种核武器48小时后，部队就可以放心地进入核爆炸地区。这种明显的军事优势完全可能降低核武器使用的门槛，导致核武器的频繁使用乃至滥用。据披露，俄罗斯从20世纪50年代的苏联时期起，就在"氢弹之父"萨哈罗夫的领导下从事反物质武器的研制工作。美国五角大楼对研制反物质武器很感兴趣，斥巨资加以研制，美国空军也在进行一项名为"革命性炸药"的反物质武器研制计划。

（三）核能技术领域

2011年3月，福岛核事故对全球核电发展产生了巨大的负面影响，但相对于氢能、太阳能、风能、生物能等新能源在储存、运输、利用效率、使用条件等方面的诸多限制，就目前技术而言，依然只有核电能长期稳定地作为化石能源的重要补充。世界核电发展正处于复苏时期，目前全球商用核电站反应堆共有443座。[1] 在役核电站要尽量延寿运行，同时也大力开展新堆型研发。表2-2给出了世界上应用比较普遍的六种堆型的基本特征。

表2-2　核电六种主要反应堆的基本特征[2]

堆型	中子谱	慢化剂	冷却剂	燃料形态	燃料富集度
压水堆	热中子	水	水	二氧化铀	3%左右
沸水堆	热中子	水	水	二氧化铀	3%左右
重水堆	热中子	水	水	二氧化铀	天然铀
高温气冷堆	热中子	石墨	氦气	铀-钍混合氧化物或碳化铀	7%~20%或90%
石墨慢化水冷堆	热中子	石墨	水	二氧化铀	2%左右
快中子堆（又称钠冷快堆）	快中子	无	液态钠	铀-钚混合氧化物	15%~20%

---

[1] 周志伟编著《新型核能技术——概念、应用与前景》，化学工业出版社，2010，第61页。
[2] 周志伟编著《新型核能技术——概念、应用与前景》，化学工业出版社，2010，第62页；柴建设编著《核安全文化理论与实践》，化学工业出版社，2012，第54页。

压水堆是技术上最成熟的一种核电动力堆型，全世界已建、在建和将建的核电厂中，压水堆占 64% 左右。当前，先进压水堆技术已形成以非能动安全系统、先进反应堆芯、模块化设计、数字化仪表与控制等为代表的新潮流。第三代压水堆已形成 EPR 和 AP1000 两种设计。EPR 堆型是在法国 N4 型和德国 KONVOI 型核电站基础上发展起来的第三代核电站，技术手段相对成熟，而其核心技术指标堆芯损毁率和事故早期大量放射性环境释放频率更是超出三代核电设计标准一个数量级。西屋公司在已开发的非能动先进压水堆 AP600 的基础上开发了 AP1000。

高温气冷堆是国际核能界公认的一种具有良好安全特性的堆型，以石墨做慢化剂、采用优异的包覆颗粒燃料是获得其良好安全性的基础。其优点是核电厂选址灵活（可建在冷却水源不足的地方）、核燃料利用率高、环境污染小、可不停堆换料等，但技术上还不成熟。[①] 根据堆芯形状，高温气冷堆分球床高温气冷堆和棱柱状高温气冷堆。顺应美国三里岛核事故后世界核反应堆安全性全面提高的趋势，高温气冷堆堆芯熔化概率也有了显著的改进。

快中子堆（"快堆"）是世界上第四代先进核能系统的首选堆型，它以高放废物最小化、核能可持续发展和强化核不扩散为目标，引领着第四代核能系统的发展方向。[②] 与目前运行及正在建设的第二代、第三代核电站相比，其形成的核燃料闭合式循环可以使铀资源的利用率提高至 60% 以上（现有核电站只有 1%），从而可以保证核能上千年的大规模发展（至少几亿千瓦装机）。而且，由于快堆的固有安全性高，可以实现在类似福岛事故的条件下无须场外应急，不须大范围撤离周围公众，使得核能发展的公众可接受性提高。快堆技术发展已超过 30 年，主要核电发达国家都已掌握该技术。

军用核动力技术重点向自然循环能力强、体积小、重量轻的一体化布置目标发展。在空间堆方面，着重研究空间核反应堆电源，提高军事卫星的攻防能力和生存能力。

---

① 周志伟编著《新型核能技术——概念、应用与前景》，化学工业出版社，2010，第 71 ~ 72 页。

② 第四代共 6 种先进核能系统中其中有 3 种是"快堆"，即钠冷快堆、铅冷快堆和气冷快堆，钠冷快堆技术最成熟，所以"快堆"一般就是指钠冷快堆。

受控核聚变技术可望从试验室走向实用，为人类提供取之不尽的清洁能源。在发现核裂变之前，科学家们就发现了核聚变现象，认为核聚变会释放出比核裂变更强大的能量。利用这一原理，各大国相继试验成功了氢弹，但是可控的核聚变研究却进展缓慢。1950 年，苏联物理学家萨哈罗夫和塔姆设计出了研究可控核聚变的环流器试验装置（托卡马克装置）。1964 年，中国著名的科学家王淦昌和苏联科学家巴索夫又提出了用激光打靶实现惯性约束聚变的设想。前述的 ITER 是世界上第一个热聚变实验堆，它为人类发展聚变动力提供了良好平台。经过几十年的努力，人类正在一步步接近可控核聚变技术的大门。在此过程中，裂变－聚变混和堆（如聚变中子源驱动的液态锂铅冷却次临界混合堆、聚变中子源驱动的深度次临界水冷产能混合堆）由于具有良好的经济实用性，可作为聚变能源的一种过渡性应用。[①]

截至目前，中国基本上靠引进技术的发展模式建设了一批核电站，较好地掌握了核心技术和系统设计集成技术，在高温气冷堆技术的研发取得了突破性成果。在第四代技术的发展上，中国与外国基本处于同一起跑线上。中国应利用好后发优势，积极发展以快堆为代表的第四代核电技术，形成自主的核电品牌，以占领未来核电技术发展的制高点。

（四）核燃料循环技术领域

一个完整的核燃料循环体系包括核燃料循环的前端、消耗核燃料的核电厂和核燃料循环的后端三个部分。前端主要包括：铀的勘探和开采、分拣和水冶、加工和浓缩、燃料元件加工制造等生产过程。中间阶段是反应堆运行，消耗核燃料，并产生放射性裂变产物、超铀元素等。后端主要包括：通过换料把乏燃料从反应堆的堆芯取出、核燃料后处理、放射性废物处理与处置等等。图 2－1 是一个典型的核燃料循环过程。[②]

---

① 周志伟编著《新型核能技术——概念、应用与前景》，化学工业出版社，2010 年版，第 149～152 页。

② 刘新宇：《中国核燃料循环产业发展概况》，代邦能源科技网，2009 年 10 月 14 日，http://www.dynabondpowertech.com/zh/nuclear-power-news/topic-of-the-month/30-topic-of-the-month/2344-china-nuclear-waste-disposal-strategy。

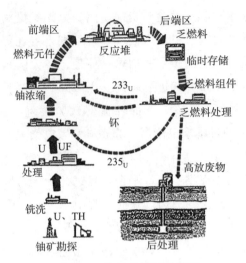

前端区

燃料元件

反应堆

后端区

乏燃料

临时存储

乏燃料组件

铀浓缩

233U

钍

乏燃料处理

U UF

235U

处理

高放废物

铣洗

U、TH

铀矿勘探

后处理

图 2-1　核燃料循环示意图

在核燃料循环前端方面，全世界当前已探明的铀资源储量基本上可满足全球核工业发展需求。数字化铀矿山和铀矿山循环经济成为国际铀矿开采的总体发展趋势。作为世界上十分先进的采矿技术——地浸采铀技术当前发展势头迅猛并已得到推广应用。传统的电磁法、热扩散法、气体扩散法等铀浓缩技术已被淘汰，高效、经济与可靠的气体离心法成为国际上主流的铀浓缩技术，激光法尚处在实验室阶段。研究试验堆的燃料转向低浓化，微堆低浓化技术备受国际关注。技术的改进，提升了压水堆燃料元件的生产效率和制造能力。燃料元件的性能不断提高，破损率已从万分之一降到百万分之一，运行更加安全可靠。

在核燃料循环后端方面，由于有充分利用铀资源和减少要做深地质处置的高放射性废物等优点，法国、英国、俄罗斯、中国、日本、印度等国家走核燃料闭式循环（后处理）之路；美国、加拿大等部分国家选择"一次通过"方式；[①] 世界上多数有核电的国家选择"等着瞧"方式。[②] 用于后处理的水法普雷克斯（Purex）流程已经成熟，得到普遍采用。为简化工

----

① 所谓"一次通过"燃料循环，就是对从核电厂反应堆取出的使用过的核燃料不进行分离和回收的重金属的后处理，而是在经过适当长时间冷却后，用特殊的容器整体封装，再进行地质深埋处置。这种核燃料循环方法使用的铀资源最多、产生的以乏燃料形式出现的放射性废弃物量最大，但所产生的废弃物的总量与其他能源技术相比仍然很少。

② 罗上庚编著《走近核科学技术》，原子能出版社，2005，第 117 页。

艺流程和减少放射性废物的数量，人们正在研究先进的一体化流程和高温化学干法后处理技术。放射性废物处理与处置技术改进的目标是：实现废物最小化，提高净化效果，延长设备使用寿命，减少维修和降低工作人员受照剂量。

自核工业建设发展以来，中国的核燃料循环产业一直是由国家统一规划，集中管理。随着中国核电发展的提速，作为核电"粮食"的核燃料循环产业也处于强劲的发展态势。[①] 在核燃料循环前端，中国已经形成工业能力，但在核燃料循环后端尚未形成工业能力，没有压水堆乏燃料后处理厂，也还没掌握 MOX 燃料制造技术和建立相关生产的工厂，快堆乏燃料后处理研究尚未正式开始。在微型堆的高浓燃料低浓化改造方面，中国已取得积极进展。2010 年 10 月，中国自主设计的第一座动力堆乏燃料后处理中试厂热试成功，并正规划利用该技术自主建设首个乏燃料后处理工程，这将对实现核燃料闭式循环具有重大意义。

三　关于核技术与国家安全的几点思考

在核时代，国家安全的内涵变得和以往不一样了。正如罗伯特·杰维斯（Robert Jervis）所说，核时代国家安全不怎么取决于自身的努力，而是取决于敌人所变现出来的克制。[②] 自问世以来，核武器改变了传统的战争概念，深刻影响着国际安全、世界格局，从而也深刻影响着各国的国家安全。但现代国际关系实践证明，核威慑绝不是实现国家安全的"万灵妙药"。随着国家间相互依存的加深和共同利益的增加，世界爆发核战争的可能性在不断降低。从长远看，核武器终将因其巨大的破坏力而成为主权国家越来越不敢用、不可用的"工具"而退出历史舞台。但同时，随着核技术发展，民用核技术引发的国家安全问题却会长期存在，不容忽视。

（一）核武器改变了传统的战争概念

核武器颠覆了传统的战争工具形象。众所周知，武器是战争的基本工

---

① 刘新宇：《中国核燃料循环产业发展概况》，代邦能源科技网，2009 年 10 月 14 日，ht-tp：//www.dynabondpowertech.com/zh/nuclear-power-news/topic-of-the-month/30-topic-of-the-month/2344-china-nuclear-waste-disposal-strategy。

② Robert Jervis, *The Illogic of American Nuclear Strategy*, Ithaca：Cornell University Press, 1984, p. 12.

具，是军队战斗力的基础，而军队的战斗力是由武器、人以及人与武器的结合方式即作战方式构成。从战争在人类历史上出现的那一天起，先进的武器和巨大的杀伤力，便成为被追逐的对象，"石骨武器—木质武器—金属武器—火炸药武器—机械化武器—核生化武器"这样一条武器进化的链条说明了这一点。武器的发展史还证明：武器的杀伤力并非没有相对极限，其相对极限就在于，武器不但可毁灭对手，而且还可毁灭自己。① 核武器更是把这一点发展到了极致。核武器是人类迄今为止最具破坏性的武器，它不但在量上（毁伤力的大小上），也在质上不同于以前的或常规的武器。发展常规武器是为了使用它，而发展核武器不是为了使用它，而是为了不用它。从本质上看，核武器是一种"政治"武器，一种"禁忌"武器，而非实战武器。出现这种现象的原因在于：一是核武器的巨大杀伤力，二是武器伦理（道义力量）的制约。当初，美籍犹太人罗伯特·奥本海默，这位举世闻名的"原子弹之父"，在最早发现制造核武器的铀材料时，曾经产生一种成功者无法言及的兴奋感。然而，当1945年7月16日美国秘密研制的第一颗原子弹爆炸成功那一瞬间，他的心灵却受到无比的刺痛并产生深深的自责。面对核爆炸的巨大威力，他引用了印度古诗《勃哈加瓦基达》中的名句表达自己的感想："如果一千个太阳在天空一起放光，人类就会灭亡，我似乎成为死神，成为世界万物的毁灭者！"此后的历史和现实证明："核武器的效用在于不实战使用，这一悖论已经成为核时代的核心特征。"②

核武器具有刺激战争和制约战争的双向功能。在核武器出现之前，"战争手段的发展一直沿着扩大战争规模、刺激战争爆发的方向发挥作用"。③ 核武器从其出现那一刻起，就是一把既可毁灭敌人，也可毁灭自身的"双刃利剑"，从而使之具有了刺激战争和制约战争的双向功能。尤其是冷战期间美、苏两个超级大国在掌握足可毁灭地球数次的核武器后，全人类从此生活在巨大的核阴影之下，核武器的威慑能力使得大国之间爆发

① 杨民青：《遏制新世界大战的五个原因》，《瞭望新闻周刊》2005年第19期。
② 〔美〕约翰·刘易斯·加迪斯：《长和平：冷战史考察》，潘亚玲译，上海世纪出版集团，2011，第140~141页。
③ 刘戟锋、石海明：《虎狼之翼——关于科学技术与军事变革的对话》，解放军出版社，2011，第181页。

第三次世界大战或者产生更大规模的人员伤亡的可能性大大降低。这印证了历史学家保罗·肯尼迪的话："1945 年投下的原子弹已经成为了世界军事史的分水岭，而人类的存在与否将直接取决于是否将会爆发一次超大规模的核武战争。"① 在 20 世纪后半期，世界上许多重大事件都可能成为第三次世界大战的导火索，如柏林危机、苏伊士运河危机、古巴导弹危机、苏联入侵阿富汗等等。而这些局部冲突或战争没有演变成世界大战的主要原因之一就是由于核武器的存在。

核战争形态成为人类战争形态史上的分水岭。从古至今，战争的形态随着武器的发展在发生着质的变化。正如恩格斯所指出的那样："一旦技术上的进步可以用于军事目的并且已经用于军事目的，它们便立刻几乎强制地，而且往往是违背指挥官的意志而引起作战方式上的改变甚至变革。"② 核武器的发展不仅改变了传统的作战方式，还引起了装备、编制、指挥及战术战役、战略思想的变革。例如，由于核战争的后果难分胜负，从而改变了通常意义上的胜负概念；"第二次核打击"使得双方不一定要先发制人，从而改变了传统的战争时间观念。从战争形态演变来看，人类历史先后出现了七种：以冷兵器为标志的战争形态、以火药和滑膛枪为标志的火药火器战争形态、以火枪和身管火炮为标志的火枪火炮战争形态、以自动化武器和机械化武器为标志的机械化战争形态、以核武器为标志的核武器战争形态、以精确制导武器为标志的核威慑下的高技术战争形态、以信息化为主战武器为标志的信息化战争形态。③ 在上述七种战争形态中，核武器战争形态实质上是一个分水岭：之前，人类所有战争都是常规战争；之后，在可预见的将来，人类所有的战争都是核威慑下的局部战争。

（二）核武器深刻影响世界格局和国际安全

自核武器诞生以来，其革命性的意义便深入国际关系的诸多层面。如

---

① 转引自〔加〕路易斯·A. 迪福瓦《核武是局部战争没变成世界大战主要原因》，知远译，中国网，2009 年 6 月 1 日，http://www.china.com.cn/military/txt/2009 - 06/01/content_17865962.htm。

② 《马克思恩格斯文集》，第 9 卷，人民出版社，2009，第 179 页。

③ 杨民青：《遏制新世界大战的五个原因》，《瞭望新闻周刊》，2005 年第 19 期。

果说"技术具有稳定或动摇国际体系的潜力",① 那么核技术在这方面可以说是典型。20 世纪的世界格局和国际安全确实曾因核而改变。

核武器加快了第二次世界大战的结束及促成了战后世界格局的形成。1945 年初，日本国内外还有总兵力 500 万人，要将日本彻底打败，同盟国还将付出沉重代价。到 1945 年 7 月 24 日，英美两国参谋长拟定的对日作战部署报告仍然认为："终止日本有组织抵抗的日期为 1946 年 11 月 15 日。"② 但 1945 年 8 月美国对日本广岛和长崎发动的核武器袭击，以其超乎想象的破坏力对日本形成了前所未有的震慑作用，最终使其战争机器无法再继续运转下去，加速了日本军国主义的覆灭，从而使战争实际结束的时间比预计的期限提早了一年多，加速了反法西斯战争的胜利。第二次世界大战结束以后，以美国和苏联为首的东西方两大阵营曾展开核军备竞赛并达到"确保相互摧毁"程度，双方之间的"核恐怖平衡"稳定了冷战格局，遏止了热战的发生，在客观上维护了欧洲乃至整个世界的"长和平"。在一定程度上看，美苏冷战的历史就是两个超级大国之间的核竞赛史和核对抗史，美苏之间或明或暗的核斗争、核互动与核合作，是制约核时代发展的主导性因素。③

核武器改变了 20 世纪后半期的国际安全态势和格局。核武器的出现和发展，不仅改变了国际军事力量对比，而且还间接地影响一国的国际地位和国际影响力，进而影响国际安全态势和格局。考察核武器与国家安全互动的历史与现实，可以发现：一些大国（如英国、法国）因拥核而增强了世界威望并提高了国际地位；一些小国（如以色列）因拥核而改变了自身国际安全与战略处境；另一些国家（如韩国、日本）则刻意追求"核保护伞"。可以说，"20 世纪的国际关系因核而斗、因核而和、因核而分、因核而合；拥核、限核、反核、弃核相互交织，相生相克，相伴相随"。④ 在世界各国和国际组织的纵横捭阖与折冲樽俎中，核不扩散机制应运而生。但无奈的是"道高一尺，魔高一丈"，核不扩散机制时常遭遇严峻挑战，世

① 〔美〕约翰·刘易斯·加迪斯：《长和平：冷战史考察》，潘亚玲译，上海世纪出版集团，2011，第 305 页。
② 转引自贾平、罗凤歧《核武器对国际战略格局的影响》，《当代世界》2008 年第 7 期，第 9 页。
③ 褚福海编著《聚焦国际核态势》序言，山东人民出版社，2013。
④ 陈须隆：《核安全峰会的"美国步调"》，《瞭望》2010 年第 14 期。

界的"核梦魇"未减反增,"达摩克利斯"之剑始终高悬。

(三) 核威慑绝不是实现国家安全的"万灵妙药"

一个国家发展核武器的动机多样,[①] 但常见的有两点:一是谋求大国地位,这在英国、法国等国表现突出;二是发挥威慑作用,这是所有已拥核或想要拥核的国家发展核武器的普遍目的,是由核武器的巨大毁伤性所决定的。

所谓核威慑,是指国际社会中对立的双方,一方以其核实力和使用核实力的决心,并将其传给对方,从而使对方放弃某项即将实施的政策目标。核威慑是建立在冲突各方趋于理性行为并按代价比收益的原则行事这一假设的基础之上的。[②] 核武器和常规武器都有威慑功能。不过,由于核武器的"超杀"能力,使得核威慑具有了一种与常规威慑根本不同的特质:常规威慑在很大程度上需要依靠实力的相对大小,只有本国常规力量具有战胜对方常规力量的时候,才具备强大威慑力;而核威慑的有效性与核力量相对大小、强弱关系不大,只要具备了第二次打击能力(也就是核报复能力),弱核的一方就建立起了有效的核威慑。

冷战时期,美苏双方既把核武器的发展作为威慑对方和维护本国国家安全的利器,也将其当作两国争夺霸权的工具。核武器的发展虽然奠定了两个超级大国的世界地位,但并未给两国带来真正的安全感,只不过是维持了一种"恐怖的平衡"。

由于核武器骇人的威慑作用,自 20 世纪 50 年代末期起,在无核国家爱尔兰首先提出"不扩散核武器"议案的同时,许多中小国家开始了谋求核武器的努力。处于阿拉伯国家包围中的以色列为了免遭灭顶之灾,不动声色地发展了核武器。孤立于非洲的南非种族主义政权出于类似的恐惧也秘密发展了核武器。值得庆幸的是,1989 年南非总统德克勒克在宣布抛弃种族主义的同时,下令销毁了全部核爆装置。除南非外,还有巴西、阿根

---

① 西方有学者提出,一个国家寻求核武器的动机主要有四个:①维护国家与民族尊严,显示国家实力;②官僚政治:增强权力和政权的合法性;③技术动力:国家希望自主拥有制造核武器的技术;④增强国家自身安全。参见 Bradley A. Thayer, "The Causes of Nuclear Proliferation and the Unity of the Nuclear Nonproliferation Regime," *Security Studies*, Vol. 3, Spring 1995, p. 468。

② 刘华秋主编《军备控制与裁军手册》,国防工业出版社,2000,第 113 页。

廷、利比亚先后主动放弃核武器或核武选择。关于这些国家放弃核武器或核武选择的原因是多方面的，但最重要的是"其领导人或领导集团安全观念的改变"，即安全环境的变化使他（们）重新评估核武项目对其国家安全的利弊得失。[①]

目前，除印度和巴基斯坦外，一些国家仍不遗余力发展核武器，其实这并不一定能为国家带来安全感。现代国际关系史表明，国家安全始终在国际体系内各国科技的动态发展中实现。[②] 核武器虽是小国在国际体系下寻求自保并摆脱大国控制的重要手段，但是单靠拥有几件核武器以及有限的投送手段，既不能保证一国未来在外敌入侵下不会败亡，更无法实现一国内部的长治久安。开发核能绝不可成为发展核武器的幌子，拥有核武器也不是所有国家都能拥有的权利，这是目前所有负责任的核大国发出的一致声音，尽管音调高低不同。那些试图拥有核武器的国家应该懂得：越想实现绝对安全，就越得不到安全，因为他国感到了威胁，就一定要消除威胁，而终极手段就是战争。这时，核武器不但不是安全的保障，反而成了威胁的根源。核威慑绝不是实现国家安全的"万灵药"，对此必须有清醒的认识。

（四）民用核技术引发的国家安全问题应予以充分重视

单从核武器的角度思考核技术与国家安全的关系显然是不够的，因为核技术是一种军民兼用技术，在军事应用的同时，还大量地运用到生产生活和国民经济领域。这些民用核技术引发的国家安全从其应用之初就存在，其中最主要的是核电事故和放射性（辐照）污染。相关事件不但会造成严重的环境事故，严重影响人身的健康，有些还可能引发国际争端。这方面例子很多，仅举几例。

1979 年 3 月 28 日凌晨 4 时，位于美国宾夕法尼亚州的三里岛核电站发生了美国历史上最严重的核事故，事故迫使约 20 万人撤出这一地区，并在全美范围内引发大规模示威游行，呼吁停建或关闭美国的一些核电站。

---

① 夏立平：《冷战后美国核战略与国际核不扩散体制》，时事出版社，2013，第 214 页。

② 〔美〕斯科特·萨根、肯尼斯·华尔兹：《核武器的扩散：一场是非之辩》（第二版）译者序，赵品宇译，上海人民出版社，2012，第 V 页。

面对公众及舆论压力，最终美国和西欧一些国家政府不得不重新检视本国的核发展计划。

1986 年 4 月 25 日，由于工作人员违反操作规程，苏联切尔诺贝利核电站第 4 号反应堆发生事故，泄漏的大量放射尘埃甚至污染到了北欧、东西欧部分国家，瑞典、丹麦、芬兰以及欧洲共同体①于 4 月 29 日向苏联提出强烈抗议。据后来苏联官方公布，事故造成 33 人死亡，300 多人受到严重辐射，更多的人受到不同程度的辐射污染，28 万多人被迫疏散，直接经济损失达 20 亿卢布（约合 29 亿美元）。

2013 年 10 月 9 日，日本福岛第一核电站发生重大事故，高浓度污染水的大量外泄，造成极大恐慌。

另一种民用核技术引发的国家安全问题是放射性（辐照）污染。当今，各种各样的放射源早已进入人们的日常生活，越来越多的放射性废物如何处理？这成为一个世界性难题。以中国为例，据统计，在 1988～1998 年的 11 年间，全国发生了各种放射性事故 300 多起，平均每年有 30 起，近千人受照射；1998 年以来，平均每年都有数十起放射事故发生。2011 年，共有 14 万枚放射源散布于全国各地，至少有 2000 枚遗失民间，正在威胁公众安全。② 讲述中国首例核辐射受害者的电影《站起来》于 2011 年 3 月公开上映。由于多年前在厂区捡了一条 8 厘米长的白色金属链，主人公宋学文两年内相继失去了两条腿和一只胳膊。可以说，宋学文并非唯一也绝非最后一位放射源受害者。

国民安全是国家安全的重要内容。只有国民安，才有国家安。一国的安全，往往是由居住和生活于其中的一个个具体国民的安全感来衡量的。民用核技术引发的国家安全问题可预见性差，危害性大，影响范围广，必须予以高度重视。

----

① 欧共体（European Communities），又称欧洲共同市场，是欧洲煤钢共同体、欧洲原子能共同体和欧洲经济共同体的总称。1991 年 12 月 11 日，欧共体马斯特里赫特首脑会议通过了建立欧洲经济货币联盟和欧洲政治联盟的《欧洲联盟条约》（通称《马斯特里赫特条约》，简称《马约》）。1992 年 2 月 7 日，各国外长正式签署《马约》。经欧共体各成员国批准，《马约》于 1993 年 11 月 1 日正式生效，欧共体开始向欧洲联盟过渡。

② 冯洁：《辐射源：危险在潜伏》，《南方周末》2011 年 4 月 15 日，http：//www.infzm.com/content/57746。

第二节　新时期国家安全面临的
"核"挑战

当前，国际核裁军进程遭遇困境，而全球核技术利用和普及进程加快。据统计，世界能源需求在未来 25 年内将增长 50% 以上，核技术在发展中国家电力、食品、农业、卫生和工业等领域的应用将越来越广泛。同时，敏感核技术被滥用以及核恐怖主义的风险也相应增加，国家安全面临各种各样的"核"挑战。

一　西方有核武器国家仍在推进核武器现代化建设，核战争的阴影并未彻底消失

当前，国际核裁军进程动力明显不足，有核武器国家仍在推进核武器的现代化建设。虽说大规模核战争爆发的可能性大大降低，但核战争的阴影仍未彻底消失，距"无核世界"目标十分遥远，建成真正的"无核世界"任重道远，仍须国际社会不懈努力。

（一）美国

美国拥有目前世界上最庞大、最先进的核武库。美国是名副其实的核超级大国。据统计，2012 年美国拥有约 5000 枚核弹头，其中实战部署的约为 2150 枚，还有 2800 枚后备弹头，大约 3000 枚核弹头已退役或正在拆除中。① 同时，美国还在本土和盟国部署了约 500 枚战术核武器。2012 年 1 月，美国发表的国防战略报告称，美国降低核武器在国家安全战略中的作用，将以更少核力量来实现威慑目标，但会继续保持"三位一体"的核力量。

美国仍在大力提高现有核武器性能。在陆基导弹方面，空军正耗资数十亿美元，将"民兵－3"导弹服役寿命延长到 2030 年，主要措施包括在导弹上安装固体燃料发动机、整修发射设备、改进飞行控制系统和设备、

---

① 中国国际问题研究所军控与国际安全研究中心：《全球核态势评估报告 2012/2013》，时事出版社，2013，第 10 页。

换装新型安全保密的通信链路、延长推进器寿命等。在潜射导弹方面，"俄亥俄"级弹道导弹潜艇服役期限延长到 2027～2040 年，把当前 14 艘"俄亥俄"级弹道导弹潜艇中的 8 艘部署在太平洋地区，主要装备"三叉戟"ⅡD5 潜射弹道导弹。今后美国计划耗资 800 亿美元建造新型战略导弹潜艇，每艘潜艇可携带 16 枚弹头；计划投资 40 亿美元，采购 108 枚 D5LE 潜射弹道导弹。战略轰炸机方面，一方面对现有机型进行现代化升级，如为 B-52H 改进全球定位系统、高强度挂架以及实现所有先进武器的现代化；另一方面正研制新型战略轰炸机，替代现役 B-2 和 B-52H。2013 年拨款 3 亿美元，2017 年前出资 63 亿美元，让空军计划采购 80～100 架新型战略轰炸机。[1]

美国仍在努力提高自己的核武器研制技术水平。美国是目前世界上亚临界核试验技术最为成熟的国家。美国国防部和能源部将加大对核武器相关人才队伍、国家实验室和基础设施建设的经费投入，提高库存核武器的现代化水平和灵活反应能力。美国已经开始灵活反应基础设施的建设，投资重点是建设钚"化学和冶金研究置换设施"（CMRR）和"铀处理设施"（UPF），计划在 2030 年前完成全部核武器生产设施的现代化升级。国会预算办公室在 2013 年 12 月预估，美国 2014 年针对核武器实验室的投入为 65 亿美元，今后十年投入总和预计在 770 亿美元左右。[2]

（二）俄罗斯

俄罗斯致力于延长现役核武器的服役年限。"俄罗斯是目前唯一让美国寝食难安的核对手。"[3] 但近年来，由于其现役核武器系统大多已经超期服役，俄罗斯在积极研制新型核武器的同时，一直努力延长现役核武器的服役年限。2012 年，俄罗斯拥有 2430 枚实战部署的核弹头，分别列装于洲际弹道导弹、战略核潜艇和重型轰炸机上。俄军已把 SS-25 导弹延寿至 2015 年，计划将 20 世纪 80 年代服役的 SS-18 导弹延寿至 2026 年，同时

---

① 中国国际问题研究所军控与国际安全研究中心：《全球核态势评估报告 2012/2013》，时事出版社，2013，第 10～11 页。

② Congressional Budget Office, "Projected Cost of U. S. Nuclear Forces, 2014 To 2023," December 20, 2013. 转引自王正、余小玲《美国核力量运用战略调整及其对核军控的影响分析》，陈凯主编《2014：国际军备控制与裁军》，世界知识出版社，2014，第 10 页。

③ 褚福海编著《聚焦国际核态势》，山东人民出版社，2013，第 7 页。

努力将"台风"型战略核潜艇延寿至 2019 年。在延寿改进的基础上，俄军于 2010 年两次成功试射了"白杨"导弹和"轻舟"导弹。[①]

俄罗斯努力提升"三位一体"战略核力量威力。俄罗斯"三位一体"战略核力量的现代化计划包括：①洲际弹道导弹方面，到 2020 年，俄罗斯将部署 250 枚陆基洲际弹道导弹，主要型号是三种"白杨"M 导弹。②战略核潜艇方面，除了 6 艘现役的"德尔塔"Ⅳ级主力战略核潜艇外，俄罗斯还将建造 8 艘"北风之神"级战略核潜艇，每艘装备 16 枚 SS - N - 22（布拉瓦）潜射弹道导弹，每枚可载 6 个弹头。首艘"北风之神"级战略核潜艇"尤里·多尔戈鲁基"号 2012 年开始服役。从 2012 年年中开始，恢复战略核潜艇在全球海域不间断巡航。③战略轰炸机方面，俄罗斯目前拥有 72 架战略轰炸机，可携带核弹头 820 枚，并已按照"远程航空兵未来航空系统计划"开始研制新型战略轰炸机，预计 2020 年后服役，用以代替老旧的图 - 160、图 - 95MS 和图 - 22M3 轰炸机。[②]

俄罗斯也在努力提高自己的核武器研制水平。虽然俄罗斯是《全面禁止核试验条约》的缔约国，但其始终没有放弃核武器技术的发展。俄罗斯曾于 2010 年 6 月制订了核武器系统试验、测试及试验基地大规模现代化计划。依据该计划，俄罗斯开始全面更新核基础设施，并着手重新筹划开展亚临界核试验。

（三）英国和法国

英、法计划对自己的核武器进行更新换代。英国是世界上第三个拥有核武器的国家，也是现有五个主要核国家中唯一具有单一核力量形式的国家，即只有海基核力量一种部署形式。为确保国家这一唯一的核威慑力量，一方面，英国努力延长现役核潜艇的寿命。英国打算将"前卫级"弹道导弹核潜艇的寿命从 30 年延长到 40 年，并使自己的"三叉戟"导弹与美国的"三叉戟"ⅡD5 导弹的现代化程度保持一致。另一方面，英国还要研制新的核潜艇。2011 年 5 月，英国国防部宣布批准下一代弹道导弹核

---

① 褚福海编著《聚焦国际核态势》，山东人民出版社，2013，第 24～25 页。
② 资料来源：美国《原子能科学家公报》，2012 年第 3/4 月刊。参见中国国际问题研究所军控与国际安全研究中心编《全球核态势评估报告 2012/2013》，时事出版社，2013，第 12 页。

潜艇项目，首艘潜艇可在 2028 年交付，新的战略核潜艇将取代现有的"前卫"级核潜艇。英国国防部与 BAE 系统公司、巴布科克公司和罗尔斯－罗伊斯公司这三个潜艇关键供应商签署了合作协议，为下一代潜艇项目提供具体设计，这一项目将有助于提供持续的核威慑直到 2060 年。法国在成功研制了 M－51 新型洲际导弹后，计划于 2010～2018 年对"凯旋"级弹道导弹核潜艇进行现代化改装，用以装备 M－51 型导弹。① 同时，法国正在用更先进的"阵风"F3 型战斗机全部更换"幻影－2000N"型与"超级军旗"舰载核攻击机。2012 年 6 月，法国战略空军司令部成功进行了 ASMP－A 防区外核导弹的作战评估发射试验。②

英、法也在积极筹划核力量的未来发展。近几年，英、法两国在军事预算普遍削减、核力量发展的投入也受到紧缩的情况下，都表示要尽可能保持核力量发展的稳定，努力维持目前核武器的高度战备状态，并积极筹划核力量的未来发展。英、法两国作为地理和意识形态相近的中等核国家，积极谋求军事合作，并以战略核力量为基础，巩固其在军事同盟中的地位。为了保证较为单一的核力量的高效运行和高度可靠性，英国和法国除了对核武器平台与系统例行性维护外，还积极改进核作战系统，以确保核力量的战略优势得到充分发挥。

二 朝核、伊核问题不确定性依然存在，地区安全形势有进一步复杂化的可能

（一）朝鲜核问题：引发的变局正在向纵深演进

朝核问题延续了半个多世纪，至今仍呈现出久拖不决并越来越棘手的趋势。特别是在朝鲜已经实际拥核并试图抛弃"无核化"承诺的背景下，"核阴霾"继续笼罩，半岛局势更加云谲波诡。

研制核武器是朝鲜"先军政策"和维护国家安全的支柱性工程。20 世纪 50 年代末，朝鲜处于东西两大冷战阵营对峙的前沿阵地，面对美国战术

---

① M－51 型导弹于 2005 年正式生产，射程可达 11000 米，能够携带 6～10 个独立分导式核弹头，性能比法国现役的 M－45 导弹优越得多。

② 参见中国国际问题研究所军控与国际安全研究中心编《全球核态势评估报告 2012/2013》，时事出版社，2013，第 140 页。

核武器在"自家门口"的部署，朝鲜不得不在苏联的援助下开始学习核技术。1956年2月，朝鲜与苏联签署了《关于联合组建核研究所的协定》。1959年9月，两国又签署了《朝苏关于和平利用原子能的协定》。自20世纪70年代苏联减少核援助后，朝鲜便走上了独立研制核武器以对抗美韩的道路，而朝核问题终于90年代初显现，并随后于1993年和2002年爆发了两次朝核危机。2007年7月14日，在有关各方的斡旋和努力下，朝鲜宣布关闭宁边核设施，朝核问题取得重大进展。但此后朝核问题一波三折。美朝双方在核申报、解除对朝制裁等难点问题上争执不下，使得朝核问题再度陷入僵局。2010年11月，朝鲜一座新建的25兆瓦~30兆瓦的试验型轻水反应堆及铀浓缩设施正式曝光，引发外界对朝鲜铀浓缩计划的重新关注。其实，朝核问题从表面上看，它是美朝长期对抗和互不信任的一个极端发展，是美朝关系问题；但从实际情况看，它却是一个核扩散问题；而从结果上看，则是朝鲜企图打破既有国际秩序特别是核秩序的问题。[1] 因此，朝核问题本身就是一个十分复杂的国际问题。

自从接班以来，一方面金正恩通过提升劳动党在本国权力格局中的地位以及进行高层人事重新洗牌，维持了政权的稳定性；另一方面，他也在金正日"遗训"的框架内，继续高举"先军"旗帜，进一步加强核遏制能力。[2] 金正恩将研发核武器和制造人造卫星作为金正日最伟大的遗产，并将核武器作为巩固权力基础的重要支柱。在2013年3月底召开的朝鲜劳动党中央委员会全体会议上，朝鲜提出要走一条"经济建设与核武装建设并举的新战略路线"。[3] 同年4月1日，朝鲜最高人民会议通过了《关于进一步巩固自卫核国家地位的法令》，从法律上确定了朝鲜核武器的地位和作用。之后的6月份，朝鲜曾宣称，只要针对朝鲜的核威胁和战争威胁继续，朝鲜将通过各种可能途径加强核威慑力量。为此，朝鲜采取了一系列实质性措施，用以恢复和增强其曾在六方会谈框架内受到削弱的核能力。

2012年12月12日，朝鲜发射"银河3号"火箭，卫星成功进入轨

---

① 张琏瑰：《朝核问题"2.13共同文件"面临考验》，《世界知识》2007年第11期。

② 刘俊波：《朝鲜核问题：回顾与展望》，载中国国际问题研究所军控与国际安全研究中心编《全球核态势评估报告2012/2013》，时事出版社，2013，第166页。

③ 转引自杨力、宋翔宇《朝鲜第三次核试验后核能力发展态势》，载陈凯主编《2014：国际军备控制与裁军》，世界知识出版社，2014，第69页。

道，标志着朝鲜洲际弹道导弹技术已经步入了新的阶段。2013 年 2 月 12
日，朝鲜不顾国际社会的强烈反对，在咸镜北道吉州郡丰溪里地区进行了
第三次地下核试验，并引发 4.9 级的人工地震。从公布的数据来看，此次
核试验的爆炸威力和技术性能与前两次相比均有进一步的提升。当然，我
们不应夸大朝鲜的核能力，因为朝鲜的核技术距离核武器实战化还有"难
以逾越的鸿沟"，原因在于：①核爆破装置还没有小型化；②起爆装置的
关键技术仍然不成熟；③核武器的投送能力不足。[1] 但金正恩治下的朝鲜
一系列"强硬"的核活动加剧了本已脆弱的半岛安全态势。

当前，朝核问题还处于复杂时期，前景难以预测。

第一，美、朝之间的相互敌对认知短期难以改变。朝鲜认为，朝核问
题是由美国敌视朝鲜政策造成的。朝鲜把核武器当作打开朝美关系的外交
武器和实现安全自卫的战略武器，依然认为核武器才是抵御美国侵犯的
"撒手锏"，拥核意志一时难以改变。美国始终不承认朝鲜的有核国家地
位，仍然把朝鲜的核威胁当"靶子"，对朝鲜保持高强度的威慑。正是美
朝双方都从现实主义的立场出发来看待对方，彼此不信任，才导致目前两
国间的"安全困境"。[2]

第二，六方会谈一时难以重启。2009 年朝鲜宣布退出之后，六方会谈
至今一直没有复会。造成这种情况的原因是多方面的，包括：朝鲜对实现
半岛无核化立场从变幻不定到趋向强硬；美国既不放弃半岛无核化的基本
立场，又不急于解决朝核问题，要求朝鲜用实际行动证明无核化诚意，并
同日、韩一道为重启六方会谈设置前提条件；韩国处心积虑争夺解决朝核
问题的主导权；日本企图把与半岛无核化不相干的一些议题（如朝鲜绑架
日本人问题）塞进六方会谈议程；美韩针对朝鲜的军事演习和朝韩两国的
一系列声明、行动激化了朝鲜半岛局势；中国为实现半岛无核化所倾注的
努力受到多方掣肘与牵制；等等。2013 年 1 月 24 日，朝鲜国防委员会发
表声明，谴责联合国安理会的涉朝决议，称六方会谈和《"9·19"共同声
明》不再存在，以后不会再有讨论朝鲜半岛无核化对话。六方会谈一时走
入僵局。

---

① 宋立炜：《朝核试验会走向何方　既有技术难题又有道义危机》，《中国青年报》2013 年 3
月 22 日。

② 夏立平：《冷战后美国核战略与国际核不扩散体制》，时事出版社，2013，第 376 页。

第三，朝核问题存在"擦枪走火"的可能。近年来，朝鲜为了达成自己的战略目的，始终把"核牌"当作手中最重要的筹码，频频使用"超强硬"的边缘战术和悬崖政策，屡次进行核试验和导弹试射，同时从质量和数量上扩大核武装力量，并使其经常处于战备状态。面对朝鲜的核武器和导弹威胁，美韩已经制订了"先发制人"的战略规划和"武力控核"的作战计划。① 在气氛紧张和各种不确定因素影响下，半岛有可能爆发不由自主、难以控制的局部冲突，进而导致局势更加恶化，且难以收拾。

因此，学术界普遍认为，朝核问题短期内依然无解，在可以预见的将来，朝鲜半岛局势动荡或紧张将成为一种常态。

（二）伊朗核问题：彻底解决任重道远

数十年来，伊核问题作为全球最敏感的两大核问题之一，一直牵动着国际社会的神经。20 世纪 50 年代，伊朗开始了核能源开发活动，并在当时得到美国及其他西方国家的支持。1980 年美伊断交后，美国曾多次指责伊朗以"和平利用核能"为掩护秘密发展核武器，并对其采取"遏制"政策。国际原子能机构也多次就伊朗核问题作出决议，2010 年 6 月，安理会通过"史上最严厉"的制裁伊朗方案。在起伏不定、僵局难破的进程中，伊朗核问题数度由"热点"发展为"危机"，直至战争边缘。伊朗核问题"高热难退"是由诸多因素造成的：伊朗地理位置独特，石油资源丰富，所在地区种族、教派矛盾复杂。由于伊朗在中东地区具有特殊性和重要性，以致伊朗核问题一有风吹草动，波斯湾、中东乃至整个世界往往为之定睛驻足。为此，奥巴马曾发出警告，"伊朗对核武的追求，势必让中东各国卷入无休止的核军备竞赛，导致该地区永无宁日"。②

2013 年 6 月，伊朗大选最终落幕，前首席核谈判代表、温和保守派总统候选人鲁哈尼当选伊朗第 11 届总统。这为伊朗核问题迎来一线转机。2013 年 11 月 27 日，六国（美、英、法、俄、中、德）与伊朗就解决伊核问题达成历史性协议。协议规定在未来的六个月时间里，伊朗承诺停止生

---

① 慕宇宁：《2013 年朝鲜半岛无核化问题综述》，载陈凯主编《2014：国际军备控制与裁军》，世界知识出版社，2014，第 50～51 页。

② 中国国际问题研究所编《中国大视野：国际热点问题透视》，中国人民大学出版社，2014。

产浓度高于 5% 的浓缩铀，将现有浓度达 20% 的浓缩铀低浓化（稀释到 5% 以下），并停止安装和使用新的离心机。与此同时，六国将提供"有限度、临时性、针对性"的援助，但是对伊朗的石油出口、金融和银行业的制裁依然没有松动。

经多方努力，又通过长达一年半多的谈判，六国和伊朗终于为解决延续了 12 年的伊朗核问题达成了政治共识。2015 年 7 月 14 日，伊朗核问题六国与伊朗终于在奥地利首都维也纳达成历史性的全面解决伊朗核问题的协议。伊朗愿以永不发展核武、接受国际监督等换取西方解除经济制裁。该全面协议的达成，维护了国际核不扩散体系，同时该协议给予伊方和平利用核能的正当权利，伊与各方的关系翻开了新的一页。7 月 20 日联合国安理会通过决议，支持伊朗核问题的协议。这是执行协议迈出的重要一步，开了一个好头。但对此不能盲目乐观。要知道，彻底解决伊朗核问题依然任重道远。[①]

首先，导致伊核问题未能彻底解决的美、伊结构性矛盾没有出现根本上改变。伊核问题过去之所以难解、未来之所以还难以乐观，本质在于美国与伊朗之间的结构性矛盾和差异。第一，美、伊之间的文明碰撞和认知存在根本性差异。[②] 伊朗是穆斯林什叶派国家，属于伊斯兰文明，美国是属于西方文明。美国认为伊朗实行伊斯兰神权统治，不民主；伊朗视美国为"大撒旦"（意为"魔鬼"）。这种文明的碰撞和认知的差异将是长期的。第二，美、伊在与以色列关系上存在根本性差异。以色列是美国在中东地区最重要的盟国，而伊朗始终不承认以色列政权的合法性，认为以色列建国是西方的阴谋，是帝国主义强加给伊斯兰世界的毒瘤。第三，美、伊在国家战略上存在根本性矛盾。伊朗一直渴望成为独立自主的地区大国，这种具有很强历史惯性的政治抱负短时间内难以放弃；而美国始终将防止地区大国崛起和确保以色列安全作为其中东战略的核心，双方由此产生根本性的对立。

其次，影响伊核问题彻底解决的地缘因素难以从根本上消除。伊核问题错综复杂。影响和左右伊朗核问题的除了美伊关系，其他依托于现行的

---

① 参见张磊《解决伊朗核问题依然任重道远》，《法制日报》2015 年 7 月 14 日。
② 夏立平：《冷战后美国核战略与国际核不扩散体制》，时事出版社，2013，第 400 ~ 401 页。

地缘政治格局的各方也是重要因素。第一，俄罗斯的影响。俄罗斯是国际上唯一坚持与伊朗进行核合作的国家（参与伊朗布什尔核电站工作），但俄只想通过核合作获利，伊朗也防备俄罗斯对自己核心利益的侵犯。因此，伊、俄之间相互戒备难以根本消除。第二，欧盟的影响。欧盟是伊核问题的重大利益关切方。欧盟既要将伊朗核计划切实地限制在民用领域，又要减少美国对欧盟在中东事务上发言权的侵蚀。欧盟、伊朗、美国三方在伊核问题上的分歧难以根本消除。第三，美国中东盟国的影响。"中东海湾地区的地缘战略平衡与安全战略都是建立在对抗伊朗的框架上的"，①以色列、沙特阿拉伯等美国重要盟国与伊朗也存在巨大的矛盾与积怨，不希望美伊真正和解，美国不能不考虑这些盟友的利益，这些国家的影响难以根本消除。第四，亚洲一些国家的影响。目前，亚洲一些国家在伊朗油气资源开发领域拥有巨大的利益，如果对伊朗经济制裁取消，欧美资本的进入势必对其造成冲击，从而影响其外交行为。这些国家的影响也难以根本消除。

再次，全面解决伊朗核问题的协议实行起来可能遇到困难。协议只是纸上的东西，它贵在实施，难也难在实施。要使协议真正实施，伊核问题各方需要切实履行各自做出的承诺，把协议的各项规定落到实处；需要坚持相互尊重、平等互利，妥善解决在执行过程中产生的分歧；需要不断总结执行过程中的经验和有益做法，维护相关机制的有效性。另外，也需要处理各种困难。由于美、伊两国依然存在的结构性矛盾，所以两国国内反对派可能会对协议实施加以反对，可能会不遗余力地阻挠美伊实现彻底和解。美国国内反伊朗势力非常强大，最典型的是国会中的反对派和犹太人院外游说集团。早在 2015 年 3 月 9 日，美国国会 47 名共和党参议员联名致信伊朗领导人，警告伊朗与美国政府签署的任何核问题协议都会被下一届美国总统废除。另据报道，2015 年 7 月 23 日，美国纽约爆发反伊朗核协议的示威活动，估计有多达一万人参加并到场声援；一些亲以色列游说团体准备到国会山游说，试图说服民主党人投反对票。② 伊朗国内反对派

---

① 李国富：《2013：峰回路转的伊朗核问题谈判》，参见陈凯主编《2014：国际军备控制与裁军》，世界知识出版社，2014，第 67 页。

② 《纽约万人示威反对伊核协议　促美国国会阻止协议》，中国新闻网，2015 年 7 月 24 日，http：//www.chinanews.com/gj/2015/07－24/7424482.shtm。

力量也不容小觑。表面上看，伊朗基本上是一个单一民族、单一宗教的国家，但国内民众却在国家政治发展趋向上存在着尖锐的矛盾，其国内爆发的反政府运动时起时伏即是一个佐证。2015 年 3 月 16 日，伊朗议会 290名议员中的 260 名联合提出一项声明，提出核谈判的协议必须满足两项条件，即解除所有对伊制裁和伊朗核设施的合法化，否则伊朗将随时启动铀浓缩活动。① 这里有些虽然是全面解决伊朗核问题的协议达成之前的事情，有些示威或游说不一定起作用，但可以预见，美、伊国内在伊核问题上的反对派势力将会继续存在，也将对彻底解决伊朗核问题形成掣肘。

三 核与辐射恐怖事件增多，全世界人民共同面临重大安全威胁

核与辐射恐怖是指恐怖组织或个人利用放射性散布装置（"脏弹"）、粗糙核装置甚至核武器实施的恐怖性袭击事件，或者是恐怖组织或个人对各种核设施恐怖性袭击的事件。② 核与辐射恐怖事故因其成本较低，危害很大，一旦发生就会在社会公众中产生极大恐慌，给社会政治、经济带来巨大负面影响，越来越受到恐怖分子的"钟情"。自"9·11"之后，核与辐射恐怖事件已经成为全世界人民共同面临的重大安全威胁之一。为方便论述，我们把核恐怖主义和辐射恐怖主义分开来讲。

（一）核恐怖主义：人类面临的最危险的国际安全挑战之一

我们这里讲的核恐怖主义特指恐怖组织或个人利用核武器进行恐怖袭击的行为。

核恐怖主义是全人类最危险的"公敌"。"如果蚂蚁掌握了核武器，他们很可能在一个星期内毁灭世界。"③ 更何况恐怖主义分子一旦获得核武器的后果了。冷战后，随着核恐怖主义的现实威胁不断加大，国际社会不得不高度重视这一问题。早在 2006 年 7 月，当时的美国总统布什和俄罗斯总统普京就在圣彼得堡八国集团峰会开幕前举行双边会晤后发表联合声明，

---

① 张磊：《解决伊朗核问题依然任重道远》，《法制日报》2015 年 7 月 14 日。
② 胡文祥主编《反恐技术方略》，化学工业出版社，2013，第 194 页。
③ 〔德〕贝尔特·荷尔多布勒、〔美〕爱德华·O. 威尔逊：《蚂蚁的故事》，海南出版社，2003，第 63 页。

提出关于打击核恐怖主义全球倡议，将核恐怖主义视为我们"所面临的最危险的国际安全挑战之一"。随后，2010 年 4 月，在华盛顿举行的首届核安全峰会中，核恐怖主义继续成为会议的主要议题之一。2014 年 3 月 24 日，第三届核安全峰会在荷兰海牙举行，来自 53 个国家、4 个国际组织，包括联合国、欧盟、国际原子能机构、国际刑警组织的领导人和代表出席了会议，会议主题也是"加强核安全、防范核恐怖主义"。

打击核恐怖主义需要国际社会通力合作。为了加强国际合作以打击核恐怖主义行为，2005 年 4 月 13 日，第 59 届联合国大会一致通过了《制止核恐怖主义行为国际公约》（下简称《公约》）。《公约》是联合国框架内第 13 个国际反恐公约，它界定了三类核恐怖行为：第一类是以危害人、财产和环境为目的，拥有放射性物质或核装置的行为；第二类是出于同样目的，使用放射性物质、核装置或破坏核设施的行为；第三类是为达到这些目的，威胁使用或企图拥有放射性物质和核装置的行为。由此可见，《公约》对"核恐怖主义"的界定十分宽泛，无论是口头威胁还是实际实施，无论是亲自实施还是帮助或教唆实施，无论是既遂还是未遂，都被视为犯罪行为，应由缔约国加以制裁。用核武器来进行恐怖袭击无疑是其中一类。为应对核恐怖主义威胁，《公约》要求各国政府采取必要的立法措施，以确保那些制造、参与、组织和策划核恐怖行为的个人能受到惩罚；对于涉嫌制造核恐怖行为的个人，各国政府必须予以起诉或将其引渡到别国受审；各国要为打击核恐怖行为加强情报交流，并加强对本国放射性物质的监管力度。

评估核恐怖主义威胁的一个重要标准是恐怖分子研制或获取核武器的能力。目前，核武器的控制权和使用权仍掌握在国家手中，在对核材料（尤其是武器级核材料）进行必要的登记、控制和物理保护的条件下，恐怖分子自行制造核爆炸装置的概率非常小。但恐怖分子依然有可能获得核武器，主要途径包括：①盗窃。核弹头必须进行比较频繁的维护保养（每 6~7 年一次），以清除同位素的衰变，在运到维护保养基地的过程中存在遗失、被盗的危险。②通过盗窃、购买武器级核材料后自行制造。按照黑市价格，1 千克武器级铀价格在 50 万美元左右，1 千克钚价值在 100 万美元以上。随着核技术的扩散，资金雄厚的恐怖组织要制造一个粗糙核武器是有可能的。当前，核武器不再是大国的武器，尤其在信息全球化和传统能源日益萎缩的大背景下，核材料与核技术被滥用的危险正在加大。正如核安全峰会上一些专家指出，"在 20 世纪，大国取得核武器更多是因为核武器的摧毁能力，也因为很少国家有这个技术。而在 21 世纪，核武器变成小国家的武器。不仅小国可以取得，连非国家集团甚至是恐怖组织都可能取得。这是一个真正改变世界的问题。"①

迄今为止，世界范围内尚未发生过利用核武器进行的恐怖活动。一个很重要的原因是，无论恐怖分子想自行研发核武器还是通过窃取或购买的方式获得核武器，都是相当困难的。但同时，我们也有足够的理由担心，恐怖分子在不久的将来能够获得核恐怖手段。放射性材料和工业辐射源大量扩散，不对其进行必要的登记、监管和保护会导致核恐怖主义威胁不断增大。②

（二）辐射恐怖主义：世界各国面临的广泛现实威胁

这里讲的辐射恐怖主义的危害程度要低于前面提到的核恐怖主义，但辐射恐怖主义造成的"辐射威胁不可见而且长期的健康后果的不确定性将会在公众中派生相当严重的恐惧和不安"。③ 近几年来，核材料的失窃、走私和放射源的失窃、废弃（成为无人看管的"孤儿源"）、含放射性废金属的非法交易都可能成为恐怖主义组织与成员实现核恐怖活动的物质资源，是发生核恐怖事件的一种潜在危险。据不完全统计，目前，全世界核仓库中约有 3 万枚核武器（其中，美国和俄罗斯两国占总数的 95% 以上），军、民用钚－239 有 450 吨；高富集铀有 1700 吨；有超过 1000 个遥控治疗放射源（钴－60）；重大工业辐照源设施全世界有 300 个。至于"孤儿源"，全世界每年被遗弃、盗窃的工业用和医疗用放射源达数百个。根据独立分析机构"国际核裂变材料专家组"的报告，截至 2010 年，全球共存有 1600 吨高浓铀和 500 吨分离钚，这些核材料足以制造 10 万枚核弹头。而根据国际原子能机构的统计，从 1993 年至 2011 年，全球共发生 2163 起遗失、盗窃、走私或贩卖危险核和放射性材料的案件。可以说，给安全造成最大危险的并不是恐怖分子对核反应堆的攻击，而是对核材料的偷窃。许多国家对铀、钚等危险物质监管不严，为恐怖分子提供了可乘之机。1995 年，车

---

① 转引自陈须隆《核安全峰会的"美国步调"》，《瞭望》2010 年第 14 期。

② 知远：《核恐怖主义：是虚张声势还是不容回避的现实?》，搜狐网，2013 年 7 月 26 日，http://mil.sohu.com/20130726/n382674507.shtml。

③ 王善强：《核与辐射恐怖事件及其应对策略》，《核电子学与探测技术》2014 年第 1 期。

臣武装分子曾将一枚放射性炸弹放在了莫斯科的一个公园，所幸炸弹并没有引爆，否则后果不堪设想。

相对于核电站，很多国家对放射源没有采取严格的保护措施，有些放射源广泛应用于工业和制药领域，恐怖分子能够轻而易举地把放射性材料用于常规武器来制造"脏弹"。早在 2002 年 6 月 25 日，国际原子能机构（IAEA）就发布警告说，可能被恐怖分子用来制造"脏弹"的核材料非常丰富。这里说的"脏弹"，即放射性武器，不需要核裂变或核聚变武器那样的核爆炸，而是通过普通爆炸来散布放射性物质。[1]"脏弹"是由放射性物质制造而成，具有高强度毒性，可在引爆后释放出大量有害的放射性物质，除引爆时造成即时杀伤力外，还可造成放射性污染。它并不是传统意义上的核武器，没有核连锁反应，也不需要高浓缩的铀和钚，只是一种添加了辐射物质的常规炸弹，因此制造成本十分低廉。它爆炸时释放出来的放射性物质无论对人还是对环境，都具有极大的危害性。

第三节　努力维护国家核安全

中国是国际条约中承认的五个法定拥核国之一。[2] 作为当今世界上最大的发展中国家，中国地处世界地缘政治的重心——亚太地区。在新的历史时期，中国面临着复杂的安全形势：她是世界上唯一一个被核武器国家包围的国家，是朝核问题最直接的利益攸关方之一，同时也面临着核和辐射恐怖的威胁。作为一个负责任的大国，中国正在以自己的行动倡导新的国际关系理念，以自己的榜样推动建立国际政治经济新秩序。在核安全[3]

---

① 〔美〕R. A. 穆勒：《未来总统的物理课》，李泳译，湖南科学技术出版社，2009，第 23 页。

② 根据《不扩散核武器条约》（NPT）第 9 条第 3 款之规定，该条约承认 5 个合法的核武器国家，即美国、苏联（俄罗斯）、英国、法国、中国。这 5 国在 1967 年 1 月 1 日前爆炸了核装置，以后加入条约的国家都应是无核武器国家。

③ "核安全"是一个含义宽泛的概念，在英语中对应"nuclear security"和"nuclear safety"两个词汇。根据国际原子能机构的定义，前者指在核材料使用、储存和运输过程中，对盗窃、蓄意破坏、未经授权获取、非法转让等恶意行动所采取的预防、探测和响应措施，对应中文可译为"核安保"；后者指从保护公众及环境不受放射性危害的角度出发，采取措施确保核设施的正常运行、预防事故的发生、限制可能的事故后果，对应中文可译为"核安全"。参见刘冲《中国核安全观透视》，《瞭望新闻周刊》2014 年第 14 期。

领域，中国也正在积极倡导自己的核安全观，努力推动国际合作应对核安全挑战，有效维护国家安全。

一 积极倡导中国核安全观

当前，应对核恐怖主义、保护核材料与核设施的安全已经成为全球治理的重要内容，是摆在世界各国面前的一项重要任务。核安全涉及不同层面，既包括实施科学有效管理，发展先进安全核能技术，也包括妥善应对核恐怖主义与核扩散，不是单个国家可以做得到的。而要把各国联合起来共同维护国际核安全，需要一种融各国的关切于一体、同时兼顾各国权利与义务的核安全观念。2014 年 3 月，中国国家主席习近平出席了在荷兰海牙举行的第三届核安全峰会。在会上，他发表了重要讲话。习主席在讲话中首次完整阐释了中国的核安全观，表达了中国对核安全的理解和追求，体现了公平思维与大国担当，必将成为新时期推动国际核安全合作的重要原则。归纳起来，中国核安全观的主要观点有以下几点。①

第一，发展和安全并重，以确保安全为前提发展核能事业。各国要秉持为发展求安全、以安全促发展理念。任何以牺牲安全为代价的核能发展，都难以持续，都不是真正的发展。

第二，权利和义务并重，以尊重各国权益为基础推进国际核安全进程。各国要切实履行核安全国际法律文书规定的义务，全面执行联合国安理会有关决议。各国在履行有关国际义务的同时，尊重他国根据本国国情采取最适合的核安全政策和举措的权利。

第三，自主和协作并重，以互利共赢为途径寻求普遍核安全。核安全首要责任应该由各国政府承担。各国政府要强化核安全意识，加强机制建设，提升技术水平。核安全也是全球性课题，要吸引更多国家加入国际核安全进程，加强交流、互鉴、共享，有关多边机制和倡议要统筹协调、协同努力。

第四，治标和治本并重，以消除根源为目标全面推进核安全努力。完善核安全政策举措，坚持核材料供需平衡，深化打击核恐怖主义国际合

---

① 参见陈赟、潘治《习近平出席第三届核安全峰会并发表重要讲话》，新华网，2014 年 3 月 25 日，http://news.xinhuanet.com/photo/2014 - 03/25/c_126311095.htm。

作，是消除核安全隐患和核扩散风险的直接和有效途径。只有营造和平稳定的国际环境，才能从根本上解决核恐怖主义和核扩散问题，实现核能持久安全和发展。

中国不仅在全球范围内首次提出"核安全观"，为世界起到了良好的示范作用，而且"中国的核安全观综合考虑了各国的关切、权利与义务，应该成为处理核安全问题的普遍原则"。[①] 作为倡导者，往往要先走一步，做出表率，要让别的国家在切身的体会中逐渐与中国取得共识。过去 50 多年间，中国保持了良好的核安全记录，努力做到了"一克不少，一件不丢"，在核安全方面已经树立了良好的榜样，并有望未来在亚太地区发挥更重要作用。在第三届核安全峰会期间，中国还提交了核安全国家报告，全面展示了中国在加强核安全方面所做的努力和取得的成就。这些都是中国核安全观展现出来的大国责任与担当。今后，中国还需要在各种适宜的场合广泛宣传、积极推广中国的核安全观。

二　努力推动核安全国际合作

全球核安全是一项国际事业。只有世界各国携手完善核安全政策举措，发展现代化和低风险的核能技术，坚持核材料供需平衡，加强防扩散出口控制，深化打击核恐怖主义国际合作，才是消除核安全隐患和核扩散风险的直接和有效途径，才能从根本上维护国家安全。

作为核大国，中国一贯奉行不主张、不鼓励、不从事核武器扩散，支持和参与防止核扩散的国际合作，致力于国际核不扩散体制的建设。1992年初，联合国安理会发表主席声明，把大规模杀伤性武器的扩散定性为对国际和平与安全的威胁。作为联合国安理会常任理事国，中国在该项主席声明的起草过程中发挥了建设性作用。1992 年 3 月 9 日，在正式加入《不扩散核武器条约》后，中国努力维护核不扩散机制，并发挥了积极作用。如中国与国际原子能机构在保障监督方面进行了积极的合作；2004 年 12 月，中国与欧盟签署《中华人民共和国与欧洲联盟关于防扩散和军备控制问题的联合声明》，双方相互确认对方为裁军和防扩散领域的重要战略伙

①　樊吉社：《中国核安全观凝聚着公平思维与大国担当》，央视网评第 1237 期，http：//opinion. cntv. cn/2014/03/26/ARTI1395819575259152. shtml。

伴，并确定了优先合作领域。1997 年 10 月，中国加入"桑戈委员会"
（Zangger Committee，ZAC）。2004 年 6 月，中国加入"核供应国集团"
（Nuclear Suppliers Group，NSG）。中国在积极支持防止核武器扩散的努力，
同时致力于和平利用核能的国际合作。实际上，中国已经成为国际不扩散
体制内的重要国家。对此，中国不仅可以更为"理直气壮"与"名正言
顺"地在国际防扩散领域担负起自己应担负的国际责任与义务，而且还可
以彰显负责任的大国形象，在拓展"软实力"方面切实取得成效。

当前，《核材料实物保护公约》及其修订案和《制止核恐怖主义行为
国际公约》是继《不扩散核武器条约》之后的又一重要维护民用核安全的
国际法律文件。后者已于 2007 年生效，而《核材料实物保护公约》修订
案生效尚需更多缔约国批准。中国已经率先批准了该公约，目前正积极推
动更多国家批准该公约。正在建设中的中美核安保示范中心①是中国在核
安全领域进行国际合作的重要平台，该中心将主要承担核安保、核材料管
制、核进出口管理领域的国际交流合作、教育培训、测试认证和技术展示
研发等功能。中国已经倡导建立了中日韩核电安全合作机制，向国际原子
能机构核安全基金捐款，尽最大努力兑现了自己的承诺；在打击核材料非
法贩运领域同俄罗斯、哈萨克斯坦等国开展一系列合作项目。中国支持在
经济和技术可行的情况下，尽可能减少高浓铀使用，并在国际原子能机构
框架内帮助加纳把一个使用高浓铀的研究堆改造为使用低浓铀燃料。中国
还向国际原子能机构核安全基金捐款，通过举办培训班等方式，提升亚太
地区国家核安全能力。

在恐怖主义势力和大规模毁伤性武器扩散给世界和平与安全带来更大
威胁的今天，中国加强反扩散政策是塑造良好的、负责任的国际形象的必
然选择。不仅如此，中国反扩散政策的发展与完善还将进一步打消西方国
家特别是美国对中国会成为一个"破坏现有规则和秩序"的国家的疑虑与
偏见，能够为中国从根本上消除主要植根于西方的"中国威胁论"奠定良
好的基础。

---

① 中美核安保示范中心，位于北京长阳科技园，于 2013 年 12 月开工建设，预计 2015 年底
建成并投入使用，将是亚太地区规模最大、设备最全、设施最先进的核安保交流与培训
中心。

三 继续在地区热点核问题上发挥建设性作用

中国要在朝核问题的解决上继续发挥建设性作用。朝核危机爆发后，中国制定了以"半岛无核化、和平解决危机、重视朝鲜安全关切、美朝同步采取行动"为基本原则的积极斡旋政策。这是由中国在朝核问题上的战略利益决定的。第一，朝核问题失控危害中国边境安全。万一朝核危机引发半岛动荡或战争，必然冲击中国东北地区的社会稳定和经济发展，因此，中国必须尽最大可能维护朝鲜半岛和平与稳定，制止朝核危机升级、遏制战争爆发。第二，朝核问题升级引发周边核军备竞赛。如果朝鲜不放弃核武器计划，不仅半岛紧张局势难以消除，而且可能导致日、韩等周边国家走上谋核的发展道路，使中国实际上处于核国家的包围中。第三，朝核问题影响重要双边关系——中美关系。中美在朝核问题上既有共同利益，又有重大分歧；中国既面临牵制美国战略扩张的挑战，又存在与美国进行战略合作的机遇。

为维护朝鲜半岛的和平与稳定，实现半岛的无核化，和平解决朝鲜半岛核问题，中国展开了密集的外交穿梭活动，努力劝和促谈，终于在2003年4月召开了北京三方会谈，8月召开了北京六方会谈，把朝鲜半岛核问题纳入了对话和平解决的轨道。经过两年多的共同努力，参加会谈的相关六方终于在2005年9月第四轮六方会谈上通过了《9·19共同声明》，就实现朝鲜半岛无核化目标达成共识，取得重要的阶段性成果。2007年又达成了《2·13共同文件》。

中国作为是六方会谈的东道国，对于六方会谈的召开、在成员间的斡旋、议题设计、组织工作等方面都做了大量有目共睹的工作。尤其在促进美朝之间的沟通与交流方面，中国也做了周密甚至是煞费苦心的安排。可以说，没有中国的努力，六方会谈就不会那么顺利地召开，也不会那么多次化险为夷，取得一系列阶段性的有利于缓和局势紧张的成果。中国的公正、客观的立场，在会谈中注重原则性与灵活性的结合，既对朝核问题解决做出了贡献，也为中国外交做出了新的实践性尝试。当然，这种尝试目前遇到了困难，中国还需要继续新的探索。

由于种种原因，六方会谈机制频受干扰，最近七八年一直处于"空转"状态。由于多种因素的复合作用，朝核问题解决进程依然继续受阻。朝核问题的最终解决将取决于各国安全观念转变的程度，取决于新的安全机制构建的程度，也取决于六方协调的程度。朝核问题的解决必然伴随着新型外交实践的探索，原有的单纯权力政治的方式是行不通的，只能带来恶性循环。因此，只要各方调整思维方式，寻求合理的对话议题，以六方会谈为基础的多边安全合作仍然大有可为，中国也必将为恢复六方会谈机制继续发挥独特的作用。

中国在伊核问题的解决上继续发挥着建设性作用。伊核问题曾被西方学者称为"全球世纪外交难题"，关涉中国重要的地缘政治利益。中国积极调解伊核问题，是大国负责任的体现；同时，中国也必须在伊核问题的解决上发挥建设性作用，将伊核问题纳入全球视野进行战略评估，从而实现国家利益的最大化。中国始终认为，伊朗作为《不扩散核武器条约》缔约国，享有和平利用核能的权利，同时也应履行相应的国际义务，对话与合作是解决伊核问题的唯一正确途径。中国积极参与伊核问题六国与伊朗的对话进程。2011 年 11 月 18 日，国际原子能机构理事会维也纳会议通过了中国、美国、中国、法国、德国、俄罗斯、英国等"伊核问题六方"提出的决议草案，强调通过对话在机构框架内寻求伊核问题的解决。这是中国首次作为草案的共同提案国，显示出在解决伊核问题中更加积极主动的姿态，也从侧面印证了中国有关伊核问题主张的正确性。当前，伊核问题的解决取得了突破性进展，但还没有彻底走出困境。对此，一方面，中国应重申支持中东无核化、支持有关核不扩散条约；另一方面，中国应继续积极参与下一步的对话进程和机制构建，努力促进协议顺利执行，与各方一道，为全面、长期、妥善解决伊核问题发挥建设性作用。

四 全面采取核安全保障举措

核安全是核能与核技术利用事业发展的生命线，事关重大。中国一向把核安全工作放在和平利用核能事业的首要位置，按照最严格标准对核材料和核设施实施管理。发展核能事业半个多世纪以来，中国保持了良好的核安全记录。环保部 2012 年发布的《核安全与放射性污染防治"十二五"规划及 2020 年远景目标》[①] 指出，截至 2011 年 12 月，中国大陆地区运行

---

① 《核安全与放射性污染防治"十二五"规划及 2020 年远景目标》，http://haq. mep. gov. cn/gzdt/201210/W020121016305772730116. pdf。

的 15 台核电机组安全业绩良好，未发生国际核事件分级表 2 级及以上事件和事故，气态和液态流出物排放远低于国家标准限值。在建的 26 台核电机组质量保证体系运转有效，工程建造技术水平与国际保持同步。放射源辐射事故年发生率由 20 世纪 90 年代的每万枚 6.2 起下降至"十一五"期间的每万枚 2.5 起。辐射水平保持在天然本底涨落范围；从业人员平均辐照剂量远低于国家限值。

但不可否认，中国也面临着严峻的核与辐射恐怖事件威胁态势。中国核安全与放射性污染防治面临挑战有：①安全形势还不乐观。体现为：核电多种堆型、多种技术、多类标准并存，核电厂预防和缓解严重事故的能力仍须进一步提高；部分研究堆和核燃料循环设施抵御外部事件能力较弱；早期核设施退役进程尚待进一步加快，历史遗留放射性废物需要妥善处置；铀矿冶开发过程中环境问题依然存在；放射源和射线装置量大面广，安全管理任务重；等等。②科技研发还需加强。表现为：核安全科学技术研发缺乏总体规划；现有资源分散、人才匮乏、研发能力不足；法规标准的制定、修订缺少科技支撑；基础科学和应用技术研究与国际先进水平总体差距仍然较大；等等。③应急体系还需完善。主要有：核事故应急管理体系需要进一步完善；地方政府应急指挥、响应、监测和技术支持能力仍须提升；核事故应急预案可实施性仍须提高；等等。④监管能力还需提升。如核安全监管能力与核能发展的规模和速度不相适应；辐射环境监测体系尚不完善，监测能力需大力提升，公众参与机制需要完善；等等。[1]

为防患未然，中国应进一步全面出台核安全保障举措，着力提高核安全技术水平，提高核安全应急能力，对全国核设施开展全面安全检查，确保所有核材料和核设施得到有效安全保障；贯彻执行核安全中长期规划，完善国家核安全法规体系，加紧制定国家核安全条例，扎实推进核安全工作机制化、法制化。

当前，世界各国相互联系、相互依存的程度空前加深，核能与核技术发展全球化明显，核问题区域乃至全球影响不容忽视。各国只有携手同心，把和平利用核能与防止核武器扩散、打击核恐怖主义结合起来，加强

---

① 《核安全与放射性污染防治"十二五"规划及 2020 年远景目标》，http://haq. mep. gov. cn/gzdt/201210/W020121016305772730116. pdf。

国际合作，才能有效维护国际核安全。作为核武器国家和核技术大国，中国将在不断增强自身核安全能力的基础上，坚定不移参与构建公平、合作、共赢的国际核安全体系，坚定不移支持国际原子能机构主导的核安全国际合作，坚定不移维护地区和世界和平稳定，为实现持久核安全继续作出自己的努力和贡献。

第三章　生化武器与国家安全

刘杨钺

生物化学技术（特别是基因技术、细胞工程、纳米技术等）是近半个多世纪以来发展最为迅猛的研究领域之一，由于它与生命现象和物质构成息息相关，因此往往直接影响到人类自身的安全，具有格外的重要性和敏感性。尤为危险的是生物化学技术的武器化应用及其扩散，与国家核心利益密切相关，是国家安全的重要组成部分，更对整个人类社会的生存发展带来了严峻挑战。生化武器及其安全性越来越受到各国政府的高度重视，许多国家把生化安全纳入国家战略，作为国防和军事博弈的制高点。本章主要分析生物化学武器的发展对国家安全的影响。考虑到生化武器蕴含的军事和战略意义，从国家安全的战略高度深刻认识全球生化安全形势显得十分必要和迫切。需要指出的是，转基因技术与食品安全、生化材料产生的偶发事故、外来物种入侵等问题也属于广义上的生化安全范畴，虽然这些问题在本章并没有重点加以探讨，但其带来的安全风险同样值得高度关注和警惕。

第一节　生化武器的发展与应用

生化武器是指利用毒素和病原体（或其他生物体）导致人类（以及动物）失能、受伤或者死亡的毁伤手段，是与核武器并列公认的大规模杀伤性武器。严格来说，生化武器并非现代战争的特有产物，在古今中外的军事史中，井里投毒、细菌散播、饲养动物作战等方式都为战争注入了生物化学元素。但随着人们认识、利用和改造自然物质的能力不断提升，生化武器具备了越来越高的复杂性、有效性和可操控性，同时也使得生化安全威胁日益加剧。

一 化学技术与武器应用

(一) 化学武器的概念与特点

化学武器主要利用具有毒性的化学物质来致使敌方人员伤亡。在 1993 年国际社会缔结的《关于禁止发展、生产、储存和使用化学武器及销毁此种武器的公约》(简称《禁止化学武器公约》) 中，化学武器被定义为三个要素：一是有毒化学品及其前体。其中有毒化学品即通常所说的化学毒剂，是指"通过其对生命过程的化学作用而能够对人类或动物造成死亡、暂时失能或永久伤害的任何化学品。其中包括所有这类化学品，无论其来源或其生产方法如何，也无论其是否在设施中、弹药中或其他地方生产出来"。而前体则是形成有毒化学品的原始材料，即"在以无论何种方法生产一 (种) 有毒化学品的任何阶段参与此生产过程的任何化学反应物。其中包括二元或多元化学系统的任何关键组分"。第二要素是"经专门设计通过使用后而释放出的 (前一) 项所指有毒化学品的毒性造成死亡或其他伤害的弹药和装置"，也就是有毒化学品的装载和释放工具。第三要素是指"经专门设计其用途与本款 (第二) 项所指弹药和装置的使用直接有关的任何设备"。[①] 因此，现代意义上的化学武器是由毒剂、承载工具和相关设备组成的复杂技术系统，而毒剂则是带来杀伤效果的直接元素。

化学武器和常规武器不同，它是以爆炸、喷洒或发烟的形式施放出来，依靠毒剂的毒害作用使人或动物中毒。其主要特点包括以下 3 点。

(1) 武器制造的门槛相对较低。随着科技的发展，化学武器的制造越来越容易，成本也越来越低廉，被外界称为"穷国的原子弹"。在造价方面，有人曾计算过，杀伤 1 平方千米内的人员，使用枪炮等常规武器需要花费 2000 美元，使用核武器需要 800 美元，而使用化学武器只需 600 美元。与此同时，化学武器的原料来源方便，制造相对简单，只要具有一定的农药、石油化学工业基础，就能生产出化学武器，某些化学毒剂的原料或中间物甚至可以从市场上买到，不像核武器那样需要特殊的材料和专门的技术。

---

① 相关定义可参见《关于禁止发展、生产、储存和使用化学武器及销毁此种武器的公约》第二条"定义与标准"部分。

（2）武器效用广泛且持久。首先，中毒途径多。化学武器施放后可使毒剂分散成蒸气状、烟状、雾状、液滴状，通过呼吸道吸入、皮肤渗透、误食染毒食品、饮水等多种途径使人员中毒。其次，杀伤范围大。染毒空气可随风飘散且无孔不入，所经之处都有杀伤作用。它不仅能杀伤被袭击的地域和下风方向一定距离内未采取防护措施的人员，还能钻入不密封的人防工程和房屋内杀伤人员。再次，作用时间长。有些持久性毒剂污染地面或物品，毒害作用可持续几小时或几天，甚至更长的时间。

（3）武器作用对象特定。化学武器的主要功能是对人和动物的肌体造成伤害，对建筑物、武器装备和物资材料等物质的性能影响较小，因此其作用对象主要限定在有机生物体上。但是，化学武器的攻击又不具有选择性，无法区分军人和平民，而且杀伤方式非常残忍，有悖于人类的道德观念，所以国际社会一直致力于全面禁止制造和使用化学武器。

需要特别指出的是，相比常规武器而言，化学武器的使用与战场环境密切相关。其使用效果易受气候和地形、地物的影响。刮风、下雨、下雪和气温、建筑等，对毒剂作用的发挥都会产生一定的影响。这些因素从客观上制约着化学武器的使用及其效能。

（二）化学武器的分类与主要毒剂

化学武器种类繁多，各自具有不同的特点，并可被归入有着显著物理或化学特性的各种化合物门类之中。对化学武器的分类有着多种方式。根据其挥发性，化学武器包括持久性和非持久性两类战剂。非持久性的化学武器易于挥发和散释。根据其化学结构，化学武器则包括有机磷、有机硫和有机氟等几种化合物和砷剂。更为常用的分类则是根据化学武器的物理作用性能，将其分为神经性毒剂、糜烂性毒剂、血液性毒剂、失能性毒剂、窒息性毒剂和刺激性毒剂等六类。

（1）神经性毒剂。神经性毒剂因影响神经系统的功能而得名，是一种有机磷类毒剂。从作用机理来看，这类毒剂特别对脑、膈肌和血液中乙酰胆碱酯酶的活性产生强烈的抑制作用，致使乙酰胆碱在体内过量蓄积，从而引起中枢和外周神经系统功能严重紊乱。该毒剂是目前毒性最强的一类毒剂，人员中毒后会迅速出现一系列神经系统综合症状，包括瞳孔缩小、流涎、恶心、呕吐、肌颤、痉挛和神经麻痹、大小便失禁及死亡。主要的神经性毒剂有沙林、塔崩、梭曼和 V 类毒剂维埃克斯等。其中，维埃克斯（VX）曾是美军 20 世纪 60 年代重点发展的化学战剂，在常温状态下呈现无色液体状，一旦接触到氧气，就会变成气体。该毒剂致命性极高，理论上而言 1 升维埃克斯可导致 100 万人死亡，而其持久性使得致死率最高能够持续三周时间。据报道，美军于 1968 年在犹他州进行神经性毒剂试验时，不慎将部分维埃克斯毒液散播至试验场以外的一片谷地，结果造成当地数千头绵羊中毒死亡，其危险性由此可见一斑。

（2）糜烂性毒剂。糜烂性毒剂一般为酸性化合物，会对皮肤产生类似烧伤的后果，一旦吸入则会影响上呼吸道和肺部，造成肺水肿。同时，这类毒剂也能引起严重的眼部损伤甚至导致癌变。常见的糜烂性毒剂主要为芥子气和路易氏剂两种，其中最重要的是芥子气。纯芥子气为无色有微弱大蒜气味的油状液体，工业品呈棕褐色，有较浓的大蒜气味。芥子气是一种沸点高、挥发度较小的油状毒剂，主要以液态使人体、物体和地面染毒。正常气候条件下，仅 0.2 毫克每升的芥子气浓度就可使人受到毒害，大约有 1% 的死亡率。芥子气的一些特性也加大了它的危险性：一是渗透性强，能渗透皮肤、布、皮革、橡皮等物质，对人体造成伤害，并且极易扩散；二是侵入肌体后有 2~12 个小时的潜伏期，症状并非立即显现，这也给监测和防范带来了困难。

（3）血液性毒剂。又称全身中毒性毒剂，指大多数的砷化合物、氯化氰和氢氰酸等。需要指出的是，血液性毒剂的命名存在一定的误导性，因为这类毒剂通常并不直接影响血液，只是对造血成分产生破坏和干扰。血液性毒剂作用于细胞层面，呈蒸气态经呼吸道吸入人体后，使细胞能量代谢受阻，迅速导致机体功能障碍，属于速杀性毒剂。氢氰酸于 1872 年被瑞典科学家首次发现并运用于化学工业，直到一战时期人们才意识到其作为化学武器战剂的可行性。这种毒剂通过抑制呼吸酶，造成细胞内窒息。短时间内吸入高浓度的氢氰酸气体（氰化氢），可立即导致呼吸停止而死亡。

（4）失能性毒剂。失能性毒剂是一种使人暂时丧失战斗能力的化学物质，中毒后主要导致精神活动异常和躯体功能障碍。这类毒剂由于致死剂量与失能剂量的比值（安全比）很大，一般不导致死亡或造成永久性伤害。按其毒理效应不同，失能性毒剂一般分为精神失能剂和躯体失能剂。前者主要是导致精神活动紊乱，产生幻觉，主要代表物为毕兹；后者主要是导致运动功能障碍、瘫痪、血压和体温失调、视觉和听觉障碍、持续呕吐腹泻，代表物为四氢大麻醇。其中，毕兹是20世纪五六十年代发展起来的一种新型毒剂。人吸入这种特殊气体10～30分钟之后会出现乏力、呕吐、口干、视力模糊、神志不清等不适状况。由于相较上述毒剂而言毕兹的毒性较小，这种毒剂也被用于反恐怖主义等特殊行动之中。2002年，俄罗斯特种部队在应对车臣恐怖分子挟持剧院人质时，就曾使用了毕兹，令大量恐怖分子瞬间丧失战斗力，陷入昏睡状态，有些甚至中毒致死。

（5）窒息性毒剂。窒息性毒剂是一种损伤呼吸道引起急性中毒性肺水肿，导致急性缺氧和窒息的化学战剂。这种毒剂曾在第一次世界大战期间使用过，主要有光气、双光气、氯气和氯化苦等。当时光气曾是重要毒剂之一，约占毒剂生产总量的25%。光气作用较慢，毒性相对较低，且只能通过呼吸道实现中毒，因此防毒面具能够有效防护。但是光气和氯气在工业生产过程中使用较多，对其进行有效管控较为困难，易于被恐怖主义分子获取和利用。

（6）刺激性毒剂。刺激性毒剂亦称刺激剂，是对眼和上呼吸道产生强烈刺激的一种毒剂，人员接触后会因出现剧烈眼疼、流泪、咳嗽、胸痛而暂时失去战斗力。这种毒剂是催泪瓦斯的主要成分，使用较多的有邻氯苯亚甲基丙二腈（西埃斯，CS）、苯氯乙酮（CN）等。由于毒性较小，这些化学品往往被用于骚扰对方军事行动，以及警用的防暴反恐等领域。

上述化学武器战剂对人体都具有伤害性，但相对而言，刺激性毒剂的危害性较低，已被广泛用于非军事行动领域。而其他各种毒剂大部分都处于《禁止化学武器公约》的管制范围（第三节将对《公约》作详细探讨）。神经性毒剂和糜烂性毒剂，如沙林、塔崩、维埃克斯、硫芥气和氮芥气等，由于毒性较高，且军事特性明显，因此属于《公约》严格管控的第一类有毒化学品行列。然而，化学武器技术的未来发展将可能带来危险性的进一步加大。首先，新的毒剂可能被合成并使用，其毒性可能比目前剧毒的神经性毒剂还要高出30～300倍；其次，新技术可能提升化学武器的性能，例如微分散技术有可能把化学战剂分散成所需要的任何大小的颗粒，并极大提高化学弹药的杀伤威力，而微胶囊化技术将改善毒剂的稳定性和持久性；最后，二元化学武器技术将增加对化学武器监管与核查的难度。这种合成技术将两种无毒的化合物分装于两个相互隔离的容器中，待弹药发射后打开隔膜，使两种原料混合并发生化学反应生成毒剂。[①] 这一技术也将使化学武器的生产、运输和使用更为便捷，其安全风险是显而易见的。

（三）化学战的历史回顾

如前所述，化学毒剂用于战争实践已有较长的历史。据考古研究发现，早在两千年前，波斯人就已使用硫磺和沥青混合产生的致命毒气来攻击罗马军队。[②] 但近代化学工业和技术的发展才使得化学武器战剂的大规模生产和部署成为可能。人们通常认为，1915 年德国军队利用氯气对驻守比利时伊普尔的协约国军队发起攻击，正式拉开了人工合成化学武器和现代化学战的序幕。在那次毒气战中，1.5 万名英法联军士兵中毒，其中逾 5000 人死亡。而在整个一战过程中，由光气、氯气、硫芥气和路易氏剂等化学战剂造成的人员死亡达到 10 万以上，受到伤害的人数则超过 120 万。二战期间，虽然使用化学武器已遭国际社会禁止，纳粹德国仍然用"齐克隆 B"等全身中毒性毒剂，将数百万关押在集中营的犹太人和苏联战俘毒死。而同时期日本的所作所为更令人发指，日军不仅专门设有毒气委员会，还建立了专门的化学战部队。整个侵华战争时期，日本先后在中国 14 个省份使用化学武器 1731 次，造成数十万人中毒伤亡，而残留在中国战场上的化学战剂至今仍然是相关地区人员和生态安全的严重威胁。

二战之后，美苏的霸权争夺也延伸到了化学武器的竞赛上。在越南战争期间，美军使用了一种名为"橙色落叶剂"的植物杀伤剂。橙剂可以让树木在短时间内枯萎，因而能够大幅削弱越共游击队的丛林掩护。但这种化学物质也对人体神经系统产生剧毒作用，导致越南出现了数以千计的橙剂受害者，其伤害类型包括呼吸道和皮肤的病变，甚至胎儿的畸形等。最近的关于战争中大规模使用化学武器的记录，则是 20 世纪 80 年代爆发的两伊战争。在这场长达 8 年的战争中，为了扭转战场局面，伊拉克对伊朗发动过 200 多次化学武器攻击，攻击手段包括使用沙林、塔崩、芥子气等高致命性毒剂，共造成约 10 万人中毒，逾万人死亡。而据近年来解密的情

---

① 李其样、张振中：《论化学武器的危害及其防护》，《山西科技》2007 年第 1 期。
② 李奇：《二千年前的化学武器》，《科学大观园》2009 年第 12 期。

报披露，美国在明知伊拉克制造和使用化学武器的情况下，仍然为其提供了卫星图片和地图等伊朗军事情报，直接默许和放任伊拉克在 1988 年初的几场攻势中采用化学攻击。制造合成这些化学战剂所需的必要成分，即关键的化学中间品，也大多来自西方国家有关企业的供给。①

应当指出的是，化学武器的威胁并不局限于国际冲突之中。2013 年 8 月，处于内部动荡的叙利亚发生了沙林毒气火箭弹袭击，造成大量人员伤亡的事件。这一事件引起了国际社会广泛关注，叙利亚政府和反对派均指责对方是动用化学武器的罪魁祸首。目前，叙利亚政府已与联合国合作开展境内化学武器的移交和销毁工作。更令国际社会不安的则是恐怖主义分子掌握和利用化学武器技术。这一警报在 1994～1995 年先后发生的日本沙林毒气事件中首次拉响。在先后两起事件中，日本邪教组织"奥姆真理教"成员分别在松本市住宅区和东京地铁中施放沙林毒气，分别造成 7 人和 13 人死亡，在地铁毒气事件中更造成 5500 多人受伤。后续调查显示，该教派还制造并存有塔崩、梭曼和维埃克斯等多种毒剂。由此可见，即使是小团体和个人也可能在没有任何征兆的情况下，利用化学武器战剂制造巨大的恐慌和难以想象的灾难。化学武器与恐怖主义的结合，正成为国家安全必须高度关注的重大威胁。

二　生物技术与武器应用

（一）　生物武器的概念与特点

生物武器由生物战剂、生物弹药和承载工具组成。生物战剂是指那些能够导致目标群体发生疾病或死亡的病菌和生物毒素。② 而生物弹药和承载工具则包括装有生物战剂的炮弹、航空炸弹、火箭弹、导弹弹头和航空布洒器、喷雾器等。20 世纪 60 年代之后，苏联等国先后发展出气溶胶的投送方式，使生物武器的投送达到了化学武器的投送水平。1975 年生效的《禁止细菌（生物）及毒素武器的发展、生产及储存以及销毁这类武器的公约》（简称《禁止生物武器公约》）明确规定，"缔约国在任何情况下不

---

① 李大光：《化学武器在战争中会带来哪些伤害》，《生命与灾害》2014 年第 2 期。
② 《禁止化学武器公约》也将生物毒素列为有毒化学品之列，但大部分研究人员将生物毒素归为生物武器战剂。下文将进一步解释生物毒素与化学战剂的主要区别。

发展、生产、储存和取得其类型和数量超出预防、保护和其他和平用途范围的微生物或其他生物制剂或毒素，以及为敌对目的或在武装冲突中使用此类制剂或毒素而设计的武器、设备或运载工具"。

与化学武器相比，生物武器在来源和性能等方面都具有显著特点。首先，与化学战剂的人工合成物属性不同，生物战剂往往来源于自然生成物，如细菌或特定生物产生的毒素。这使得生物武器的材料相对容易获取，而且相关技术和材料比化学战剂更具有军民两用性。因此，从技术角度而言，生物武器比化学武器和核武器更易于扩散。在这一点上，美国国防部在 2001 年发表的《武器扩散：威胁与应对》报告中指出："生物制剂发展是特别麻烦的事情，因为实际上所有用来进行生物战剂研究、开发和生产的设备、技术和材料都是两用的。如此，生物武器的应用能比较容易地隐藏在大规模的合法商业活动中。"而 2006 年的《美国国家安全战略报告》则指出："生物武器不需要那些难以获得的基础设施和材料来与之配套。这使得控制它扩散所面临的挑战更大。"事实上，目前世界上掌握和拥有生产生物战剂设备和技术的国家已超过 100 个。[①] 其次，生物武器的杀伤威力更大。美国技术评估局于 1993 年进行的一项研究总结说，如果一架飞机在晴朗无风的夜晚条件下，在美国首都华盛顿上空通过气雾剂喷洒 100 公斤炭疽孢子，将能够杀害 100 万～300 万人；而同样一架飞机若喷洒 1000 公斤的沙林毒气能导致 3000～8000 人死亡。这样的对比显示出生物武器具有更高的致命性。在某种程度上，生物武器的高杀伤威力来自于病原体（不包括生物毒素）的两种特性：一是病原体（细菌和病毒等）的自我复制能力，这意味着数量很少的病菌便能自我繁殖生成数量庞大的群体；二是生物战剂的传染性，这不仅极大扩展了致病范围，也延长了伤害作用的周期。再次，生物武器具有较强的隐蔽性。与大多数化学武器相比，生物战剂（病原体）在症状呈现前通常有一定时期的潜伏期（数小时至数天不等）。由于生物战剂往往无色无味（许多化学战剂都具有特殊气味），在症状出现前，受影响的群体并不能及时识别出生物武器威胁并加以有效防范。不仅如此，许多生物战剂导致的疾病都会自然发生，因此可以用自然灾害来掩饰，这也增加了分辨生物武器袭击与否的难度。

---

① 刘建飞：《生物武器扩散威胁综论》，《世界经济与政治》2007 年第 8 期。

当然，生物武器也具有一定的局限性，例如一旦实施攻击则难以有效控制病原体的传播，甚至可能反过来对己方人员造成伤害。生物武器攻击也容易受到自然因素的干扰，比如低温、大风、风向、物候等因素都会对生物武器的攻击效能产生强烈影响。例如，朝鲜战争期间，美国在朝鲜空投的昆虫由于低温没能从容器中扩散，从而被迅速杀灭。尽管如此，随着技术的不断发展，这些缺陷将可能并正在被逐渐克服。

（二）生物武器的种类及主要战剂

生物战剂是指能满足军事目的与相关技术要求，对人和动植物造成大范围杀伤（破坏）的致病微生物以及由生物所产生的毒素物质。生物战剂是生物武器杀伤力的决定因素和基础。过去所用的生物战剂仅限于致病的细菌，因此生物武器过去也被称为细菌武器。但时至今日，生物战剂的种类不仅向病毒、立克次体、衣原体、真菌等其他微生物种类拓展，还包括由生物体所产生的有毒物质。从物理属性上看，病原体（微生物）和毒素是生物战剂的两大类型。

1. 病原体

病原体属于可再生复制的生物战剂类型，主要通过三种途径侵入人体：一是空气传染，即吸入空气中的病原体，通过呼吸器官黏膜进入体内；二是饮食传染，即食入污染食物或水源后，病原体通过消化道摄入人体；三是皮肤传染，即带有病原体的昆虫叮咬皮肤使人感染。除了直接针对人员的传播外，生物袭击也可指向农业生产中的动植物，以造成经济损失或间接人员伤害。自然界中能够致病的微生物种类有数百种，但其中大多数难以适应生产、武器化和使用环境的相关要求，不能成为有效的生物战剂。本文仅选择几种较有代表性的病原体进行简要介绍。

（1）炭疽杆菌。炭疽是一种死亡率很高的急性传染病，多在食草性动物上出现，如马、牛、猪、羊等。在美国，炭疽便被称为"剪羊毛工人病"，因为在1900～1978年发现的18个炭疽患者，大部分是从事羊毛或羊皮处理工作。其致病因子炭疽杆菌是一种棒状的革兰氏阳性菌，通常以芽孢的形态出现在土壤中。炭疽杆菌芽孢的抵抗力强，在外界环境中能够长期生存，并适合于大规模撒播。美国1999年发布的一份报告指出，如果通过生物武器成功向空中撒播炭疽杆菌，其孢子可在数小时（最多一天）内扩散。吸入型炭疽杆菌的致死率较高，且病情发展迅速。这些特性（易存活、易散播、易杀伤）使得炭疽杆菌成为生物武器战剂的重要装备。但它也比其他细菌武器更容易获取，这也为恐怖主义分子提供了可乘之机。2001年美国爆发了多起邮件传播炭疽杆菌事件，导致5人死亡17人致病，也成为人类首次面对的生物恐怖袭击。

（2）鼠疫杆菌。鼠疫又称为黑死病，曾是最流行的疾病之一。据记载，1334～1351年世界范围内曾大规模暴发此病，致使城市人口死亡大半。鼠疫杆菌是一种对光敏感的细菌，在离开宿主（在自然环境中一般寄宿于啮齿类动物身上）后很难长时间存活。鼠疫按照感染部位可分为肺鼠疫、腺鼠疫和败血症型鼠疫，其感染能力和致死率均高于炭疽，特别是肺鼠疫传播迅速，症状严重，死亡率高，属于烈性传染病。作为战剂使用的鼠疫杆菌，可通过散布气溶胶或空投受感染的蚤类和啮齿动物形成疫源地。日军在侵华战争中就曾使用鼠疫杆菌进行生物战，造成大量中国平民伤亡，而战败后遗弃的大批细菌仍使所在地不断发生传染病。例如日本731细菌部队所在的哈尔滨平房地区就连年暴发鼠疫，导致数万人死亡。①

（3）土拉杆菌。由土拉杆菌引起的疾病称为兔热病。1911年这种病原体首次在美国土拉地区由发病黄鼠中分离而出。它并不形成芽孢，但有一个脂多糖组成的硬壳，因而在自然界的生存力较强，低温条件下在水、潮湿土壤、草地、湿地、腐尸等环境中能存活数周。土拉杆菌致病力强，是人类目前已知微生物中传染性最强的一种，吸入10个土拉杆菌就可以患病，感染途径可通过肺、腺、肠、眼及全身等多种方式。土拉杆菌被美军列为标准化生物战剂的种类之一。2005年，俄罗斯中部地区爆发近百人感染的兔热病事件，也被西方媒体怀疑为细菌武器泄漏所致。

（4）伯氏考克斯体（立克次体战剂）。伯氏考克斯体所致疾病被称为Q热。美国将该病原体列为标准生物战剂，它能使人员染病并丧失作战能力，但致死率较低。这种病原体能发展出芽孢形态，在外界环境中存活的时间较长，对干燥、温度、日光等环境因素的抵抗力很强。在玻璃、铁、水、纸、土壤、牛乳等媒介中可存活数周至数年时间，1个Q热病原体即可使人或动物经呼吸道而感染。

---

① 联合调研组：《731部队是怎样一支邪恶部队》，《红旗文稿》2014年第4期。

以上所述仅仅是生物战剂家族中的一部分。此外作为外军标准化生物战剂装备的病原体还包括霍乱弧菌、布鲁氏杆菌、黄热病毒、委内瑞拉马脑脊髓炎病毒等。这些病原体在致死率、传播方式、潜伏期等方面都各不相同。表3-1列出了这些病原体的主要特性。还有许多致病微生物具有作为生物武器的可能性，属于潜在性的生物战剂。例如，天花曾是世界性分布的古老的病毒性传染病，在1980年已被世界卫生组织大会宣布全面消灭。然而，天花病毒仍存在于美国和俄罗斯的实验室之中。由于各国已普遍不再接种相关疫苗，如果天花病毒泄漏（或以人工方式合成），其作为生物战剂的可能性和有效性就会大大增加。其他潜在性生物战剂还包括裂谷热病毒、拉沙病毒、类鼻疽杆菌、伤寒杆菌、登革病毒、伊博拉病毒等。这些病原体的主要特性也列在表3-1中进行对比。

表3-1 主要的病原体类型及其特点

战剂名称	战剂类型	战剂性质	潜伏期（天）	传染性	自然致死率（％）	传播方式		
						气溶胶	昆虫动物	水或食物
炭疽杆菌	标准化	致死	1-7	强	95~100	+	+	+
鼠疫杆菌	标准化	致死	1-9	强	30~100	+	+	
霍乱弧菌	标准化	致死	1-5	强	10~80		+	+
土拉杆菌	标准化	致死	3-10	强	0~60	+	+	+
布鲁氏杆菌	标准化	失能	6-30	无	2~5			+
伯氏考克斯体	标准化	失能	3-21	弱	1~4	+	+	
类鼻疽杆菌	潜在性	致死	4-7	强	90~100	+	+	+
天花病毒	潜在性	致死	7-16	强	10~30	+		
伊博拉病毒	潜在性	致死	4-19	强	65~80	+		
拉沙病毒	潜在性	失能	3-17	强	1~5	+	+	

资料来源：整理自陈冀胜主编《化学、生物武器与防化装备》，原子能出版社，2003，第59~66页。

2. 生物毒素

毒素是有机生物体制造和释放的特定毒性物质，是不可再生复制的生物战剂。生物毒素与病原体的作用机理具有本质的不同，接触前者使人中毒，而接触后者则引致感染。在这一点上，毒素与化学战剂有着相似的属性，也正因此，《禁止化学武器公约》将一些生物毒素（如蓖麻毒素和石房蛤毒素）归入化学武器行列。然而，生物毒素与化学战剂之间又具有显著的差异。例如，化学战剂为人工合成的有毒化学品，而生物毒素则是自然形成的有机毒质。大部分化学战剂会对皮肤起作用，生物毒素则往往不对皮肤产生作用。另外，是否引起免疫反应也是区分化学战剂和生物毒素的重要特征。表3－2大致归纳了两者之间的差异。由于上述这些因素，大多数生化武器专家以及美国军方都将毒素视为生物武器的组成部分。

表3－2　化学战剂与生物毒素的区别[①]

化学战剂	生物毒素
人工合成	自然生成
易于大规模制造	难以大规模生产
大部分产生皮肤反应	大部分不产生皮肤反应
大部分有特殊气味	无气味
无免疫反应	有免疫反应
较低的分子重量	较高的分子重量

（1）肉毒杆菌毒素。肉毒杆菌毒素是已知最毒的天然毒素种类，是由肉毒梭状芽孢杆菌产生的外毒素。该毒素血清型分为A－G7种类型，其中A、B、E、F4型对人产生致病作用。据报道，部分提纯的A型肉毒毒素干粉对人的呼吸道致死剂量只需0.3微克。而据2001年刊登在《美国医学会杂志》上的一份有关肉毒杆菌毒素是一种生物武器的共识声明估算，"1克结晶毒素，均匀分散和吸入，会杀死超过100万人"。值得注意的是，由于肉毒毒素能使肌肉神经暂时麻痹，其在治疗面部痉挛、斜视等疾病，以及在美容除皱等方面有着显著功效。这些重要疗效（特别是后者）使得肉毒毒素市场日益活跃，同时也开始出现非法工厂和黑市，这有可能使恐怖主义分子更容易获取该毒素并用于生物武器研制目的。

---

① Peter Anderson, "Bioterrorism: Toxins as Weapons," *Journal of Pharmacy Practice*, Vol. 25, No. 2, 2012, pp. 121 - 129.

（2）蓖麻毒素。蓖麻毒素是蓖麻种子中所含的一种剧毒蛋白质，其毒性是维埃克斯的 400 倍，沙林的 3000 倍。蓖麻毒素中毒后，症状出现较慢（潜伏期一般为 1~2 天），无特殊表现，而且毒素在体内以原体形式存在的时间较短，因此对其中毒的有效识别和诊断比较困难。吸入蓖麻毒素中毒的症状与光气中毒类似，表现为呕吐、四肢痉挛和呼吸困难等，大剂量的蓖麻毒素中毒会出现全身痉挛以至于死亡。虽然该毒素中毒后并没有特别有效的治疗方法，由于其有可能被用作恐怖袭击，美军已于 2004 年开发出预防蓖麻毒素的疫苗。

除此之外，石房蛤毒素（海洋藻类毒素）、单端镰孢霉菌毒素（真菌类毒素）、葡萄球菌肠毒素等也是生物战剂库的可用装备。总体而言，毒素战剂属于生物源物质，在自然界广泛存在，不含有可供特殊识别的化学元素或特征基因，这无疑成为检测和核查生物武器的重要难题。

（三）生物战的历史回顾

早在公元前 14 世纪，人们就已经认识到传染性疾病和其他生物武器在战争中的潜在作用。当时，赫梯人可能制造了有记录以来的最早的生物武器——将染病的公羊（很可能是感染了土拉杆菌）送至敌营以削弱敌军。在我国汉武帝后期的汉匈之战中，匈奴军队将染疫的马匹传入汉地以传播疫情，并将汉军行经途中的水源以病死的羊牛污染，名将霍去病因病早逝，便有可能与此类生物战有关。一个更为著名且富有争议的例子出现在中世纪的欧洲。当时西进的蒙古大军包围了黑海之滨的卡法城却久攻不下，恰逢此时瘟疫开始在蒙古军中蔓延，蒙古大军随即改变了战法，将病死的士兵尸体用投石机投入卡法城内，使得城中不久便暴发了大规模的黑死病。而从那里逃生的士兵和平民有可能将瘟疫进一步带入了整个欧洲大陆，致使欧洲在随后数年中因黑死病而丧生的人口达到 2500 万。蒙古军队的抛尸行为，是否为卡法城以及整个欧洲的大面积瘟疫的唯一原因仍然存有争议，但是这种使用病原体来感染大范围人群的事件无疑是生物战历史上的重要一页。类似的事件随后在 1422 年立陶宛军队包围波西米亚城市，以及 1710 年俄国军队围攻驻守在爱沙尼亚雷瓦尔的瑞典军队等战役中多次上演。在 16 世纪西班牙征服美洲大陆的过程中，天花病毒成了秘密武器，欧洲人由于此前天花多次肆虐欧洲而具有一定的免疫力，但美洲印第安人则几乎没有任何抵抗力。天花病毒的引入和流行使得阿斯提克帝国的 2000 万人口在一个世纪后骤减到 160 万左右，一个强大的印加帝国由此消亡。①

19 世纪末巴斯德和科赫等人奠定了微生物学的基础，现代意义上的生物战也由此发展而来。微生物学使得科学家能够系统地分离和生成特定的病原体，并逐渐控制其传播过程。在两次世界大战期间，日本政府开启了迄今为止最为系统和最具规模的生物战计划。日本于 1932 年组建了臭名昭著的 731 部队，并用俘虏进行各类残忍、反人道的细菌实验。受害者被接种霍乱、天花、肉毒杆菌、土拉杆菌、炭疽等病菌以及一些性病病毒，这些活体试验使日军得以开展大规模的生物武器试验并投入实战。其作战方式包括投掷病菌炸弹、用致死性病原体污染水源，以及投送染疫的生物或食品等。有学者认为，侵华日军生物战造成的死亡人数有可能达到 200 万之多。② 而日军也被指控在苏联和蒙古使用了类似手段。二战之后，美国通过给予 731 部队一定的豁免权，换取了关于生物战的资料和技术，并开启了与苏联在生物战研究上的竞争。1975 年正式生效的《禁止生物武器公约》并未能阻止各国以加强防御为名义进行生物战研究。伊拉克萨达姆政权一度被认为进行了大量生物战剂（包括炭疽杆菌和其他病毒）的研究，但并未在两次海湾战争中使用。而更大的安全威胁或许来自生物恐怖主义。如前所述，2001 年，美国出现的寄送给政府官员和媒体人士的"炭疽信件"，不仅导致 5 人死亡，更给社会造成了普遍恐慌。可见，从早期的生物战历史开始，生物武器就不仅是作战军队，而是整个人类社会面临的共同威胁。

总的来说，化学武器和生物武器都是大规模杀伤性武器的代表，其作用方式十分残忍，伤害对象主要是人而不是设施装备，而且无法区分作战人员和平民。制造和使用生化武器不仅违背了人道主义的基本准则，更遭到国际社会的共同反对和禁止。然而，随着生化技术的发展与扩散，生化安全为国家安全带来了日益严峻的挑战。

---

① Barras Vincent and Greub Gilbert, "History of Biological Warfare and Bioterrorism," *Clinical Microbiology and Infection*, 2014.

② 谢忠厚：《日本侵华细菌战伤害中国军民人数问题之研究》，《武陵学刊》2010 年第 5 期。

第二节　当前生化安全面临的
基本威胁

生物化学安全是指外来自然因素和人为因素（生物与化学因素）对人类（及动植物）生命健康未构成任何威胁的状态。生化安全直接影响着人的安全与社会稳定，与国家核心利益密切相关，是国家安全的重要组成部分。目前，全球生化安全形势日益严峻。一方面，技术的发展进步使得生化武器的性能与使用都在发生着重要变化，因而也一直在改变着生化安全的物质技术基础；另一方面，随着国际形势日趋复杂，由地缘环境、利益争端等引发的生化安全问题越加突出。

一　新技术增加生化安全风险

近年来，生化武器技术发展势头十分迅猛，特别是人类在基因工程、细胞工程、纳米技术等领域不断取得的成就，将对生化武器的发展革新产生难以估量的影响，也使得国际社会和国家安全面临的生化风险日益加剧。

（一）生化武器性能极大增强

生化武器虽然能够对人类和动植物造成大规模杀伤，但在操控性和有效性等方面也存在诸多缺陷。生化技术的发展正不断弥补这些缺陷，从而改变生化武器性能上的限制。基因工程技术在这一点上尤为显著。基因工程是运用生物技术对生物体的基因组进行操控或修改的过程。通过运用基因工程技术，生物学研究者已经开发出比自然毒剂更加有效的生物武器。相关的案例几乎随处可见，特别是像将抗生素耐药性引入细菌病原体这类措施，几乎已成为绝大多数微生物实验室的日常工作。基因工程改变生物武器性能已不仅仅是理论上的可能。苏联曾经将外来基因植入炭疽杆菌细胞，改变了其免疫学特性，使现有的疫苗对这一新的细菌变体无能为力。[①]

---

① Jan van Aken and Edward Hammond, "Genetic Engineering and Biological Weapons," *European Molecular Biology Organization Reports*, Vol. 4, 2003, pp. 57 – 58.

普通的炭疽杆菌虽然致命，但受到攻击的群体可以通过抗生素治疗降低死亡率。在 2001 年的美国炭疽邮件事件中，仅有小部分受感染者（22 人中的 5 人）最终不治身亡。然而，简单的基因修饰便能改变病原体的性状，从而带来更为极端和灾难性后果。在更多情况下，一些原本与生物武器无关的科学研究，却显露出生物作战的潜能。例如，20 世纪末澳大利亚科学家意图开发一种可传染的鼠类避孕剂，他们首先将一种能引起受孕抗体反应的基因片段（ZP3）植入鼠痘病毒，随后又植入了能够调节免疫反应的 IL－4 基因以增强避孕效果。然而，IL－4 基因却极大增强了病毒的毒性，导致原本对病毒有自然抵抗力的小鼠迅速死亡。不仅如此，IL－4 基因修饰的鼠痘病毒异常强大，即使接种过疫苗的小鼠也难以抵御。该实验引起了广泛关注，因为植入 IL－4 基因可能会同样提升天花病毒（或其他能够感染人类的痘病毒）的致命性，并使疫苗趋于无效。[①] 科技进步的双刃剑作用在这些实验中越发明显。

新技术对生物武器性能的提升作用还不仅如此。埃内马克和兰姆肖总结了生物实验技术可能造成生物武器安全威胁的至少六个方面：①使现有疫苗失效；②对有疗效的抗生素产生耐药性；③增强病原体的毒性，或使非病原体产生病毒性；④提升病原体的感染性和渗透性；⑤改变宿主范围；⑥规避现有诊断和检测方法。[②] 通过这些方式，能够用于武器化的病原体种类将大大拓展，许多人工合成的新病原体也将不断涌现。而目前各国实施的生化防御计划往往是基于已有的经验，即根据已发事件制定生化武器清单并加以防范。这种回顾式的防御很难有效抵挡不断变化发展的新生物武器。例如，人们在生物威胁评估时往往忽视真菌这类与主要流行病无关的微生物群体，但真菌类生物能够致使一些两栖动物和蝙蝠类动物大量死亡，并且已有部分真菌显示出较高的武器化潜能。[③] 前文所述的二元化学武器技术等新技术也将对化学武器的性能带来重要影响。而生物与化

---

①　Ronald Jackson, Deborah Maguire, Lyn Hinds and Ian Ramshaw, "Infertility in Mice Induced by a Recombinant Ectromelia Virus Expressing Mouse Zona Pellucida Glycoprotein 3," *Biology of Reproduction*, Vol. 58, No. 1, 1998, pp. 152 – 159.

②　Christian Enemark and Ian Ramshaw, "Gene Technology, Biological Weapons, and the Security of Science," Security Studies, Vol. 18, 2009, pp. 624 – 641.

③　Arturo Casadevall, "The future of Biological Warfare", *Microbial Biotechnology*, Vol. 5, No. 5, 2012, pp. 584 – 587.

学技术的协同发展将可能使生物和化学武器走向融合。

（二）生化武器使用门槛降低

新技术至少从两个方面降低了生化武器的使用门槛。一方面，生化武器的获取途径变宽。由于国际条约的约束和各国的强力监管，许多高致命性的生化武器战剂往往处于严密管控之下。例如，30 多年前已被消灭的天花病毒就仅保存在美国和俄罗斯的两所高安全级别的实验室中，几乎不可能为外界获取。然而分子生物学的飞速发展使人工合成这类病毒变成可能。2002 年发表在《科学》杂志上的一项研究便引起了普遍的担忧。这项研究利用互联网上就能获取的脊髓灰质炎病毒基因序列，通过人工合成重建了该病毒的完整基因组，并通过添加化学混合物实现了病毒的活性。理论上而言，相同的方法可用于合成其他具有较短基因序列的病毒，这其中包括至少五种具有武器潜力的病原体，如伊博拉病毒、马尔堡病毒和委内瑞拉马脑脊髓炎病毒等。据传日本奥姆真理教成员曾经于 20 世纪 90 年代非洲暴发伊博拉出血热时，试图获取伊博拉病毒但未能成功。运用已经公开的合成脊髓灰质炎病毒的方法，某些团体、个人或国家将可能人工重建这种病毒，这无疑降低了生化武器的获取难度。

另一方面，非杀伤性的生化武器开始出现，使得现有约束作用日渐松懈。《禁止生物武器公约》和《禁止化学武器公约》无疑是近几十年来限制攻击性生化武器发展的重要规范。但这些规约对非致命性武器的约束相对较少。而一些西方国家已经开始在针对物质材料或植被的生化武器方面取得了诸多进展，这也有可能在新的非致命性生化武器领域引发军备竞赛。例如，美国自 20 世纪末起就在不断开发可降解物质材料的微生物，意图通过基因改造，使微生物武器用于消解和破坏燃料、建筑或隐性涂料等不同材料。而针对动植物目标的生化武器，不仅能给受攻击国家带来严重的经济和社会损失，而且能与自然灾害相混淆，变得更加难以察觉和区分。20 世纪 70 年代在古巴烟草业中出现的青霉病和甘蔗业中的黑穗病，时任领导人卡斯特罗就认定是美国中情局（CIA）策划的生物袭击。而自 20 世纪末起美国开始资助乌兹别克斯坦和哥伦比亚等国开展毁伤制毒农作物的微生物研究，此类研究同样可能降低生化武器的使用门槛，使生化武器被用于破坏其他植被或影响动植物生产的可能性大大提升。不仅如此，经过基因改造的食品或药物也可能被用于生化攻击，且这类攻击更难察觉和防范。总之，随着技术的不断进步，生化武器的使用方式可能朝向多样化和隐蔽化发展，这或许会使那些已经宣布放弃生化武器计划的国家的兴趣被重新激起。

（三）基因武器成为人类梦魇

除了改造生化武器性能并降低其使用门槛，未来技术发展的更大威胁在于针对特定人群目标的生化攻击。通过分析和破译不同群体之间的基因差异，技术先进国家有可能开发出能识别特定目标的基因武器，从而造成大规模群体性（甚至种族性）灭亡。有报道称，20世纪80年代，南非就曾试图研制仅针对黑人的"染色体炸弹"，而以色列也被披露曾研制针对阿拉伯人基因的"人种炸弹"。目前并没有公开证据表明这类武器已经问世，但其研制基础至少在两方面得到不断充实。一是针对其他物种的基因武器已然出现。2007年，美国出现数百万蜜蜂消失的事件，经调查认为可能是因受到一种名叫"以色列急性麻痹病毒"的袭击而灭亡，其病毒可能来自以色列基因武器实验室的不慎泄漏。2014年1月，《纽约时报》报道了科学家在针对特定种类的害虫实施"基因灭绝"的研究进展，这些研究成果能够根据基因的某些特征片段，杀灭带有相关特征的所有害虫。但其批评者则质疑这种技术可能对带有相似基因片段的其他物种甚至人类造成伤害。① 不论这些技术是否投入实用，其暗示的针对特定人种或族群的基因杀伤无疑将对国家安全乃至整个人类安全带来深远影响。二是人类基因组计划的测序工作已经完成，人类的基因密码将被逐步破译。而有关国家早已开始有计划地搜集基因信息，其背后的战略意图不能不令人高度警惕。自20世纪90年代起，美国等国家的相关部门一直在采集我国人种的基因样本，这些采集活动不仅在我国部分地区开展，也在美国的新华人移民群体中进行。有研究人员对此提出警告，"美国等西方国家采集中国人基因样本的时间跨度和地域范围以及人口数量，均十分宏大，不用国家战略无以做出合理解释，必须警惕这些活动背后的军事和战略动机"。② 总而言之，生化技术（特别是基因技术）的发展虽然在医学、材料、食品等领

---

① Andrew Pollack，"Genetic Weapon against Insects Raises Hope and Fear in Farming，" *The New York Times*，January 27，2014.

② 柴卫东：《生物欠防备对国家安全的危害》，《国际安全研究》2014年第1期。

域造福着人类社会，但也带来了日趋严峻的安全威胁。

二 生化恐怖主义成为生化安全首要威胁

如果说国家间大规模生化武器对抗自 20 世纪 80 年代两伊战争以来并未出现的话，恐怖主义分子掌握和使用生化武器则无疑是国际社会更为现实和直接的威胁。我国正处于经济社会转型发展的重要时期，境内外恐怖主义活动呈现上升态势，生化恐怖主义应成为国家安全高度关注的重要内容。

（一）国际恐怖主义活动日趋猖獗

从全球范围来看，恐怖主义活动正处于日益上升且暴力加剧的时期。根据全球恐怖主义数据库提供的资料显示，国际恐怖主义袭击频率自数据起始的 1970 年起不断攀升，至 1992 年达到顶点，该年发生的恐怖主义事件超过 5000 次。在此后的数年时间里，恐怖主义活动迅速减弱，但从 1999 年起又开始大幅上涨，2008～2010 年的年均恐怖主义袭击次数都超过 4600 次。而该数据库的最新报告显示，2013 年全球恐怖主义袭击共计 9707 次，共造成 17891 人死亡，逾 3 万人受伤。这些数字说明国际恐怖主义活动正经历新一轮的活跃期，且规模已超过 20 世纪 90 年代初出现的高峰期。更令人不安的是恐怖主义的暴力性不断加大。由恐怖主义导致的伤亡人数从 1991 年的 344 人上升至 1998 年的 6693 人，而这一数字在 2012 和 2013 年分别为 32750 人和 50468 人，平均每次袭击导致的死亡率为 1.64 和 1.84。我国境内恐怖主义活动同样呈现上升态势，近年来"东突"民族分裂势力等组织多次策划和实施暴力恐怖事件，造成许多平民伤亡。这种暴力化倾向所折射的或许是恐怖主义本身性质的变化。自 20 世纪末开始，许多人开始对"旧式的"与"新式的"恐怖主义加以区分。所谓的旧式恐怖主义，是指通过采取暴力活动提升政治谈判筹码的行为，这些团体并不将自己排除在政治进程之外。而新的恐怖主义则往往与极端主义、宗教原教旨主义等因素相关，这些团体采取的暴力活动对目标不加以区分，因而手段更为残忍，后果更为惨重。这一点也为相关数据所印证：1970～2010 年，以平民为目标的恐怖主义活动约占总数的 21.7%，以政府和军队为目标的约占 25%，但 2013 年针对平民的袭击比例已达到 29.1%，针对政府和军队的比例则降至 19.2%。这意味着，国际恐怖主义活动正日益以滥杀无辜和制造社会恐慌为主要特征。

（二）生化恐怖主义的基本态势

如果说当前国际恐怖主义活动主要以产生杀伤效果、制造大规模恐慌，并以破坏社会和经济秩序为目的的话，那么大规模杀伤性武器无疑是恐怖主义分子青睐的袭击手段。而相较于核恐怖主义在技术和材料获取上的难度，生化恐怖主义具有更加现实的危险性。首先，生化恐怖袭击具有较强的隐蔽性，不容易被事先探知。不仅生化武器材料不像常规武器一样易被检测（例如使用金属探测器或 X 光检验），而且生化袭击往往不受时间、地点限制，使得很难对生化恐怖活动及时预防和有效管控。此外，生物战剂作用效能具有的潜伏性给恐怖主义分子提供了隐藏身份的有利时机。其次，生化恐怖袭击手段具有多样性。恐怖分子发动的生化攻击可以通过人工布撒（如通过空调等通风系统散播），通过爆炸传播（如利用简易爆炸装置），袭击生化材料存储设施（如炸毁化学品仓库造成人为泄漏），还可以通过污染生活渠道（如在食物和水源中投毒，或是利用信件或物流途径散播）。有效区分生化恐怖袭击与自然灾害、意外事故等非恐怖事件较为困难。最后，生化恐怖主义易于制造社会恐慌。前文已述，生化武器具有极强的致命性，一些病原体和毒剂能够造成持久性、大范围的伤害。特别是致病微生物所具有的高度传染性，使得生化袭击发生后，潜在的受害群体十分庞大。而这种高致命性和不确定性容易产生很强的心理威慑作用，在导致普遍恐惧的同时，削弱了社会稳定性。2001 年美国的炭疽邮件事件发生后，美国等一些西方国家都出现了"白色粉末"（炭疽杆菌粉末）恐惧症，充分反映了生化武器的社会心理效能。从这些方面来看，生化武器与恐怖行为的结合是恐怖主义的本质属性所决定的。

生化恐怖主义并不只是理论上的可能。美国蒙特雷国际研究院下设的防扩散研究中心根据公开信息建立了"恐怖主义与大规模杀伤性武器"数据库，记录了自 1900 年以来使用化学、生物、核、放射性等物质（Chemical，Biological，Radiological and Nuclear，CBRN）作为武器手段的恐怖活动。该中心负责人于 1999 年公布的一份报告显示，1960～1999 年共发生了 415 次与化生放核相关的可疑事件，151 起可以明确定性为恐怖主义事件，其中绝大部分属于生物与化学恐怖活动。而整体上看，生化恐怖主义自 1985 年以来呈现不断上升的趋势。① 其他数据资料与该中心的研究发现基本吻合。瑞典国防研究院的数据库显示，1960～2001 年的国际恐怖活动共有 22000 余起，其中生化灾害事件约有 1300 起，这不仅包括恐吓或未能实施的恐怖事件，也包括一些难以准确定性的事件。而在全球恐怖主义数据库统计的 1970～2010 年的恐怖主义事件中，有 219 起（约占总量的 0.2%）涉及使用化学、生物和放射性武器。这一数据与蒙特雷防扩散研究中心的结论更为接近。虽然生化恐怖主义在总体的恐怖活动中所占比重很低，但这些数据一方面说明生化恐怖活动已经走入现实，另一方面也印证了生化武器的大规模杀伤性使得这些恐怖事件的危险性远高于常规恐怖活动。众所周知的东京地铁沙林毒气案造成了 13 人丧生，5500 多人中毒；美国炭疽杆菌袭击感染了 22 人，导致 5 人死亡。而这并非生化恐怖事件的全貌。1984 年，美国罗杰尼希教派为骚扰当地选举，在俄勒冈州一座县城的多家餐馆食物中投放鼠伤寒沙门氏菌，造成 751 人食物中毒；1994 年土耳其境内的库尔德工人党对一所村庄发动毒气袭击，致使 21 人死亡；2002 年，津巴布韦一基督教派成员遭不明人员投毒，造成 7 人死亡，47 人受伤。这些林林总总的生化恐怖事件时刻为人们敲响着警钟。

（三）生化恐怖主义的实现途径

围绕恐怖主义人们常常会有一个疑问，就是在多大程度上恐怖主义分子能够获取大规模杀伤性武器，特别是生化武器技术与材料。总体而言，制造有效的生物和化学武器的必要技术具有一定的普遍性。这些技术往往具有天然的两用性，因此几乎在任何国家的化学或生物技术产业中都能找到构成生化武器的核心材料。生产化学武器所需的原材料便广泛存在于各类普通的工业原料中，如生产牙膏等日用品所需的氟化钠，将氟提取后便可与碳、氧、氢等元素合成沙林毒气；而生产芥子气所需的化学原料则可以在润滑油、塑料、杀虫剂等工业品中获得（见表 3-3）。发展生物武器所使用的病原体不仅存在于自然界，还广泛保存在各种研究机构的实验室或卫生机构中。对恐怖主义分子而言，使用生化武器的更大挑战在于选择

① Jonathan Tucker, "Historical Trends Related to Bioterrorism: An Empirical Analysis," *Emerging Infectious Diseases*, Vol. 5, No. 4, 1999, pp. 498 – 504.

合适的战剂进行武器化生产。相比之下，生物战剂的武器化对技术要求更高，恐怖主义分子较难获取。为确保有效运载和引致大范围杀伤，恐怖主义团伙需要开发制造病原体的干燥粉末或气溶胶，这种技术较为复杂，需要十分专业的科学知识和技能。正因如此，奥姆真理教当初同样尝试制造生物武器，但未能产出足够的炭疽杆菌菌株和肉毒毒素，这也成为其不得不使用沙林毒气攻击的重要原因之一。

表 3 - 3 部分化学武器原料的工业用途

化学战剂	成分用途
芥子气	润滑油、圆珠笔芯、生产塑料、纸、橡胶、氯化剂、织物染料、农药、工程塑料、化妆品、清洁剂、制药、杀虫剂、合成树脂
塔崩	可塑剂、汽油添加剂、杀虫剂、阻燃剂、制药、清洁剂、农药、导弹燃料、橡胶硫化剂
沙林	阻燃剂、汽油添加剂、可塑剂、油漆溶剂、陶瓷、防腐剂
梭曼	润滑油添加剂、表面活性剂、啤酒厂清洁剂、消毒剂
维埃克斯	有机合成、农药、润滑油添加剂、烟花

资料来源：肖明艳：《生化恐怖袭击及其应对策略》，《武警学院学报》2003 年第 3 期。

然而，自行生产生化武器并非生化恐怖主义的唯一途径。如前所述，恐怖主义分子可以直接省略生产过程，通过攻击重要生产和存储设施造成有毒物质泄漏和人员伤亡。此外，恐怖主义分子还可以通过窃取、黑市购买或利用便利条件直接获取（如果是内部人员）实验室等机构存储的更为复杂的生化战剂。例如，美国发生的炭疽信件袭击事件，最终被认定是马里兰州一所军方的生物防御实验室的内部研究人员所为。这个名叫埃文斯的微生物学家曾在 2003 年获得美国国防部颁发的最高市民荣誉奖，而他的重要工作就是生产大批量的气溶胶化的炭疽病菌。他熟练地掌握着使用冷冻干燥机、离心机、孵化器等设备的技术，而这些技术对于炭疽的武器化而言是必不可少的。对此，有学者警告说，"美国现有约 4 万名相关人员获得政府许可从事武器级生化制剂的研究和处理工作，这些制剂从实验室意外流出或者科研人员故意滥用制剂的可能性正在上升"。[1] 随着前述生化

---

[1] Christian Enemark and Ian Ramshaw, "Gene Technology, Biological Weapons, and the Security of Science," *Security Studies*, Vol. 18, 2009, p. 626.

技术的不断发展，恐怖主义分子获取和使用生化武器材料的风险也显著提高。例如，一份跨学科的研究报告指出，"合成生物学的主要研究议程，将降低生物工程中隐性知识的必要性，从而削弱制造生物武器最重要的门槛之一"。① 因此，无论从现实还是理论上看，恐怖主义分子拥有和使用生化武器，都是生化安全面临的最为直接，也最难预料的威胁。

三　国家间生化武器对抗暗潮汹涌

在国家层面上，生化武器的军事运用自两伊战争以来尚未有明确记录，而《禁止化学武器公约》和《禁止生物武器公约》等国际规范体现出国际社会对于禁止制造和使用生化武器的基本共识。尽管如此，从机制、意图、实力等方面看，国家间的生化武器对抗仍是国家安全不容忽视的现实威胁。

（一）　国际规范有效性不足

人类限制生化武器发展的努力至少自 19 世纪晚期就已开启。1874 年通过的《布鲁塞尔宣言》首次以国际文件的形式提出禁止在战争中使用有毒物质和相关武器。尽管这份宣言并未正式生效，但在缔约过程中相关国家对于禁止毒性武器的条款没有提出任何异议，这样的共识直接推动了禁止有毒武器的正式条文在 1899 年和 1907 年举行的两次海牙国际和平会议上出现。但是，这些条约并没能阻止化学战在第一次世界大战中的泛滥及其导致的严重后果。自 1920 年起，新建立的国际联盟委托其陆海空军事问题常设顾问委员会（后又设立裁军问题临时混合委员会）来研究化学武器问题，以便达成有效的国际协议。经过反复讨论和磋商，各国于 1925 年的日内瓦会议上达成《禁止在战争中使用窒息性、毒性或其他气体和细菌作战方法的议定书》，即《日内瓦议定书》。当时共有 38 个国家在这份议定书上签字，包括英国、法国和中国等，但美国和日本却迟迟没有批准，而议定书本身的一些缺陷（如禁止使用生化武器而未禁止制造生化武器）也未能限制其实际产生的效果。在第二次世界大战结束初期，禁止生化武器

---

① Gautam Mukunda, Kenneth Oye and Scott Mohr, "What Rough Beast? Synthetic Biology, Uncertainty, and the Future of Biosecurity," *Politics and the Life Sciences*, Vol. 28, No. 2, 2009, pp. 14 – 15.

的努力是与消除原子弹等大规模毁灭性武器的裁军谈判并轨进行的。到 20世纪 60 年代后期，生物武器与化学武器的谈判被分开处理，1971 年《禁止细菌及毒素武器的发展、生产和储存以及销毁这类武器的公约》获联合国大会通过，并于 1975 年正式生效。但《公约》并不涉及任何核查措施，旨在为《公约》建立法律约束力的"议定书"谈判也始终没有实质性进展。相比之下，禁止化学武器的谈判进程更为艰难，部分原因在于当时美国等发达国家认为生物与化学武器的实战有效性存在差异。[①] 随着美苏关系缓和等国际政治形势发展，裁军谈判会议在 1992 年就《关于禁止发展、生产、储存和使用化学武器及销毁此种武器的公约》达成草案协议。该《公约》于 1997 年生效，规定了违反公约的制裁和核查机制，开启了全球性的化学武器销毁过程。迄今为止，全世界宣布的 72.5 公吨库存化学战剂中，已有 60 公吨（约 82.78%）得到销毁并核实，同时还有 52.32% 的化学武器弹药及容器被毁灭。[②] 从约束力上看，《禁止化学武器公约》比《禁止生物武器公约》具有更强的效力。

　　这些国际机制构建了限制生化武器发展的规范框架，然而，一些至关重要且难以克服的缺陷制约着这些机制的有效性。首先，作为防扩散机制核心内容的核查制度仍不完善。《禁止生物武器公约》并未建立任何监督检查机制，2001 年的核查议定书谈判也因美国的强烈反对而失败。这导致约束生物武器发展的国际协议目前仍停留在口头承诺水平。《禁止化学武器公约》相对更为完备，它不仅设有专门的国际组织（禁止化学武器组织），还规定了详细的核查和销毁程序。该《公约》授权禁止化学武器组织对缔约国宣布的化学武器、生产设施和民用化学品设施等内容进行核实和例行检查，并对化学武器及装备的销毁情况进行监督。此外，缔约国还可以就任何违约情况申请质疑性视察，并在遭受化学武器攻击或威胁时提出指称使用化学武器的调查。但是，前一项例行调查程序高度依赖缔约国自觉披露相关信息，而后两项更具强制性的程序则尚未真正实行。考虑到生化武器技术越来越高的隐蔽性和复杂性，

---

① 刘磊、黄卉：《尼克松政府对生化武器的政策与〈禁止生物武器公约〉》，《史学月刊》2014 年第 4 期。

② 资料来源见"禁止化学武器组织"（OPCW）网站，http：//www.opcw.org/cn/our-work/demilitarisation/。

上述核查机制并不能完全消除缔约国秘密发展生化武器的可能。例如，美国就公开谴责苏丹、伊朗和俄罗斯等国违反《禁止化学武器公约》，尽管其未能提出任何确凿性证据。而反过来，美国在批准该《公约》时又附加了大量条件和限制，包括总统有权拒绝接受对涉及美国国家利益的地点进行视察的要求等。这种例外主义也反映出强权政治对这些国际机制的双重标准。

进一步削弱国际机制有效性的是生化技术日益显现的双重性。这其中尤为突出的是如何区分进攻与防御的不同。《禁止生物武器公约》第一条便规定，"各缔约国承诺在任何情况下决不发展、生产、储存或以其他方法取得或保有：凡类型和数量不属于预防、保护或其他和平用途所正当需要的微生物制剂或毒素"。《禁止化学武器公约》也有着类似的例外条款，即不适用于"公约不加禁止的目的"，包括"工业、农业、研究、医疗、药物或其他和平目的"，以及"防护性目的"等。然而，所谓和平与防御性目的在生化武器领域却是十分模糊的。有专家对此指出，"核实生物军备控制的关键难题，在于研发、制造和测试生物武器的技术能力与防御性计划和民营企业的相关技术能力几乎是完全一样的"。[1] 这使得意图开发生化武器的国家可以将相关的能力建设活动描述为防御手段的组成部分，从而规避国际条约的束缚和限制。例如，美国在炭疽袭击事件之后加大了对生物防御的研发投入，其中的许多项目也被认为具有潜在的进攻特性，"造成了可能会导致新的生物军备竞赛的生物安全困境"。[2]

（二）国家行为体开发生化武器的战略意义

国家行为体对生化武器实际军事用途的消极评估，是可能阻滞生化武器发展的因素之一。美国于1969年单方面宣布放弃生物武器，并推动禁止生物武器协议获得通过，重要原因便在于当时美国认为生物武器的效能不可预测和控制，因此缺乏足够的军事效用。然而，当时的这种战略判断随即被后来的事实所动摇，且不说苏联在美国放弃生物武器后立刻扩展了其

---

[1] Gregory Koblentz, "Pathogens as Weapons: The International Security Implications of Biological Warfare," *International Security*, Vol. 28, No. 3, 2003, p. 95.

[2] 转引自晋继勇《〈生物武器公约〉的问题、困境与对策思考》，《国际论坛》2010年第2期。

相关武器研发项目，近年来美国自身对生物武器的研发投入也不断加大。认为生化武器缺乏军事用途的观点显然低估了这种武器的战略意义。首先，生化武器具有高出常规武器的效费比。生化武器的杀伤性能已无须赘述，开发生化武器的相对低成本是这类武器拥有的重要吸引力之一。例如，1999 年美国国防威胁降低局建设了一处能够生产制造生物武器战剂的小型设施，其建造花费仅为 160 万美元。相比之下，生化武器施加给对手的防御成本则高得多。例如，研发新的生物战剂疫苗需要花费 3 亿~4 亿美元，耗费 8~10 年时间，而将病原体发展为武器却只需要 2~3 年。① 如果使用非致命性或低致命性的生化武器攻击，防御方可能由于伤病治疗、感染（中毒）区清洁等原因承受持续性损失。其次，生化武器能够用于发动突然袭击。生化武器攻击并不需要大规模的弹药储备、物资集结和部队调动。潜在的攻击者仅需相对小剂量的生化战剂和一套简单的喷洒系统，便可以在距敌较近处利用风势展开袭击。而防御者常常要在中毒（感染）症状出现后才能进行针对性部署或反击，因此，生化攻击能使防御方措手不及，在战术上丧失先机和主动权。不仅如此，生化攻击还可以针对对手的后勤保障、补给体系和指挥控制系统，从而瘫痪或削弱其作战行动能力。前文所述的非致命性生化武器的发展（包括针对物质设施目标的武器发展）增强了其在军事领域的应用潜能。在战略层面上，生化武器同样具备威慑甚至实战功能。对于一些弱势国家而言，生化武器的大规模杀伤性能够为其赢得不对称的战略优势，使得强势国家不敢贸然发动攻击。美国和苏联在冷战时期都曾开展过战略性生化武器研究计划。如一位学者所言，"苏联战略规划者们可能精确计算过，如何通过精心选择（生化）战剂和投放时机，有效损伤西欧城市人口，以使军队完成本不可能实现的占领任务"。② 从这些方面看，生化武器将导致国家间攻守平衡向进攻占优转化，任何国家发展生化武器技术都可能造成严重的安全困境，并引发国家间的生化军备竞赛。

---

① Gregory Koblentz, "Pathogens as Weapons: The International Security Implications of Biological Warfare," *International Security*, Vol. 28, No. 3, 2003, p. 89.

② John Steinbruner, "Biological Weapons: A Plague upon All Houses," *Foreign Policy*, No. 109, 1997, pp. 85–96.

（三）国家行为体具有发展生化武器的能力

目前，并没有哪个国家公开宣称拥有生物武器和相关战剂，而根据《禁止化学武器公约》的要求宣布化学武器拥有情况的国家——包括阿尔巴尼亚、印度、利比亚、韩国、俄罗斯和美国——也已经或正在销毁其武器储备。但这并不意味着生化武器发展已退出国家间政治博弈舞台。由于生化武器项目较难察觉，且国际监督的力度仍然有限，一些国家暗中进行生化武器研究的情况依然存在。美国2008年的一份报告指出，约有10个左右的国家（地区）在不同程度上拥有生物战能力，其中包括埃及、伊朗、以色列、俄罗斯和叙利亚等。该报告还认为一些化学武器公约的签约国（如伊朗）和埃及、以色列、朝鲜等少数几个非签约国可能仍在发展和制造化学武器。[①] 来自瑞典国防研究院的相关报告同样认可了上述观点。例如，在评估以色列的生化武器技术水平时，该研究机构认为以色列自20世纪50～60年代便开始发展生化武器技术，"目前具备发展生物武器与化学武器的即时输出能力，即拥有将理论知识转化为实际生化武器生产的能力"。另一份关于俄罗斯的报告则评价该国"有着生产制造生物与化学战剂的充分技术实力，以及潜在的发展生化武器及其投送系统的技术能力"。考虑到生化武器项目往往被列入相关国家的核心机密，不能排除还有其他国家曾经或正在秘密开展生化武器研究的可能。事实上，美国自己也是生化战技术能力的先行者。美国在二战结束时通过给予日本细菌战731部队一定的豁免权，换取了当时先进的生化武器技术和实验数据。冷战结束后，美国也并未放弃生化技术研发的努力。20世纪90年代初，美国在马里兰州建立了基因武器研究中心，在基因技术和可控制性传染病等方面投入近百亿美元。[②] 而进入新世纪以来，美国先后通过了"生物盾牌"、"生物传感"和"生物监测"系列计划，虽然名义上是为了提升其生化防御能力，但生化研究的攻防模糊性使许多专家都质疑这些计划很可能被用于研制新型生化武器。武器化技术能力是生化安全困境的重要因素，在禁止生化武器的国际条约生效以前，许多国家已具备并实现了将生化制剂武器化

---

① Paul Kerr, "Nuclear, Biological, and Chemical Weapons and Missiles: Status and Trends," *CRS Report for Congress*, RL30699, 2008.

② 薛翔：《全球生化武器态势及影响透析》，《国防科技工业》2004年第6期。

的能力，这种能力并不会随着国际规范的发展而消失。不仅如此，发展复杂性生化武器系统所需的技术、人力、设施、资金和知识储备等条件，通常在国家行为体层面更容易获取。在出现国家间冲突或战争的情况下，这些潜在的技术能力有可能转化为实际作战部署。因此，针对他国的生化安全防御建设即使在和平时期也是十分必要的。

综上所述，国家生化安全态势依然严峻，新技术的发展，特别是基因科技的不断进步，极大地改变着生化武器的性能和用途，导致生化安全不确定性日益增加。尽管恐怖主义与生化武器的结合是国家生化安全的最直接威胁，国际规范的效力不足和国家行为体秘密发展生化武器技术的努力，也使得生化战争的阴影依然笼罩着各国和平发展的前景。

第三节　积极构建生化威胁防御体系

我国是近代战争中遭受生化武器侵害最为严重的国家之一，而生化安全也将是未来相当长时期内国家安全与发展的重要问题之一。建构新型生化威胁防御体系，不仅要加强生化安全能力建设，还要积极参与国际多边合作，共同遏制生化武器扩散和使用。

一　提升防御生化袭击的技术能力

科学技术具有双重作用：一方面，技术变革能够改变政治社会生态，带来新的安全威胁；另一方面，技术进步又是有效应对安全挑战的重要途径。积极提升防御生化袭击的技术能力应做到以下几点。

（一）增强侦测识别生化袭击的技术手段。及时检测和察觉生化战剂的存在或使用是尽早展开针对性防御的首要环节。目前，许多国家都已装备并正不断研制各类生化战剂检测系统。在化学武器方面，常见的毒剂检测技术包括化学检测纸、传感器检测技术、红外辐射检测技术、声表面波检测技术、离子迁移光谱检测技术等。这些技术手段的探测原理不尽相同。例如，红外成像技术能够接收被探测化学毒剂云团自身辐射的热能并转化成实时的红外图像，这种技术所监控的范围较大，且成像系统可以直观掌握有毒气体的扩散情况。而声表面波检测技术则使用吸附空气中化学战剂的敏感膜，通过检测吸附的气体物质引起的振荡频率变化，来实现对有毒气体的定性和定量分析。在生物武器方面，主要的监测预警技术集中在现场快速检测和远距离遥测生物气溶胶等领域。例如，使用抗体检测微生物表面上的分子，当遇到特定的致病微生物时会发出荧光信号，从而提示可能存在病原体威胁。监测技术是有效生化防御的核心基础。美国在2004年便通过了生物监测计划，该计划通过建立遍布全国的传感器网络，用以检测可能存在的经空气传播的危险病原体，以此提供针对生物威胁的环境采样和早期预警。当然，现有的生化武器监测技术远非完善，灵敏度、识别能力、便携性、自动化，以及与指挥控制系统的兼容性都是生化监测预警技术需要不断提高的性能。而更为重要的则是针对未知生化威胁的预警能力。目前的监测技术装备大都着眼于已知的毒剂和病原体类型，但前文所述的生化技术发展很可能带来新的未曾出现的（特别是合成的）生化武器种类，这将使现有的监测系统无能为力。增强侦测识别技术需要将这些未知因素考虑在内，例如，研发针对特定致病基因片段的检测技术，以提高对生物合成战剂的预警能力。发展一体化、集成化的检测系统，使之能够同时探测生物与化学战剂（如俄罗斯研制的多功能激光雷达系统），也将是生化预警技术发展的重要趋势之一。

（二）大力发展防御性生化技术。除了对生化威胁进行有效监测并提出预警，当生化袭击发生时启动个体和集体防护也是抵御侵袭的重要内容。尤为显著的是对生物武器进攻的防护，因为有效的疫苗能够将特定病原体种类灭活或使毒性降低，从而使人体免疫系统得以自动识别和消灭入侵的该类病菌。也就是说，当针对某种病原体的疫苗被成功研发，并接种于目标群体，以该病原体为战剂的生物武器便对这一群体失去效能。因此，美国不断加强对生物战剂疫苗的研发工作，不仅研究炭疽、鼠疫、布鲁氏杆菌、土拉杆菌、黄热、天花等主要生物武器病原体的有效疫苗，同时还研究适应大规模联合接种的技术途径。除病原体之外，针对一些重要毒素战剂的重组疫苗研究目前也已获得突破。[①] 对病原体和生物毒素的提前"解毒"将是生物防护技术发展的重点所在。然而，疫苗仅能针对单一战剂类型进行防护，且无法应对未知的威胁来源。普遍性生化防护技术则主要有两种不同路径：一种是提高人员自身机体防护水平，例如通过技术

---

① 张弢、王景林：《毒素战剂的生防疫苗》，《生物技术通讯》2014年第1期。

手段短时间内增强人体免疫能力，以便能够对抗已知和未知的威胁种类；另一种是增强外部防护装备效能，以此为基础的各类生化防护面具和防护服已有较长的研发历史，但如何增强这些装备的防渗透性和便携性等功能仍是防护技术需不断拓展的方向。包括纳米技术在内的新材料技术将可能为生化防护装备的革新带来重要影响。[1]

（三）提升生化袭击防御的治疗和清洁技术。其主要包括生化袭击发生后降低人员伤亡、遏制毒剂扩散、清除有毒物质残余等所需的技术手段。前者如抵抗化学毒剂的酶制剂等治疗药物，后者则表现为种类繁多的洗消装备和设施等。监测、防护、治疗和消除构成了防御生化袭击的技术链条，相关领域的研究应与信息技术、材料技术等其他高技术领域协同发展（例如美国已将大数据运用于流行病防控），共同推动生化防御技术的不断进步。这些防御技术能力的提升将有效降低恶意行为主体使用生化武器的意愿。如科布伦茨所言，"针对最具威胁性的（生化）制剂的坚固防御，以及未来在疫苗、检测、物理防御、诊断、监控、治疗和鉴定等领域取得的进步，将能够影响潜在进攻者的主观判断，使其难以确定其进攻将在何种程度被遏止"。[2] 需要指出的是，生化防御技术的发展与应用必须和现实的外部环境研究相联系。这要求我们对生化战剂效能在具体环境下的发生机制有更深入的了解。例如，美国纽约警察局于 2013 年在纽约地铁系统中进行了实验性研究，通过在各个地铁通道中散播一种无毒的全氟碳化气体，以深入研究潜在的有毒物质在特定条件下的传播轨迹和特点。[3] 因此，生化防御技术发展需要与地理、人口、气候等要素构成的现实环境，以及国家总体安全态势等因素有机结合，才能提高防御能力的针对性和有效性。

二　构建保障生化安全的制度环境

制度建设是维护国家生化安全的重要外部保障。生化安全涉及领域较

---

[1] 《防御生化武器新型纳米布料问世》，《材料导报》2012 年第 11 期。

[2] Gregory Koblentz, "Pathogens as Weapons: The International Security Implications of Biological Warfare," *International Security*, Vol. 28, No. 3, 2003/2004, pp. 84 – 122.

[3] Andy Oppenheimer, "Chemical Weapons in the 21st Century: Syria and Beyond", *Military Technology*, No. 11, 2013, pp. 60 – 65.

多，科研、生产、管理、情报、监督、反恐、防灾等各个环节都需要相应的制度设计，而如何将各领域各环节统筹协调，也是国家生化安全总体机制建设的重要课题。总的来看，以下几部分是国家生化安全制度建设的重点内容。

一是建立和完善生化安全应急响应机制。非传统安全的重要特征在于其突发性与公共性，对突发事件的及时、有序应对往往对于降低安全威胁至关重要。前文已述，恐怖主义（以及意外灾害）是国家生化安全的最直接威胁。由此造成的公共生化安全事件需要科学高效的应急机制加以应对。我国已基本建成了应急管理的总体机制，对于生化恐怖活动、重大生化灾害事故的防范可以纳入总体管理机制之中。在具体的措施机制上，仍应加强对预警机制、处置机制、善后机制、管理辅助机制、动员机制等一系列环节的建设和优化。在此过程中，特别应重点加强机构部门间的协调与衔接，提高应急响应机制的组织效率。在这一点上，有专家建议"打通条块分割的生化安全管理格局，在各级政府建立权威的生化安全管理机构，实施统一领导、协调和指挥。强化军队在国家生化威胁防御中的特殊地位和重要作用，发挥军队高度集中统一、科技实力较强、应急反应较快的明显优势，以军队相关专业力量为主体，构建平战一体衔接、军地融合发展的国家生化威胁防御体系和应急反应网络，建立军地联席的会商研判机制，以及多部门联合处置的分工协调机制"。①

二是建设和强化生化安全公共教育机制。生化袭击不仅能造成大规模人员伤亡，更容易造成大范围社会恐慌和动荡，从而进一步加剧生化袭击的社会危害性。对生化安全基本知识的普及性教育，特别是对生化武器危害及其防护手段的教育，既是降低生化袭击损失、提高社会预防能力的客观要求，也对有效减弱生化袭击的心理效能、维持社会稳定有序起着重要作用。公民教育的机制化意味着生化安全教育不应成为有事抱佛脚的临时举措，而应建立常态化、科学化、系统化的生化安全教育体系，并将生化安全知识作为国家安全教育的重要内容。社会教育的另一重要领域是面向科研人员和科技管理机构的教育与监督。从美国炭疽邮件事件的后续调查可以看出，生化领域的研发人员和研究机构既是生化武器扩散的重要渠

---

① 贺福初：《生物安全：国防战略制高点》，《求是》2014 年第 1 期。

道，也是生化安全隐患的重要来源。因此，需要通过制度化规范来提高科研人员的道德修养和安全意识，并加强研发机构的内部管理水平。在这一点上，有学者认为应将安全意识培养与物质奖励机制相挂钩，例如，"申请政府研究经费的（生化领域）科研人员需首先完成一些短期培训，包括生物道德、法律问题，以及生命科学研究的两用性挑战等内容。对于不依赖政府经费的研究实体，政府可根据其遵守研发行为准则的情况给予特殊认可，这种认可有可能为这些实体带来一定的商业竞争优势"。[1]

三是建设和健全生化安全法律保障机制。法律是从内部维护生化安全的重要手段，政府应该健全法制建设，加大反恐防灾的力度。禁止任何个人和组织发展、生产、拥有、运输生化武器，对于违法者，司法机关依法对其采取行动，制止生化袭击和灾害的发生。奥姆真理教地铁沙林事件之后，鉴于民间和国家双重安全保障的需要，日本出台了一系列反生物恐怖主义的法律和方案。美国早在 1976 年便制定了《重组 DNA 分子实验准则》，目的在于消除 DNA 技术发展带来的安全风险。而"9·11"事件和炭疽邮件事件发生后，美国也在原有的法律基础上，相继出台了一系列针对生化袭击的法律法规，如《防止生物恐怖袭击法案》《国家突发事件应急预案》等。总之，在当前我国全面推进依法治国的大背景下，法制建设应成为国家生化安全防御的重要保障。

三　营造有利生化安全的国际环境

跨国性是非传统安全的另一重要特征，这一特征在生化安全方面同样适用。与传统武器系统相比，生化武器战剂流动性很强且较难识别。不仅如此，由于许多生物武器的病原体具有一定的潜伏周期，使得传统的基于地理的边界管理和控制变得更加困难。曾在美国国家安全委员会任职的克里斯托佛·奇巴举例认为，"天花的携带者，不管是恐怖分子还是不知情的受害者，都能够在表现出症状前带着带着疾病在世界穿梭往返。每年约有 1.4 亿人搭乘飞机进入美国境内。[2] 无论是美国还是别的国家都没法仅

---

[1] Christian Enemark and Ian Ramshaw, "Gene Technology, Biological Weapons, and the Security of Science," *Security Studies*, Vol. 18, 2009, p. 636.

[2] 需注意，该文发表于 2002 年。

仅通过守卫边境来保护自己"。① 从这个意义上看，加强国际合作将是有效维护生化安全的必然选择。

在生物武器与生物安全方面，《禁止生物武器公约》体现了国际社会围绕这一问题形成的规范性共识，如何进一步加强其效能将是有效治理全球生物安全的重要举措。2014年在该公约缔约国会议上，中国代表团团长（裁军大使）吴海涛阐述了关于深化国际合作、加强公约的基本主张，着重强调国际社会"应加强履约机制建设，平衡推进公约各项目标，全面履行公约各项义务"；"应加强履约能力建设，特别是帮助发展中国家加强在监测、检测、应对生物安全威胁等方面的能力建设"；"应加强国际合作与援助，分享经验，交流信息，共同应对生物安全领域的重大威胁"；"应加强沟通协调，在国家之间、国家与国际组织之间建立联系渠道，加强政策协调，维护全球生物安全"。②

前文已述，国际规范的重要困境在于普遍履约难以得到有效保障，对于禁止生物武器而言，核心问题之一在于核查机制的失位。我国在2011年《禁止生物武器公约》第七次审议会上指出，"通过多边谈判达成一个包括核查机制在内的、全面加强公约有效性的公约议定书，是促进公约有效性的最佳途径。在达成公约议定书之前，通过适当方式促进遵约符合缔约国的利益，也是当前加强公约有效性的现实需要 … 如缔约国发现另一缔约国存在违约行为，可根据公约第六条规定，向联合国安理会提出控诉，安理会将决定是否启动调查"。③ 这一主张肯定了联合国在国际社会共同应对生化安全威胁中的核心主体地位。联合国安理会于2004年通过了1540号决议，明确指出"决心履行《联合国宪章》赋予安理会的首要责任，采取适当、有效的行动，应对核生化武器及其运载工具的扩散对国际和平与安全所造成的威胁"，从而表明安理会有权在生化武器相关国际公约的实施方面采取行动。如果某一成员国被指控违反了相关国际准则，那么安理会

① Christopher Chyba, "Toward Biological Security," *Foreign Affairs*, Vol. 81, No. 3, 2002, pp. 122 – 136.
② 《中国代表团团长、裁军大使吴海涛在〈禁止生物武器公约〉2014年缔约国会议上的发言》，2014年12月1日，http://www.china-un.ch/chn/hyyfy/t1217532.htm。
③ 《中国关于加强〈禁止生物武器公约〉有效性的看法及主张》，该文件文本登载于"禁止生物武器公约"网站上，http://www.opbw.org/rev_cons/7rc/BWC_CONF.VII_WP_China_C.pdf。

可以针对该指控进行核查。

此外，也有学者认为，可考虑依托世界卫生组织等国际政府间机构承担相应的国际职能。这一观点认为，"世界卫生组织已经参加了所有的《生物武器公约》审议大会，讨论了生物武器或可疑疾病暴发的监测和核查问题。世界卫生组织的全球疾病监测体系有助于发现任何可能的生物武器攻击，从而提高《公约》的有效性。……如果在某个成员国领土内出现了由于生物武器的使用或泄漏而引发的公共卫生事件，也应当向世界卫生组织通报。如果成员国不履行通报之义务，那么世界卫生组织就有权派员进行核查……鉴于世界卫生组织成员国的普遍性及其所拥有的生物技术资源，它能履行《公约》的常设机构职能，从而成为成员国之间建立信任措施的平台"。[①] 需要指出的是，对世界卫生组织的作用也存在不同的声音，例如有人认为世界卫生组织只应当专注于流行病防控等工作，不应涉足国际安全事务，[②] 但考虑到公共卫生事件与生化袭击之间的模糊界限，以及世界卫生组织在相关领域拥有丰富的数据与知识资源，可以期待其在营造安全的国际生化环境中扮演更为积极的角色。

而在化学武器方面，尽管 2013 年以来国际社会在禁止和销毁叙利亚化学武器问题上达成重要共识，显示出国际社会控制大规模杀伤性武器扩散的共同意愿和行动能力，但正如有观察人士所指出的那样，叙利亚的化学武器问题牵涉整个中东地区复杂的国际政治博弈，如何推动这一地区进一步走向无大规模杀伤性武器化进程仍然是十分艰巨的任务。[③] 针对禁止化学武器扩散的国际努力，军控与裁军协会副会长黎弘表示，"尚未批准（禁止化学武器）公约的国家应尽快进入公约，批准了公约的国家应加强国内的立法和执法，防止个人和企业擅自经营和生产化学毒剂。既要防止国家行为体生产获取化学武器，也要防止化学武器落入非国家行为体手中。所有未加入禁化武公约的国家（目前任然有 8 个）加入公约，并按公约要求尽快销毁所有库存化武，是实现全面走向无化武世界的

---

① 晋继勇：《〈生物武器公约〉的问题、困境与对策思考》，《国际论坛》2010 年第 2 期。

② Christian Enemark, "The role of the Biological Weapons Convention in disease surveillance and response," *Health Policy and Planning*, Vol. 25, No. 6, 2010, pp. 486 – 494.

③ 岳汉景：《叙利亚去化武的开启、走势及地区影响》，《世界经济与政治论坛》2014 年第 1 期。

重要前提"。①

　　如同其他许多领域的技术进步一样，生化技术的发展一方面推动了人类文明的发展，特别是极大提升了人类改造和利用自然的能力，但另一方面也带来了不容忽视的风险和挑战。围绕生化安全仍然有许许多多的未知因素，例如技术进步的不确定性、安全主体的扩散等，但可以肯定的是，生化安全仍将是新世纪国家安全的重要内容。不仅如此，生化安全的许多特性意味着世界各国都处在相互依存的关系之中，生化技术的武器化将是国际社会面临的共同威胁，而缺乏跨国合作和相互信任则难以做到真正有效应对。国际社会应当共同携手努力，确保生化武器这把高悬人类头顶上的"达摩克利斯之剑"终究不会落下。

---

① 中国军控与裁军协会：《全球化武八成已销毁》，2013 年 6 月 17 日，http：//news. sohu. com/20130617/n378965734. shtml。

第四章　空间技术与太空安全

徐能武　黄　嘉

太空是指环绕地球的大气层以上的空间（包括月球和其他天体），由存在于其中的多种天体、弥漫物质和广漠的空间所构成。一般认为，国家主权范围以外的整个太空，供各国自由探索和使用，不得为任何国家所占有。[①] 太空的探索利用是人类的追求，也是国家的伟大事业。进入 21 世纪以来，科学技术的发展降低了人类探索太空的门槛，加大了开发利用太空的规模、广度和深度，有利于全人类共同利益的增进和拓展。然而，国家及其管辖下的企业探索利用太空的基本动因是为了追求自身利益，它们往往以非合作甚至对抗的方式处理相关矛盾，这就引发了诸多国际社会所关注的问题。在当今各国信奉实力政策、谋求太空优势、极力提升军事技能的时代背景下，我国应当在已有成功经验的基础上，认真分析空间技术发展的前沿和趋势，研究太空探索和利用中的安全形势，探讨积极参与推动太空国际安全合作有效途径和方法，以切实维护我国太空安全与合法权益。

第一节　世界空间技术发展的基本情况

太空不仅是物理意义上的太空，更是充盈着空间技术竞争的太空。技术的进步使人类对太空的探索和利用不断拓展，使国际社会对"高边疆"的认识越加深入。当前，为了获取更多的经济、政治、科技和军事利益，主要国家的空间技术正在迅猛发展。

---

① 李斌：《现代国际法学》，科学出版社，2004，第390页。

一　应用卫星技术正在不断完善

应用卫星包括三大重要方面：对地观测卫星、通信卫星和导航定位卫星。[①] 这些技术已经相对成熟，对国民经济、社会发展、人民生活以及国家安全发挥着重要作用。地面控制中心长期对应用卫星系统实施有效的运营，应用卫星技术已成为一个国家经济发展所必备的常规能力，成为人们生活不可缺少的重要依托。现在，世界各国都重视应用卫星的研发和运用。具有火箭发射能力的国家和地区正通过对有关卫星的补发和失效卫星的替换，不断健全和完善应用卫星系统，维持其稳定的功效；尚不具备发射能力的国家和地区则通过采购、合作研发等各种手段，获得对地观测、通信和导航的能力。截至 2015 年 2 月 1 日，全球共有 1265 颗卫星在轨运行，其中美国拥有 528 颗，中国拥有 139 颗，俄罗斯拥有 134 颗，欧盟拥有 110 颗，四方拥有的占全球在轨卫星的 72%。从卫星用途看，通信卫星最多，占总数的 55%，其次是导航卫星与侦察卫星。

（一）对地观测卫星向一体化方向发展

对地观测卫星是用于观测地球及其大气层，通过空间遥感器获取以地球表面为主的遥感信息，经计算机处理后与地学、环境科学、宏观生物科学等相结合，生成空间遥感产品的人造卫星的总称。随着空间光学技术、固态技术和计算机技术的不断进步，对地观测技术从中分辨率发展到高分辨率、从单角度跨越到多角度和立体测绘、从空间维拓宽到光谱维、从勘察资源转向了解和监测环境，已经进入对地球系统研究的阶段。通过对地观测，人们越来越认识到，地球是一个完整的系统，地球上所发生的自然事件和现象均是地球各圈层相互作用的结果。现在，对地观测卫星系统走向国际联合与全局优化已成为一种趋势，各国对建立全球协调一致、持续稳定和综合全面的对地观测系统，以提供连续、完备、可共享、可比较和可理解的对地观测数据已形成共识。当然，各国也期望在国家主权所及范围内建成多维立体综合观测体系。未来对地观测卫星将是高、中、低轨道结合，大、中、小卫星协同，粗、中、细、精分辨率互补，光谱分辨率、

---

① 裴浩、敖艳红：《卫星遥感技术的应用与发展》，《航天器工程》2008 年第 17 卷第 6 期。

空间分辨率和时间分辨率重复交叉，光学与微波并举，窄宽视场兼有，通过天、空、地系统的综合集成，实现信息资源的有效共享与综合利用。

（二）通信卫星不断提高有效载荷性能

为适应人们对通信卫星服务日益增长的需求，移动通信系统已从第三代向第四代发展，有效载荷性能也在不断提高。第三代移动通信系统主要使用的是静止轨道卫星，通过连接地面和星基网络的各种系统，为世界范围的无线通信访问提供了平台，在数字移动通信技术和固定、移动无线访问系统之间实现了有效协同。而第四代卫星移动系统将提供地面网络之间互联、直接网络访问、使用固定和移动终端等业务。考虑到卫星移动多媒体业务中传播延迟和路径损耗等因素，世界各国已十分重视非静止轨道卫星网的建设。目前，通信卫星技术的发展呈现以下几种趋势。

一是转发器①将向全星上处理发展。星上处理和交换将提高频谱和卫星资源的使用效率。由于处理转发器复杂程度高于透明转发器数个量级，目前实现在极高频率下进行星上处理还较为困难，从经济和技术的角度估测，卫星通信有效载荷将从单独采用透明转发器逐渐向透明转发器与处理转发器共存的方向发展，随着网络化需求的日益增加，全星上处理和交换方式的处理转发器会越来越普遍。

二是通信频率向更高频段发展。由于用户对带宽需求的日益加大，通信速率正向高速大容量方向发展。然而随着卫星系统和用户数量增多，可用频谱的日益紧张，通信频段已经出现向高频段发展的趋势。未来的卫星系统将普遍地采用 Ka 波段以及更高频率，其他频段也将利用起来，包括 V 波段（40GHz～50GHz）及毫米波段（如 60GHz）。

三是星际链路②将采用激光通信技术。激光星际通信具有宽广的频谱带宽，可大幅度提高卫星的通信能力，可减少星上通信设备的体积与重量，并增加其保密防护能力，能节省不必要的地球站多跳卫星中继转接而

---

① 转发器分为透明转发器与处理转发器。透明转发器便于适应不同的用户体制和组网要求，简单灵活；而处理转发器可以在星上接收信号，通过对通信系统与网络技术的动态调整能有效地利用系统容量，建立星际通信链路，实现卫星星际联网等。

② 星际链路是指卫星与卫星之间的通信链路。

实现广域大跨距 GEO 单跳连接,[①] 达到降低时延、降低系统设备成本的重要目的。将激光通信技术引入星际链路,能减少对地面中继的依赖性,提高整个系统的抗毁性。

（三）导航卫星趋向相互融合多网并举。

全球导航卫星系统是重要的空间基础设施,它所提供的全天候高精度的导航、定位与授时信息服务,具有任何其他类型导航系统不可比拟的优势,其价值无法衡量。[②] 现在,各国都在争相发展自己的导航系统。美国正在加速进行 GPS 现代化计划；俄罗斯的 GLONASS 在经历了近 10 年瘫痪之后已将系统恢复和重建放在了航天发展计划的优先地位；欧盟的“伽利略”导航系统在 2013 年建成并投入运营；印度、日本和中国等国家也都在积极建造自己的区域导航系统。导航卫星技术的发展呈现以下趋势。

一是具有更高的精度和更强的抗干扰能力。更高的导航、定位与授时精度和更强的抗干扰能力始终是导航卫星系统追求的目标。美国 GPS 系统采用逐步升级的螺旋式发展方式,逐步增强系统的导航、定位与授时的精度和抗干扰能力。当前正在研制的 GPS – Ⅲ 成功之后,将是美国乃至世界上最先进的导航定位卫星,具有超强的导航、定位和授时功能。

二是各导航卫星系统间不断趋向相互融合。随着俄罗斯 GLONASS 系统恢复,欧洲“伽利略”系统部署完成,到 2014 年全球将有 80 颗左右的导航卫星在轨提供导航、定位与授时服务。现在,美国和欧盟已经达成了 GPS 与“伽利略”系统有关互操作性、兼容性的协议,并将在 L1 频段同时播发调制方式为 BoC（1，1）的导航信号。[③] 俄罗斯也在考虑对 GLO-NASS 系统进行调整,增强与 GPS 和“伽利略”系统的兼容性以及组合应用的能力。可以预见,各导航卫星系统间将趋向相互融合,特别是在民用应用领域中将走向一体化。

三是用户设备将进行最大限度的融合。导航用户设备融合表现在两个方面：一方面,一部导航用户设备可以接收不同导航卫星系统的信号,实现不同导航卫星系统信息在用户设备中的融合,从而提高导航、定位的精

---

① GEO 为地球静止卫星。

② 殷礼明、刘春保:《导航卫星系统与经济发展》,《航天器工程》2008 年第 17 卷第 2 期。

③ BoC 为二进制偏置载波信号。

度和可靠性以及空间信号完好性等；另一方面，导航用户设备与移动通信设备、汽车等大众通信、交通工具走向融合。目前，GPS 已经或正在成为高档手机与轿车的标准配置，极大地拓展了卫星导航的市场空间，促进了卫星导航技术的应用与发展。

（四）小型卫星的发展和应用正在蓬勃兴起

随着全球微电子、微机械和纳米材料等新技术迅速发展，小型卫星发展已成未来航天器发展的趋势之一。小型卫星体积小、重量轻、成本低、研制周期短、功能密度比高，可以用搭载发射或一箭多星发射的方式快速入轨，特别是其具有隐蔽性和机动性好、攻击突发性强、组网较快、生存能力强等优点，可用于空间态势感知、空间防御和空间进攻等多项任务，已成为空间对抗领域的一支奇兵。① 目前，在军事通信、侦察、导航和对地测绘等方面，小型卫星的应用已越来越广泛。不仅可以用单颗小型卫星快速经济地完成专项任务，而且可以将多颗小型卫星组成卫星簇形成一颗"虚拟卫星"，完成某些大卫星所担负的任务。当其中的某颗卫星遭受攻击或是失效之后，可以很快地得到补充，而不至于影响整个"虚拟卫星"的功能。

二 载人空间技术逐步走向成熟

载人航天技术是保障人类在太空安全生存的重要基础。载人探测任务的研究领域包括：航天员生命保障、航天器关键技术、空间任务操作技术。② 虽然美国重返月球计划的提出和实施使载人登月和载人火星计划提上了空间探索的日程，但现阶段近地空间仍然是载人航天的主要活动空域。近地空间是人类征服宇宙的必经之路。③ 通过近地轨道载人航天活动，人类可以掌握航天器的制造技术、天地往返运输技术、人类在空间长期生存技术等，并能开展较大规模的空间科学试验，为深空探测乃至星际航行

---

① 张俊华、杨根、徐青：《微小卫星的现状及其在空间攻防中的应用》，《航天电子对抗》2008 年第 24 卷第 4 期。

② I. V. Sorokon and A. V. Markov, "Utilization of Space Stations: 1971 – 2006," *Journal of Spacecraft and Rockets*, Vol. 45, No. 3, 2008.

③ 王永志：《世界载人航天全景扫描》，《科技潮》2006 年第 2 期。

奠定重要基础。载人航天技术的发展呈现以下趋势。

一是以国际空间站为平台的科学研究正在深化。太空探索发展的新目标主要集中在月球探索和火星探测，需要国际空间站进行更多的空间技术研究和探索试验任务。现阶段国际空间站的研究领域主要包括三个方面：①人类在太空中生存情况以及太空环境对人体的影响；②空间站的结构特性、结构材料以及在太空环境（如微重力、声学效应、辐射、微陨星环境）中的保持条件等；③在太空环境下进行的其他空间科学研究，包括不同生物的蛋白质晶体的生长和产生等。为了适应未来载人航天的需求，美国航空航天局重新制订了国际空间站的利用计划，进一步拓展空间站的研究，把目标集中到以下几个领域：①研究在太空中宇航员的健康情况，应对空间飞行环境对人体造成的不良影响，保证宇航员能长时间在宇宙中安全航行；②将国际空间站作为科学研究和技术开发的试验床，用以开发未来空间探索任务中航天器的关键技术；③开发在长时间空间任务中将涉及的操作技术。[①] 其他国家的科学家也将兴趣从传统领域延伸到新的空间研究领域，包括地球物理学、宇宙射线物理学等。

二是载人航天越来越注重可靠性和安全性。俄罗斯的"联盟 TMA 号"飞船采用分舱设计、人货分运方案，是当前世界上安全性、可靠性最高的载人航天器，正在进行电气系统的升级换代。美国在新一代载人航天器"猎户座"飞船的方案论证中，重点强调可靠性和安全性设计，抛弃了带机翼的航天飞机式外形，重新采用类似"联盟号"飞船包括乘员舱、任务舱和推进舱的三舱式结构。俄罗斯正在研制的"快船号"飞船有升力体式和有翼体式两种外形，延续了人货分运的原则，分为载人舱、推进和应用舱，这种飞船将最终取代"联盟号"飞船。与"快船号"载人飞船同时开展研制的还有"渡船号"可重复使用的轨道间货运拖船，通过先将"渡船号"拖船发射进入 200 千米高的近地轨道，再将其他多个有效载荷集装箱发射入轨与其对接，由拖船运送它们到空间站或其他轨道飞行器。未来，由"快船号"与"渡船号"结合的可重复使用飞船系统，将是俄罗斯载人探索月球及火星任务的主力空间运输工具。

---

① I. V. Sorokon and A. V. Markov, "Utilization of Space Stations: 1971 – 2006," *Journal of Space-craft and Rockets*, Vol. 45, No. 3, 2008.

三是载人航天的商业价值已经显现。随着载人航天技术的成熟以及发射成本的降低，进入太空已不再是经过千挑万选和刻意培训的宇航员的专利，迄今为止，已有 7 名国际富商到国际空间站遨游太空，空间旅游市场正在兴起。据估计，空间旅游产业价值将超过 50 亿美元。目前，美国、俄罗斯、日本等国都提出了低成本、可重复使用的亚轨道空间旅游飞行器方案并加紧研发，美国加州 XCOR 宇航公司已于 2008 年 3 月 26 日对外展示了能为人们提供廉价和前排就座空间旅游机会的新型亚轨道飞船"山猫"（Lynx）。未来此类飞行器的载运能力将更强，可用于科学与工程研究和商业应用。

四是新一代的深空载人航天技术已着手研究。为了使载人航天工程具有传承性和创新性，各国在航天器设计、任务规划等各方面都越来越注重其可拓展性，以便能为后续任务的实施节省经费、缩短研制周期，并能提高系统可靠性。如美国在"猎户座"飞船的设计中综合考虑了国际空间站人员和物资运输的需求、后续无人和有人月球前哨的需求、火星载人探测的需求等长远发展问题。鉴于当前火箭技术使往返地球和火星之间至少需要 18 个月，欧洲航天局载人航天理事会（DHS）和俄罗斯生物医学研究院（IBMP）正合资在莫斯科根据前往火星的飞船的内部环境设计了一个特殊装置，进行载人火星探测的地面试验。6 名志愿者已进入这一装置先进行为期 105 天的隔离试验，然后开始一项为期 520 天的试验，这一时间正好是往返地球和火星一趟所必需的时间。

三　航天运输系统不断更新升级

航天运输系统是指往返于地球表面和空间轨道，或在轨道上运输各种有效载荷的所有的运输工具系统，包括一次性运载火箭、航天飞机、空天飞机、各种可重复使用运载器、载人或货运飞船、轨道转移运输飞行器、应急救生飞行器以及各种辅助系统。[①] 航天运输系统的技术水平是航天技术的基础，代表着一个国家自主进出空间的能力。确保安全、可靠、快速、机动、廉价、环保地进出空间，不仅是实现迅速部署、重构、扩充和

---

① 龙乐豪、王小军、果琳丽：《中国进入空间能力的现状与展望》，《中国工程科学》2006 年第 8 卷第 11 期。

维护航天器的基础，也是未来大规模开发利用空间资源的前提。航天运输技术的发展呈现以下几种趋势。

一是全面进行运载火箭升级。目前，一次性运载火箭型谱比较健全，对于大、中、小型各类载荷都有性价比合适的运载工具实施发射。各主要航天国家正在进行运载火箭的更新换代，原有的中型和大型运载火箭逐渐退役，新型运载火箭向大直径、大运载能力、无毒无污染方向发展。小型运载火箭主要采用"弹改箭"技术，① 主要是为了有效降低发射成本、提高快速响应能力，以满足快速进入空间，例如美国的"金牛座"和"飞马座"运载火箭、俄罗斯的"起点号"运载火箭等。② 为了拓展航天运输系统的轨道转移运输能力，运载上面级技术正在发展，以增强运载火箭的任务适应性。目前正在研制或使用的上面级有半人马座 G、DM 组级、阿里亚娜 5 的上面级、液体过渡级以及"地球出发级"等 10 多种型号，这些上面级通用性强，具有多次启动变轨能力及长时间在轨飞行能力，可以进行多星发射及轨道部署，并能执行中地轨道和近地轨道直接入轨任务。③

二是积极研制可重复使用运载器。可重复使用运载器是实现快速、机动、可靠、廉价进出空间的重要技术途径之一。虽然美国航天飞机的失事及退役给可重复使用运载器的研发蒙上阴影，但是相关单项关键技术的研发仍在继续，许多已经接近或达到飞行演示验证阶段；新型重复使用运载器的研究更为火热。美国预计在 2025 年之前研制并试验在大气层内飞行、马赫数达到 10 的高超声速巡航飞行器，同时继续论证和研制跨大气层的两级入轨航天运输系统，其第一级为可返回空间操作飞行器，第二级为可入轨并返回的空间机动飞行器。俄罗斯的相关研究基本上是围绕以火箭发动机为动力和以吸气式发动机为动力的两条主线展开，已在亚/超燃冲压发动机、碳氢燃料、耐高温材料、一体化设计技术等方面取得了重大突破，首次实现超声速燃烧，但距离实际应用还有一定距离。④ 欧洲研制可重复使用运载器的主要方案包括可复用第一级方案、亚轨道方案和两级入轨方

---

① "弹改箭"中的"弹"是指武器装备系统中的洲际弹道导弹。
② 梅尼希科夫等：《跨越千年——世界航天回顾与展望》，李建红等译，西北工业大学出版社，2007，第 4 页。
③ 才满瑞、曲晶：《国外航天运输系统发展战略和趋势分析》，《中国航天》2009 年第 2 期。
④ 才满瑞、曲晶：《国外航天运输系统发展战略和趋势分析》，《中国航天》2009 年第 2 期。

案，并逐步实现运载器从部分可重复使用到最终完全可重复使用。

三是进一步拓展推进系统的类型。虽然传统的化学推进已经非常成熟，但比冲很难超过 500s，在一定程度上可以说进入了发展的瓶颈阶段，除了局部改进和提高可靠性以及发展更大的火箭系统外，难有突破。近年来，各种新原理不断应用到设计中，新型推进系统的种类大大增加，根据能源输入的不同分为电推进、电磁推进、激光推进、太阳能推进和核能推进等；根据工质不同又可分为太阳帆推进、等离子磁帆推进等类型。与原有的化学推进系统不同，新型推进方式能达到很高的比冲，从而可节省相当多的能量。电推进近年来已有了空间试验验证,[①] 将逐步向工程化方向发展；太阳帆推进尽管遭遇挫折,[②] 但该项技术极具潜力，已具备开展试验的条件；其他推进技术目前都还处在前期的预研过程中。

四是发展组合接力式运载技术以适应长距离星际运输需求。由于化学推进系统受到比冲的限制，使得运载器的规模不断增大，但无论怎样加大运载火箭的地面起飞质量规模，也难以在开展载人登月及载人登火星任务时一次性将有效载荷送入环月或环火星轨道，而新型推进系统尚未取得实质性突破，因此，发展组合接力式运载技术是解决长距离星际运输的重要技术途径。波音公司已经提出了"猎户座"飞船组合式星际运输方案，准备通过设计发射逃逸系统、乘员控制舱、资源舱、重型运载火箭、月球推进系统、自动货运飞船、乘员居住舱等 7 种基础结构件，先用运载火箭将某些结构组件发射到近地轨道，进行在轨对接组装成星际飞船，再飞往火星或者其他行星，其中在轨对接组装技术、在轨燃料加注技术等都是发展星际组合式运载技术的关键。[③]

四　深空探测活动重新掀起热潮

深空探测，是指航天器处于地球以外天体的主引力场内或多体引力平

---

① 例如美国的"深空 1 号"、日本的"隼鸟"、欧洲的"SMART - 1"等探测器都先后成功实现了电推进系统的应用。

② 2005 年的人类历史上第一个太阳帆推进的航天器 Cosmos - 1 与 2008 年的 NanoSail - D 都发射失败。参见 Brooke Boen，Nanosail - D/PRESat Update，http：//www. nasa. gov/mission_pages/smallsats/nanosaild. html。

③ 果琳丽、张菽、高朝辉、杨建民：《21 世纪国际载人航天技术发展新动向及启示》，《航空制造技术》2008 年第 21 期。

衡点附近空间内从事探测活动。[①] 20 世纪 60 年代冷战时期，出于政治目的，美苏两国掀起了探月热潮，将多个无人月球探测器送上月球，美国"阿波罗计划"还 6 次成功实施载人登月。随后，由于技术上超过苏联的政治任务已经完成，美国停止了探月计划。进入 21 世纪后，为了寻找天体中水和生命的迹象，实现一系列的科学目标，需要全面展开对整个太阳系及更远深空的探测，[②] 世界各航天大国纷纷推出包括月球探测在内的诸多深空探测发展战略和规划，并力求建立全球空间探测战略与结构体系，掀起了第二轮探月热潮。2004 年，美国总统布什宣布了"新探索"计划，提出重返月球，但现已放弃。近几年来，对月球发射的探测器包括：2003 年的欧洲航天局发射的"SMART"1 号，2007 年 9 月 14 日，日本发射的"月亮女神"1 月球探测器，2007 年 10 月 24 日，中国发射的"嫦娥一号"卫星。2008 年 10 月 22 日，印度发射了首个月球探测器"月船一号"，并将月球撞击器成功送入月球表面。这次探月热潮的主题是对月球能源和矿产资源分布的探测与利用、月球特殊空间环境资源的开发利用。此外，火星探测、小行星探测等太阳系其他探测项目也在不断地持续深入。美国在深空探测领域经历了 10 多年的停滞后，从 1992 年开始，再次陆续发射了几个火星探测器，其中"火星探路者号"（1997）和"奥德赛"火星探测器成功着陆火星。日本、欧盟也先后加入火星探测的行列中。另外，2005 年 1 月 12 日，美国"深度撞击号"飞船升空，它所搭载的撞击器直接撞向"坦普尔 1 号"彗星的彗核，获得了重要数据。两天后，美国、欧盟和意大利联合发射的"惠更斯号"探测器历经 7 年的长途跋涉，成功着陆土卫六，它是人类探测器有史以来到达最远的地外天体。[③] 在深空探测技术方面，近年来出现了以下几种趋势。

一是努力开发全新的轨道设计方案和技术。除了月球和近地小天体之外，深空探测目标与地球的距离大多以天文单位计算，其轨道设计问题已经无法用传统的二体问题理论解决，需要综合利用多种力学性质，考虑多

① 叶培建、邓湘金、彭兢：《国外深空探测态势特点与启示（上）》，《航天器环境工程》2008 年第 25 卷第 5 期。
② 韩鸿硕、陈杰：《21 世纪国外深空探测发展计划及进展》，《航天器工程》2008 年第 17 卷第 3 期。
③ 李万伦等：《国外太空资源勘查进展及我国对策》，《资源·产业》2005 年第 4 期。

体问题和各种优化方法，所需能量也远大于近地轨道发射任务。为了应对行星际探测轨道的复杂性，各种新颖轨道设计理论已经出现并付诸实践，还与新型推进技术相结合催生了各种新的飞行模式。随着对大天体的借力飞行、小推力轨道设计、多体系统中平动点、"行星际高速公路"、大气减速、非开普勒轨道设计等轨道设计概念、方案等深入研究，人类的深空探测能力将得到极大提升。当然，从理论到实践还有一个过程，需要开展大量的在轨飞行试验和地面验证工作才能真正掌握深空探测核心技术。轨道设计和实现技术属于基础理论与工程实践紧密结合的交叉领域，正在不断创新。

二是力争实现探测器高度集成、功能复用、星上自主。深空探测对发射能量的需求很高，必须尽量限制探测器的重量，使探测器高度集成、功能复用，尽可能做到小型化、低功耗和轻质量。微电子、新型材料等基础技术的发展，使得各种直接和遥感探测设备轻小型化、长寿命、高可靠、高集成度、多功能等成为可能。同时，实现不同功能的技术中有相通的部分，可在不同的功能系统中使用同一个仪器，[1] 有效地减少星上仪器的数量。深空探测器长期远离地球飞行，为了保证地面与探测器的正常通信，探测器的自主生存能力就十分重要。探测器平台系统全部或部分星上自主，[2] 能减少地面操作的复杂性和降低任务的费用。深空探测器必将走向高度集成、功能复用、星上自主，更能提高整个任务的可靠性。

三是注重研发多种移动方式的巡视探测技术。对天体进行巡视探测是深空探测活动的重要环节，在各航天国家和组织列入计划或已经实施的深空探测活动中，巡视探测任务均占有很大的比例。目前无论是月球还是火星的巡视探测器，移动方式主要是采用轮式，因其具有运动速度快、传动效率高、结构紧凑的特点。但轮腿式移动方式，即在平坦地形中采用轮式，在崎岖不平的地形中采用腿式，可显著提高巡视器的地形适应能力。针对火星表面的特殊环境，美国还提出了充气式巡视探测器。目前轮腿式

---

① 如导航相机和遥感相机共用，在不同阶段实现不同的功能。"星尘"探测器的导航相机就在飞越 Wild-2 彗星的彗核过程中进行了三维测绘。

② 星上自主即当探测器的运行出现较大扰动时，能在不需要地面干预的情况下自动恢复，确定自身轨道和姿态，使太阳帆板定向太阳，通讯天线指向地球，从而保证探测器的工作条件和与地面的通信联络条件。

移动方式和充气式巡视方式还处于概念研究阶段。

四是有效提高深空探测通信能力。深空探测器发射升空后，测控与通信系统是地球与其保持联系的唯一纽带。深空通信的主要特点是通信距离远、时延大、路径损失严重、发射功率损耗大等。测控通信系统除在载荷方面与通信卫星一样，工作频段越来越高、星际链路将采用光通信技术外，还呈以下发展趋势：①天线组阵，扩大等效口径。增大天线的口径有一定限度，而采用天线组阵的技术能解决地面测控通信能力不足的问题。天线组阵技术具有可操作性好、灵活性强、备份部件开支小的特点，并且使用较小的天线成本低，容易建造，还可以利用具有长基线的阵来支持那些依赖干涉测量的科学应用，如甚长基线干涉（VLBI）和射电天文，能提高深空网（DSN）的接收能力。②统筹规划，建设综合深空通信网。通过基于 Ka 频段射频或光通信系统的深空中继通信系统，建立行星际通信网的主干线，从而逐步建立基于 IP 协议的行星际网络。美国国家航空航天局（NASA）构想的通信基础结构是一个在地面和空间中进行自主操作的网络系统，包括地球邻近区域通信基础结构、月球通信基础结构、① 地球－火星以及火星邻近区域通信等，未来随着行星际探测任务的增加和探测范围的不断扩展，还将覆盖更远的范围。行星际中继系统包括在太阳系内众多引力平衡点的中继通信卫星，建设综合的深空通信网将是一项长期和深远的工程，属于深空探测领域的长远发展目标。

五　军用空间技术实战能力增强

科学技术发生"质的飞跃"，往往会催生军事领域的革命，引发人类社会的革命性变化。正如恩格斯指出的那样："一旦技术上的进步可以用于军事目的并且已经用于军事目的，它们便立刻几乎强制地、而且往往是违反指挥员的意志而引起作战方式上的改变甚至变革。"② 信息是高技术条件下战争双方争夺的焦点，信息获取的手段正在不断向太空延伸。太空的无国界及其在信息获取和传输上具有的得天独厚的优势，势必使其成为"信息战"的主战场。由于军事活动对航天技术的特殊需求，应用卫星中

---

① "NASA's Lunar Communications ＆Navigation Architecture," http：//www. nasa. gov/pdf/203072main_LAT2％20C－N％20to％20ESTO％20TEC％202007－11－15％20rev2. pdf.

② 《马克思恩格斯军事文集》第 1 卷，战士出版社，1981，第 17 页。

的军事应用部分和导弹系统合在一起，形成军用航天领域。光学成像、微波成像、电子侦察和导弹预警等各类卫星，可在全球范围内全天时、全天候、近实时地获取战场信息，直接支持战场作战行动。以通信卫星为主体的卫星通信系统成为指挥控制系统的神经中枢，使全球范围内的远程通信和指挥控制成为可能。全球卫星定位系统的应用使制导武器的打击精度和毁伤效果发生了质的变化，极大地提升武器装备体系的整体作战效能。① 军用航天技术的发展除了具有一般应用卫星发展的规律以外，还呈现出以下独特的发展趋势。

一是多种探测技术使天基预警系统得以建立。天基预警系统利用红外敏感技术、紫外探测技术、可见光探测技术、天基微波雷达、天基激光雷达和粒子束技术等对导弹来袭进行预警。② 通过对导弹飞行的主动段、自由飞行段、再入段进行跟踪，天基预警探测能提供导弹来袭报警、较精确的落点预报和弹道参数。在卫星监视导弹的同时，空中的预警机、机载雷达和红外探测设备，以及地面中、远程预警雷达（包括米波、分米波、厘米波、毫米波和后向散射雷达以及无源雷达等）等组成防空探测系统，形成大空域、远距离、多方位的立体探测网。③ 目前，全球全天候的天基预警系统已经初步建立。

二是激光等定向能武器使反导和反卫进入实战化。激光武器以光速攻击目标的独特性将使未来战场发生革命性变化，从而使其成为 21 世纪最主要的新概念武器之一。④ 高功率激光武器不仅用于战略防御、战区防御和战术防空，还可以用于进攻，特别是用于反导弹、反卫星，实施精确打击和非致命打击。机载战术激光武器比车载激光武器更加机动灵活，作为致命武器可打击低空飞行的巡航导弹、掠海飞行的反舰导弹和近程弹道导弹，作为非致命武器可使各种地面雷达、武器装备上的传感器、通信天线和电缆失效。以"机载激光武器"（ABL）飞机为作战平台，激光武器可对在助推段飞行、射程在 600 千米以下的弹道导弹实施拦截。尽管目前激

① 王兆耀：《军事航天技术及其发展》，《航天器工程》2008 年第 17 卷第 1 期。

② 赵晨光、郑昌文：《弹道导弹天基预警与探测手段分析》，《航天电子对抗》2008 年第 4 期。

③ 潘元军、余宏胜、方有培等：《导弹攻防对抗技术的新发展》，《航天电子对抗》2008 年第 3 期。

④ 袁俊：《美军机载先进战术激光武器取得重要进展》，《中国航天》2008 年第 7 期。

光武器体积笨重，难以投入实战，但可以预见，随着对激光器微型化等关键技术不断取得突破，激光武器成为常规武器投入战斗指日可待。

三是通过演示验证试验为反卫技术不断累积经验。发展进攻性空间武器在政治上是十分敏感的问题，对一个国家和平形象将产生一定的负面影响。为了规避这一问题，许多国家在发展进攻性空间武器上采取了"寓军于民"、"寓反卫于反导"、通过演示验证试验探索累积技术、绝不轻易部署空间武器的发展策略，① 在继续发展地基动能反卫星武器和激光反卫星武器的同时，重点关注以小型卫星为代表的"暂时的""可逆的"无碎片的反卫星技术，重视激光致盲和电子干扰等软杀伤反卫手段。尽管其中有些技术在名义上并不是专门为天基反卫星武器而发展的，但是这些技术或直接用作天基反卫星武器的关键技术，或作为发展天基反卫星武器关键技术的基础。② 部署先进的天基反卫星武器除需要最基本的航天发射能力之外，还需要高加速大变速上面级技术、非合作空间目标自主逼近技术、非合作空间目标自主交会技术、微小卫星制造技术等更先进的技术。2003 年以来，美国通过发射空间目标自主交会能力的卫星、"微卫星技术实验"（MiTex）卫星，进行"深度撞击"计划等，重点验证了天基反卫星武器的关键技术。美国重点发展了针对敌方卫星的新一代太空机器人计划，于2007 年 4 月发射"轨道快车"，实现对敌方航天器的捕获，这就使其很容易被改造为太空武器，这将使美国具备全轨道高度的反卫星能力。

四是全球快速打击系统使从太空控制地球的妄想更加膨胀。当取得太空军事优势的某一大国能够有效控制太空之后，太空作战便可能转向从太空完全彻底控制地球表面的太空威慑。为此，美国大力探索利用太空向敌人发动快速和精确打击的"全球快速打击系统"（C－PGS），③ 利用超高速太空飞行器、弹道导弹等运送精确制导的常规弹头，对位于全球任何地点的高价值目标实施精确打击。美国全球快速打击系统（C－PGS）采取太空作战方式，可以让美军从本土的安全地点向隐藏在地球任何角落的对手

① 黄志澄：《美国空间对抗技术的新动向》，《863 航天航空技术》2008 年第 5 期。

② 曹秀云：《美国反卫星武器技术发展途径与进展》，《中国航天》2008 年第 3 期。

③ 美国设想的全球快速打击系统主要有以下几种：①弹道导弹，依靠陆基洲际导弹或潜射洲际导弹。②超高音速巡航导弹，如波音的"驭波者"Ｘ－51Ａ。③太空部署的武器发射平台，2010 年 4 月美国发射的"猎鹰"计划的高超音速飞行器 HTV－2、Ｘ－37Ｂ 空天飞机都是进行的此类试验。

发起进攻，同时减少敌对国家通过太空威胁美国利益的可能。[①] 近年来，美国相继进行了几次弹道导弹拦截试验，成功发射了 HTV - 2 高超声速试验飞行器、X - 37B 空天飞行器以及 X - 51A 高超声速验证飞行器，进一步加剧太空军事化的步伐。

五是作战快速响应能力使军事对抗水平大为提高。2001 年 11 月，美国空军航天司令部公布的《作战快速响应空间运输任务需求声明》中对快速响应空间运载器的概念进行了定义，强调要满足快速响应性、机动性、可操作性、经济性、生存性、灵活性和协同性等 7 个方面的性能。美国已对快速响应空间系统展开了大量的研究，俄罗斯也相继制订了适应空间快速响应的导弹改装计划和空射系统研究计划等。美国国防高级研究计划局提出了"未来、快速、灵活、分离模块化并通过信息交换实现链接的自由飞行的飞行器系统"（F6 系统）的概念，适用于"作战快速响应空间"（ORS）等广域概念，可以达到在数周或数天内而不是数月或数年内研制和发射卫星。F6 系统概念实际上是用虚拟卫星，即小卫星簇代替整个大卫星的创新发展思路。卫星簇的各个部分之间不存在机械性连接，却能通过无线链接传输数据甚至电能。虽然 F6 系统真正实现还需时日，但是它可能会带来空间技术发展的革命性进步，进一步提高军事对抗的水平。

第二节　太空安全面临的威胁和挑战

随着空间技术在政治、经济、文化等各个领域应用的不断增加，各国对于太空的依赖性也不断增强，太空逐渐成为国家赖以正常发展的平台，凝聚着巨大的国家利益，太空安全的重要性也随之日益凸显，[②] 从而使太空成为军事活动新的前沿和斗争焦点。

一　太空武器化和军备竞赛威胁日益加剧

（一）技术与战争的逻辑演进必然导致太空军事化

科技进步必然促进国家利益的拓展。国家利益拓展到哪里，国家安全

① 高轶军：《"猎鹰"计划出笼美国积极抢占太空霸权》，人民网，2005 年 3 月 30 日。
② 陶平、王振国、陈小前：《论太空安全》，国防科技大学出版社，2007，第 1 页。

的需要就延伸到哪里，军事斗争的领域便跟进到哪里，这就是技术与战争演进的逻辑。太空军事化的内容包括两个层面：首先它是指为军事目的增加利用人造地球卫星，以支持和增强以地球（包括陆地、海洋和大气层）为基地的武器系统和地面部队的效能。其次是指太空武器的发展，既包括发展以太空为基地的武器系统，打击或摧毁对方在陆地、海洋、大气层以及太空中的目标，或损害其正常功能；也包括发展以陆地、海洋、大气层为基地的武器系统，打击或摧毁对方的太空物体或损害其正常功能。① 第二个层面的太空军事化又称为太空武器化，其结果将加剧太空的军备竞赛和军事对抗，是对当今世界和平与安全的重大威胁。

冷战结束后美苏抗衡的太空均势发生了根本性的变化，美国占压倒性优势的地位更为突出。至于太空军事应用方面，美国更是遥遥领先于其他国家。与此同时，俄罗斯、日本、欧盟、印度等近年也纷纷加大涉足太空的步伐，大力拓展自身的太空利益，太空安全困境更为严峻。美国凭借其在进入太空发展的"全能冠军"的绝对优势，极力谋求绝对优势和绝对霸权。2006 年，美国新的太空政策突出强调：美国享有绝对太空自由行动权；不让"敌国"进太空；鼓励参与合作，扩大军方太空权力；抢占太空优势，着眼部署武器；拒绝签署任何限制美国太空发展的国际协议等。美国独霸太空的企图使太空安全困境进一步加剧，引起了全世界的不安与公愤。

太空探索与开发日趋活跃，使各国尤其是空间大国对太空的关注和投入不断加大，太空已成为拓展国家利益、提升综合国力的重要平台。从近几场局部战争看，太空的军事地位空前提高，已成为新的战略制高点，直接影响到国家的前途和命运。② 海湾战争、科索沃战争和阿富汗战争中，美军及其盟国的军事情报 70% ~90% 是由太空侦察系统获得的。部署在太空的各类型卫星不仅实现了战场信息的实时传输，而且实现了信息向作战能力的迅速转化。美国军事战略专家认为：在 19 世纪，谁控制了欧亚大陆，谁就能称霸世界；在 20 世纪，谁控制了海洋，谁就能称霸世界；在 21 世纪，谁能控制太空，谁就控制了地球。现在，战略导弹预警卫星已成

① 贺其治：《太空法》，法律出版社，1992，第 295 页。
② 中国国际战略学会军控与裁军研究中心：《国际军控与裁军形势分析及展望》，《求是》2008 年第 19 期。

为战略核力量体系的重要组成部分；军事侦察卫星可以提供各个级别各个频段的情报；军用通信、侦察、预警卫星是指挥自动化（C^4ISR）系统的关键组成部分；全球导航定位系统可以为地面、海上、空中力量提供全天候三维定位信息和精确时间数据，还可以提供军力协同、指挥控制、目标测绘和跟踪探测、武器制导等方面的服务……

现在一些军事大国正在组建天军、建立太空军事基地，为争夺"制天权"作积极准备。随着科技的不断成熟，太空军事化将走向武器化，引发进一步的太空军备竞赛，导致其他武器特别是大规模杀伤性武器的扩散，给太空安全带来严重的消极影响。美国已将提升太空作战能力确定为美军今后的重点发展方向。为确立太空霸权，美军积极开展航天母舰、自杀卫星武器、"上帝之杖"武器、"天基魔镜"激光武器、天基电波武器等太空战项目的研究。美国国会 2008 年 4600 亿美元军费预算中，就包括"太空围墙"计划，同时还拨专款保护本国军用卫星免受"敌国"太空武器袭击，并提高攻击敌方卫星的作战能力。美军正加紧部署 TacSat-5 卫星、"天基反导系统"和由 3 级火箭推进器和"击杀装置"组成的 20 个陆基导弹拦截器。太空武器化和太空军备竞赛的趋势对太空安全构成严重的现实威胁。

在太空探测系统和预警系统的严密监视下，重大的军事活动很难隐蔽，现代战争已越来越离不开空间设施的支援和保障。太空不仅是获取、传输和发送信息的"高地"，未来还可能发展成为力量投送的"高地"，在战略、战役和战术等各个层次都能发挥重要作用。太空还是部署各种武器的场所，可以直接从太空对敌方在空中或地上的目标进行军事打击，为己方的地面、海上和空中战斗提供火力支援。一旦失去太空优势，己方重要的战略、战役目标和陆、海、空等部队的作战行动将直接暴露在敌方太空侦察、监视和火力打击之下。对太空的军事利用不断增加必然会打破全球战略平衡与稳定，并加剧地面、海洋及空中的军备竞赛，破坏国际军控与裁军进程，损害各国相互信任，给地区和国际安全环境造成深远的消极影响。①

---

① 黄惠康：《中国努力促进太空非武器化》，《中国航天》2001 年第 8 期。

（二）太空武器化对太空和世界的和平提出重大挑战

近年来，包括军用卫星在内的天基系统已成为各国经济、民生和军事力量发展的重要支撑，美俄等国加大了反卫星武器技术研发力度，技术水平与实战能力不断提高。特别是美国凭借其"一超独霸"的战略有利地位和在空间技术与能力方面的优势，发展空间武器在政治上和技术上都不再存在不可逾越的障碍，已经在积极谋求研制部署空间武器。2002 年，美国在反恐的旗号下退出《反导条约》，部署国家导弹防御系统，迈出了空间武器化的第一步。2008 年 2 月 21 日，美海军"伊利湖号"载有"宙斯盾"反导防卫系统的导弹巡洋舰发射了一枚"标准–3"舰对空导弹，在飞行了 24 分钟后于距地面 200 多千米的高空击中了时速超过 2.72 万千米的失控卫星，向全世界显露了美国海基反导系统在攻击卫星方面的精确性，全面验证了美国对太空的反应能力，说明美国已经具备太空攻防战的实力，标志着美国新的空间战略武器体系的建立。

太空武器本质上属于战略武器，并和战略核力量有着密切的联系。太空武器化与人类和平利用太空的宗旨背道而驰，将削弱太空军控和核军控领域脆弱的互信，成为全面核战争的导火索，威胁全人类的生存。空间武器化的可能影响与后果具体体现在以下四个方面。[①]

一是将导致空间军备竞赛，增加了空间系统的脆弱性。空间武器的发展必将导致航天大国的连锁反应，进而引发空间军备竞赛，使空间系统更加紧张；另外，空间武器化将刺激不依赖空间的有核国家发展高空核爆等初级反卫星武器，这可能给全球空间环境带来灾难性的影响。

二是有可能引发美国实施有限的"先发制人打击"。2000 年，美军演练了一个作战假想：为了阻止中国地基激光武器攻击其卫星，美国用在轨部署的对地打击武器 CAV 对中国部署在战略纵深地区的激光武器进行先期有限打击，招致中国大规模报复，引起战争。

三是有可能改变核大国之间复杂和脆弱的关系。空间武器会引起潜在对手的恐慌，有可能提高对对方的威慑能力，但也可能为潜在对手创造动因，使其以更加危险的方式行事。另外，空间武器攻击导致的信息中断将

---

① 杨乐平：《空间武器化争论及其影响》，《外国军事学术》2005 年第 3 期。

使战争迅速升级。对于一个军事指挥官而言，如果不知道发生了什么，除了利用自己的全部武器打击一切敌对目标外，别无选择。

四是空间武器部署后，空间意外事件很可能会引发核战争。迄今为止，空间预警系统既是预防敌方战略导弹突袭的主要手段，也承担着防止核攻击误判的风险。破坏敌方的空间预警系统是达成突然性，获取核进攻作战胜利的关键，被广泛认为是核战争的前奏。预警卫星结构复杂，又处于恶劣的空间环境中，可能会因各种原因而失效。现有的技术水平还不能区分卫星失效是由故障、碎片撞击还是由蓄意攻击造成的。因此，空间武器部署后，危机期间的意外事件就可能引发核战争。

（三）防止和遏制太空的军备竞赛任重而道远

积极谋求太空军事化的国家正是推行霸权主义和扩张政策的国家。太空军事设施所发挥的支援、保障作用极大地增强了陆、海、空战场武器系统的效能，也进一步确立了霸权国家压倒性的军事技术优势，使空间技术薄弱的国家处于更加不利的地位。面对日益明显的太空武器化趋势，国际社会普遍要求采取有效措施，防止太空军备竞赛进一步加剧，保证太空的和平利用，并做了大量努力。自1982年以来，防止太空军备竞赛一直是裁谈会的议程项目，然而，由于广大发展中国家和西方国家之间存在原则性的分歧，这一议题迄今未能取得实质性进展。主要分歧在于以下三个方面：一是太空军备控制的有关概念和定义；二是对太空军备控制形势的看法；三是对现有的涉及太空的国际条约的看法。太空军备控制领域中的不同理解和争论就实质而言多是太空领域霸权主义和反对霸权主义的斗争。

迫于各方面的压力，美国政府及智库进行了对策研讨，考虑调整美国以往阻挠联大和裁谈会讨论太空议题的僵硬立场，并在建立信任措施方面展现灵活性，缓解其在太空武器化等问题上面临的压力。欧盟也多次修改并散发《空间物体行为准则》草案，谋求通过建立信任措施，增大国际空间活动的透明度和可预测性。中、俄则主张谈判制定有关防止太空武器化和太空军备竞赛的国际法律文书，并于2008年2月在裁谈会散发了《防止在太空放置武器、对太空物体使用或威胁使用武力条约》草案。由于空间资产的安全问题涉及各方切身利益，制定空间行为准则、建立信任和透明措施等，将是国际社会近期推动并有望实现的目标。①

严格限制太空一切军事性质的活动有利于维护广大发展中国家的权益，维护国际公平与正义。但也应注意到，几乎所有的空间设施都可以直接或改装后用于军事用途，很难断定某个发明、建造和使用是属于纯军事目的还是纯民用目的。如果广泛地禁止一切具有军事应用前景的太空探索与利用活动，几乎就会扼杀太空探索利用事业，同样不利于科技的进步和人类的共同利益。因此，如何把握这一问题，还需要国际社会认真探讨，形成共识。

二　太空环境保护问题迫在眉睫

空间技术在发展的同时也带来了对地球、环地球轨道以及行星际空间的环境污染问题，当前国际社会较为关注的太空环境保护问题主要集中在空间碎片和太空核动力源问题上，这两大问题已成为联合国和平利用太空委员会最近数年来讨论的固定议题。

（一）空间碎片问题

目前国际上对"空间碎片"尚没有明确的定义，在一般的用语中，"空间碎片"是指报废的空间物体、火箭遗弃的各级装置、分离装置、护罩以及空间物体解体后的大小零部件和颗粒等。② 空间碎片的主要来源是空间物体的爆炸和碰撞，③ 两者都可以是意外的或有意的行为所造成。④ 此外，近地轨道的空间碎片还来自当前仍在研发中的地基和天基弹道中段导

---

① 中国国际战略学会军控与裁军研究中心：《国际军控与裁军形势分析及展望》，《求是》2008 年第 19 期。

② 贺其治：《外层空间法》，法律出版社，1992，第 200 页。

③ D. Mehrholz, L. Leushacke, W. Flury, R. Jehn. H. Klinkrad. M. Landgraf, "Detecting, Tracking and Imaging Space Debris," February 2002, 109ESA Bulletin at 128.

④ 意外的爆炸是由于推进系统的故障或卫星、火箭剩余燃料自爆产生；有意的爆炸则是由于太空的军事活动所制造的，如以自爆方式销毁完成任务后的军用卫星、反卫星武器试验等。有意的碰撞包括动能反卫星武器试验，无意的碰撞包括空间碎片之间的碰撞和空间碎片撞击运行中的航天器等。参见 William J. Broad, "Orbiting Junk, Once a Nuisance, Is Now a Threat," *New York Times*, 6 February 2007, online：http://www.nytimes.com/2007/02/06/science/space/06orbi.html? ei = 5070&en = 52e4fd924f69b8b9&ex = 1179374400 &pagewanted = print.

弹防御系统或其他空间武器试验。[①] 大多数空间碎片当前是不可探测的，只有直径大于 10 厘米的空间碎片才能被弹道探测系统的光学和雷达装置独立分辨出来。[②]

目前，地面上能探测到的低轨道内尺寸在 10 厘米以上的太空垃圾约有 1.8 万个，介于 1～10 厘米中等尺寸的碎片数量大约为 36 万枚，其中 12 万枚在低轨道（LEO），其高度低于 3000 千米；17 万枚在中轨道（MEO），其高度位于 3000 千米～30000 千米；2 万枚在高度为 36000 千米的同步轨道（GEO）。[③] 根据最新的报道，美国国防部正在使用太空监视网（SSN）跟踪 17300 多个 10 厘米左右及更大的太空物体，其中只有不到 10% 的是正在运行的卫星。[④] 据估计，共计有 300000 件直径 1～10 厘米的太空物体，以及数十亿件更小的，[⑤] 只有它们与其他太空物体相撞时才能被察觉。太空碎片对太空安全的危害主要有：威胁航天员的安全、撞毁太空飞行器、影响太空的观察等。有专家指出，不断增多的太空碎片正对太空的航天器构成"不可接受的威胁"，在不久的将来，地球周围将再也找不到一个可以安全放置卫星和太空站的位置。

空间碎片主要是人类从事太空活动的产物。[⑥] 有两大因素影响空间碎片数量，一是在轨物体的数量，二是每年产生碎片的发射次数。各类在轨空间物体的数量不断增长（见图 4－1），空间碎片数量的增加加大了空间

① Jeremy Singer, "Space-Based Missile Interceptors Could Pose Debris Threat," *Space News*, 13 September 2004.

② Alain Pompidou, The Ethics of Space Policy, UNESCO COMEST Publication, Reykjavik, 2000, p. 12.

③ R. Walkker et al., Update of the ESA Space Debris Mitigation Handbook, Executive Summary, July 2002. Ref: QINETIQ/KI/SPACE/CR021539. ESA Contract14471/00/D/HK. http://www.esa.int/gsp/completed/execsum00_N06.pdf. p. 1.2.2.

④ KevinWhitelaw, "The Problem of Space Debris," 4 December 2007, U.S. News and World Report, online: http://www.usnews.com/articles/news/2007/12/04/the-problem-of-space-debris.html.

⑤ Zengyao Han, "Space Debris Protection," Presentation to International Space University, *Space Debris Theme Day*, Beijing, China, 25 July 2007.

⑥ 自然界的流星也不断飞入围绕地球的空间内，但流星的飞入是经常性的，其数量大致不变，而空间碎片的数量则不断增加，因此，空间物体同人为的碎片的碰撞率将大大超过同自然界流星的碰撞率。

碎片相互碰撞的可能性，而这又有可能导致更多的碎片产生。① 美国国家航空航天局的一项研究表明，在近地轨道，碎片与碎片间的碰撞将成为未来 50 年内空间碎片的最主要来源。②

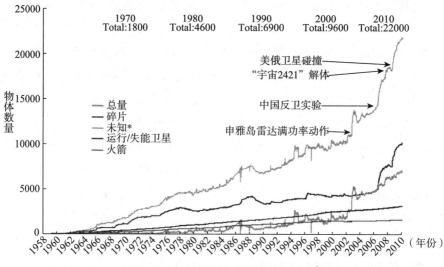

图 4 – 1　太空有记录的物体增长情况③

　　碎片位置与人类空间活动最频繁的区域相关，碎片数目的增多和相互间碰撞概率的增大，导致"连锁式碰撞"，加大了与航天器碰撞的可能性。已成为人类太空活动的最大威胁。④ 空间碎片还可能坠入大气层，对地面人员、财产等构成威胁。此外，空间碎片还能形成光污染和电磁污染，妨碍地球上的天文观测。2009 年 2 月 10 日，美国"铱星 33"与俄罗斯退役军用卫星"宇宙 2251 号"相撞，成为太空首例卫星"撞车事故"。在这次

---

① Jessica West, etc. , *Space Security 2008* , Space Security Index Project Report , Waterloo , 2008 , p. 27.

② 10（2）Orbital Debris Quarterly News（2006）at 1 – 2.

③ 转引自 National Security Space Strategy Overview Briefing，美国国防部，美国国家情报主任办公室，可从 http：//www. defense. gov/home/features/2011/0111 _nsss/下载，文件名为 National Space Policy 访问时间：2013/10/20 15：30。

④ 由于多数空间碎片的撞击速度极快，即使非常小的微粒也可产生相当大的动能，能够造成比这些微粒本身大得多的损害。例如，1998 年，一个 0.3 毫米的油漆颗粒在航天飞机的散热器上撞了一个直径 1 毫米的洞；在 2000 年的一次飞行中，一个 0.1 毫米铝微粒的撞击造成航天飞机玻璃上一个 2 毫米的弹坑。参见《各国对空间碎片、核动力源空间物体的安全以及这些物体与空间碎片的碰撞问题的研究》，联合国文件编号 A/AC. 105/770。

碰撞中，两星解体，形成成千上万块碎片，并且还在增加之中，引起了国际社会广泛关注。关于这一"事故"的起因、责任、后果等问题迄今仍在争论之中，但可以肯定的是，这次卫星碰撞形成的碎片将对未来的航天活动带来消极影响。

就当前的技术水平而言，没有经济上可行的清除空间碎片的方法，只能采取诸如将地球静止卫星在其寿命终结前推入"坟场轨道"、缩短卫星在轨时间以及使末级推进器在完成任务后立即重返大气层等预防性措施。这些措施虽然有助于防止空间碎片数量的增加，但花费高昂，对商业系统的竞争力会产生重大影响，尤其是可能导致发射服务商之间的不公平竞争。尽管一些空间机构已制定并实施了相应的行为规范，现有的国际法也规定国家应对其空间发射活动所产生的有害后果承担国际责任，但目前尚没有专门针对空间碎片问题的有约束力的国际法框架，也不存在类似于负责给太空物体分配无线电频率的国际法执行机构。大多数具有潜在危险的空间碎片难以独立跟踪，因而难以确定其国籍来源，更难追究其国家责任。不同国籍的太空物体相撞怎么办？此类撞击产生的碎片的国籍如何认定？以及最为常见的情形——不明国籍的空间碎片造成的损害如何认定责任？诸如此类的问题是高度复杂的，如果没有空间活动国以及哪怕仅仅是使用空间技术的国家的一致努力，任何方案都不会奏效。因此，该领域的国际合作是非常重要的，[1] 需要建立相关的国际管理机构。

（二）太空核动力问题

随着人类对太空探索利用的步伐加快，"太空的核污染及生物污染加剧，太空环境日益恶化，太空资源受到了严重的威胁，加剧了太空自然体系失衡"。[2] 有些国家在大气层所进行的原子弹、氢弹试爆会产生裂变性物质的微粒及一些放射性物质，给整个大气层会带来严重的污染。而那些发射到太空的飞行器中，有许多是依靠核能做动力的。如果这些飞行器一旦出现意外，就存在高污染的危险。由于太空条件下，物质的活性与地球上

---

① Alain Pompidou, *The Ethics of Space Policy*, UNESCO COMEST Publication, Reykjavik, 2000, p. 22.

② 仪名海、马丽丽：《太空非军事化的意义》，《2009：国际军备控制与裁军报告》，世界知识出版社，2009。

相比有很大的差异，核物质对太空环境的污染更为严重。人类利用太空高真空、微重力、光辐射和重粒子辐射较强等资源进行科学实验，培养新物种或寻找太空生命的实验有可能造成地球－太空之间的双向污染。人类的太空探索利用活动造成的高空化学污染给太空生态环境安全带来的威胁更是防不胜防。

随着人类探索宇宙活动的深入开展，对能够持续、稳定、大功率提供能量装置的需求也日益迫切，核动力源由于体积小、寿命长及其他特性特别适用于甚至必须用于太空领域执行某些任务，因而，在现有技术能力条件下，在太空使用核能成为最经济、最便捷的选择。当前，有许多核动力卫星正在轨道运行。但是，核动力卫星如果失控重返地球，其放射性残片和被烧毁后的散落物将对有关国家的环境造成重大污染损害，对人类生命财产形成潜在的威胁。为了尽量减少空间放射性物质的数量和所涉的危险，核动力源在太空的使用应限于非核动力源无法合理执行的航天任务。应确保对安全十分重要的系统的可靠性，办法除上述提及的外，还包括使这些系统的部件具有冗余配备、实际分离、功能隔离和适当的独立。[①]

虽然在星际从事深空探测以及在完成使命后重新被送入更高的轨道的核动力卫星，对地球不会带来任何危险，但是，就发生故障而重返地球的核动力卫星而言，则不能完全排除其在重返过程中被烧毁后的散落物对环境和人的危害性影响。核动力卫星因失事而重返地球的事件并不罕见，有几次事故还出现了放射性物质泄漏，对地球及其大气层造成了放射性污染。这些事件表面上虽未造成重大灾害，但由于核动力燃料含有大量的放射性物质，还是留下了潜在的威胁。尽管核动力卫星在设计上采取了一系列的技术措施以防止对地球环境造成污染，但在巨大的生物圈环境被污染的情况下，人体可能将直接受到外辐射以及因呼吸而使人受到内辐射的危害。[②] 正因为存在着这种危险的可能性，在太空使用核动力源必须慎之又慎。

联合国大会曾于1992年12月14日通过了题为《关于在太空使用核动力源的原则》的47/68号决议，对在太空使用核能做出了规范。决议要求：在太空使用核动力源应当以包括或然风险分析在内的彻底安全评价为

---

① 尹玉海：《国际空间立法概览》，中国民主法制出版社，2005，第45页。
② 贺其治：《太空法》，法律出版社，1992，第178页。

基础，特别应着重减少公众意外地接触到有害辐射或放射物质的危险。此外，决议还规定了必须采取的具体安全措施，如将停止工作的核动力卫星重新送入足够高的轨道，直至其放射性燃料衰变到规定的安全标准以下；确保在任何情况下，包括失事爆炸等情形下，核反应堆在进入轨道工作或星际飞行前不得进入临界状态；放射性同位素发电机上装有核燃料的密封舱必须能够承受在重返地球时的极端条件下不破裂等。因此，在决定使用核动力源前必须首先考虑核动力是否为唯一的选择以及是否存在着危险性相对较小因而更能为公众所接受的其他能源的问题。从根本上讲，应该积极开发新能源技术，大力提高用于太空物体的太阳能和化学电池的性能，广泛采用节能技术，尽量降低星载设备功耗，从而尽可能减少对核动力源的依赖，最终在近地轨道上放弃使用核动力源。

三 太空利益争夺活动空前激烈

(一) 新一轮国际空间竞争热潮涌现

空间以其蕴藏着的巨大的政治、经济、军事、科技价值，吸引着世界各国竞相参与空间技术的开发和应用；空间技术的发展、成熟和普及降低了"空间俱乐部"的门槛，使得越来越多的国家加入对太空的开发利用活动中。

一是空间国家纷纷出台新的航天战略构想和规划。美国为实现其在全球的战略和利益，加强其在航天领域的发展，推进空间科技发展应用，明确提出支持国家的航天计划，保持在世界航天领域的优势地位；俄罗斯在普京执政后，一直以重振俄罗斯航天大国雄风为己任，提出要保持一定的空间力量，促使航天发展与国家、社会需求相协调；欧洲从自身的安全与发展需要出发，推动航天领域逐步摆脱美国的影响，以"伽利略导航卫星计划"为代表的新一批重大项目成为欧洲航天自主发展的主旋律，并正在发展自主的通信、侦察卫星和独立发展新型运载火箭；日本提出了21世纪要成为与美、俄、欧并列的空间大国。印度、巴西等国也是踌躇满志，设法加速发展空间技术，力争缩小与发达国家的距离。①

二是军事航天领域的角逐并没有随着冷战的结束而日趋缓和。由于空

---

① 张晓强：《我国航天产业发展的战略重点与几点考虑》，《中国工程科学》2006年第8卷第11期。

间力量与技术能力具有压倒性优势，美国在空间安全问题上采取了咄咄逼人的进攻性战略，退出反导条约、加快发展导弹防御系统，明确提出要全面控制空间、需要时阻止其他国家进入和利用空间，并为此投入巨资，研制开发各种先进的空间系统与武器。① 俄罗斯也为维护自己航天大国的地位与利益，制定了旨在以夺取制天权为核心的军事战略，大力重建军用卫星系统和发展空间攻防武器系统，并于 2001 年 6 月 1 日正式组建了世界上第一支独立的航天部队——天军。法国、印度、日本等国也纷纷通过建立航天部队、加快发展空间武器装备等方式加强军事航天力量建设。

三是深空探测将掀起航天活动的新高潮。深空的探索、开发和利用，正成为世界主要国家未来发展的战略取向，体现出"需求牵引面向地球，技术推动面向深空"② 的新的航天发展理念。自从 2004 年 1 月美国总统布什发表重返月球、登陆火星的"空间探索新构想"以来，各主要航天大国在制订未来 10～20 年航天发展规划时，纷纷将载人和无人探测的目标从近地轨道转向月球和火星，并使载人和无人的两大探索目标相互融合于月球和火星。

四是商业航天领域的竞争日趋激烈。以商业发射市场为例，20 世纪 90 年代商业运载火箭迅速发展，多种火箭类别、型号大量出现，全球商业发射服务商数量逐渐增多，在商业发射服务市场上形成了运载火箭供过于求、发射服务竞争激烈的局面。为争夺商业发射市场，主要航天国家均研制发展了新的大型和重型火箭或提高现有火箭的运载能力，以满足大型卫星的一箭双星发射或重型卫星的发射要求。

（二）太空稀缺资源的争夺不断加剧

太空由于其独特的环境和位置而具有巨大的开发利用价值，蕴含着丰富的资源。人类 50 多年的空间研究，已经验证了太空是人类赖以生存和发展的"富矿"。空间资源可分为三类：第一类是轨道资源；第二类是空间的特殊环境资源，包括超高真空与超洁净环境资源和航天器内部的微重力环境资源等；第三类是来自地球以外的能量和物资资源，包括太阳能、月

---

① 陶平、王振国、陈小前：《论空间安全》，国防科技大学出版社，2007，第 14 页。
② 孙来燕：《中国航天的发展战略和重点领域》，《中国工程科学》2006 年第 8 卷第 10 期。

球资源及其他行星、小行星和彗星的矿物资源、大气资源等。空间资源一方面可以作为地球资源的重要储备和支撑，另一方面也是人类深入空间后所需要的能源和材料保障。太空里的无线电频段、地球静止轨道上的位置等具有利用的排他性，月球和其他天体有的资源具有不可再生性，致使争夺不断加剧。由于各国对卫星发展日益重视，对卫星频率/轨道的需求日益增加，而太空无线电频谱和地球静止轨道位置对一个国家的政治、经济和国防建设具有重要的战略意义，因此对这些宝贵战略资源的争夺最为激烈和典型。

随着人类太空活动的深入开展，可利用的太空资源日益紧张，保护太空环境、合理开发和利用太空资源，实现太空和平利用的可持续发展等问题已经引起国际社会的高度重视。世界各国积极在推进太空国际安全合作机制生成的同时，也意识到了太空开发利用的独特之处：太空某些资源的稀缺性使得人类探索利用太空过程中出现排他性。如无线电频谱分配、地球静止轨道位置占有、月球资源合理开发利用的规则、避开地球辐射带，即范·艾伦带的航天轨道区的通过容量，以及拉格朗日（拉格朗治）平动点对航天器的容纳量等，均属于一定技术条件下太空稀缺有限的特定资源，它们的开发利用在一定时间和技术条件下，都具有排他性的特征，也就是说，无法做到共享性利用。太空实践活动的日益频繁增加了这种外部环境压力，从一个更宏观的层面推动着太空特定资源管理机制必须走向成熟和完善。

例如，卫星频轨是指卫星电台使用的频率和卫星所处的太空轨道位置，是随着卫星技术的出现而开始被人类开发利用的自然资源，是所有卫星系统建立的前提和基础，也是卫星系统建成后能否正常工作的必要条件。卫星频率主要指无线电频谱用于太空无线电业务的部分。不同的频段传播损耗不同，其中在 $0.3GHz \sim 10GHz$ 频段损耗最少，被称为"无线电窗口"；在 $30GHz$ 附近频段损耗相对较小，通常被称为"半透明无线电窗口"。目前，各类卫星应用主要使用这些频段，其他频段则相对损耗较大。因此，卫星电台常用频段只占无线电频谱的小部分。随着空间技术的发展和卫星应用的增多，卫星频率资源日益紧张。同时，卫星在运行过程中又必须使用太空的某个轨道位置，卫星运行的轨道位置有位于赤道上空、距地面高度为 35786 千米的地球静止轨道，也有距地面几百千米到 1000 千米的低轨道位置和距地面 10000 千米左右的中轨道位置。不管是地球静止轨道位置还是其他轨道位置，资源都是有限的。以地球静止轨道位置资源为例，受天线接收能力限制，同一频段、覆盖区域相同或部分重叠的对地静止卫星只有间隔一定的距离，地面接收站才能区分开不同卫星的信号实现正常的工作。因此，两颗卫星之间需要在经度上间隔不小于 2 度，在整个地球静止轨道上的同频段卫星通常不会超过 150 个，静止卫星轨道数量已远不能满足世界各国的需求。

根据国际电信联盟的规定，一国对特定轨道位置的使用权不能转让给其他国家，一国可以获得轨道位置的使用权，但是必须遵守国际电信联盟设定的规则。如果因为债务人将太空资产的占有和控制权交给了外国的债权人而导致一国不再使用该轨道位置，那么根据国际电信联盟的规则，该轨道位置将由其他国家获得，而不一定由债权人所在国获得。[①] ……根据《国际电信联盟宪章》第 44 条，各成员国均认为无线电频率和对地静止卫星轨道是有限的自然资源，必须依照《无线电规则》的规定合理而高效率地使用；而国际电信联盟有关程序规则规定，禁止在未通知该组织的情况下转让卫星档案、轨道位置以及频率资源，即便转让，也必须遵守有关规定。因此，国际电信联盟认为，频率资源和轨道位置只能用来认定太空资产，不能将其视为太空资产因素的组成部分[②]而加以转让。[③]

太空无线电频谱和静止轨道位置分配中的"先登先占"原则在国际社会中已经引发了广泛长久的争论。"先登先占"办法受到太空大国和发达国家的支持和维护。他们认为这种办法有助于促进地球静止轨道最有效和最经济的使用，并且符合"共同利益"原则。同时依据"自由利用太空"原则，对地球静止轨道的利用不应加以限制，首先登记和使用有关静止轨道位置和无线电频率的国家应有权获得最大的国际保护。但是，发展中国家则持相反意见，认为"先登先占"办法是不公平的，只能有利于技术先

---

① "Comments on the Alternative Text Submitted by the Government of Canada," 载 UNIDROIT 2009 C. G. E. / Space Pr. /3/ W. P. 13.

② 参见 "Statement Made by the International Telecommunication Union," 载 UNIDROIT 2009 C. G. E. / Space Pr. /3/ W. P. 16。

③ 夏春利：《论太空资产特定问题的法律框架——〈太空资产特定问题议定书〉草案的进展、争议焦点及前景》，《北京航空航天大学学报（社会科学版）》，2011 年 9 月第 24 卷第 5 期。

进的太空大国，要求国际电信联盟为自己预留频谱，而发达国家则予以反对，理由是预留频谱不符合频谱资源经济有效的利用原则，会使本来已十分紧张的频谱资源闲置浪费。围绕太空无线电频谱分配问题的争论实质上是"公平"与"效率"之争，在当前的国际政治经济格局下，问题不可能很快得到公正合理的解决。

"先登先占"办法实际上是赋予登记国以"永久占有"的权利。因为在地球静止轨道日趋拥挤、无线电频谱资源日益短缺的情况下，"先登先占"的国家可通过发射新卫星来取代废弃的卫星的方式持续进行占有；目前静止卫星的寿命可长达 10 年，随着空间科技的发展有可能延长到 20 年、30 年以至更长的时间。这种占有很难被视为是"暂时的"，从而违背了太空条约所规定的"不得据为己有"的原则。随着发展中国家科技、经济的发展，一二十年后，当他们有能力研制、发射自己的卫星时，太空的频谱资源可能早已被瓜分完毕，自己的卫星将无立锥之地，或者不得不付出巨大的代价从"先登先占"的发达国家手中购买频谱。

（三）太空开发利用中的知识产权保护受到广泛关注

尽管空间技术一直是最尖端的技术领域之一，空间活动是智力成果的突出展现，但直到最近十来年，太空活动中的知识产权保护才开始引起广泛关注，成为热点议题，其原因有三：[1] 其一，空间活动越来越由政府行为转变为民间和商业行为。越来越多的私营企业参与到太空开发中，一些政府（间）实体也开始实现私有化。这些非政府实体通常更关注自身的各种有形和无形的产权。此外，不同国家空间机构之间、国有空间部门与私营部门、私营部门之间的空间合作已屡见不鲜，知识产权保护成为相关合同中的核心内容之一。其二，空间活动逐渐全球化。正如国际空间站项目所表明的，越来越多的空间活动是在多国合作的框架下展开的，涉及来自不同国家的诸多参与者。各国的知识产权制度存在着差异，当合作中出现纠纷时往往需要复杂的协商、谈判和仲裁过程。其三，随着空间技术的发展，新的商业前景日益明朗。迄今为止，空间活动中的知识产权保护问题

---

[1] *Intellectual Property and Space Activities*, International Bureau of WIPO, Geneva, 2004, p. 5.

主要集中在太空领域中创造或使用的发明专利保护，以及利用从空间活动中获取的数据建立的数据库的著作权保护。假如太空旅游成为现实，太空中的商标和工业设计保护可能同样也会成为重要的议题。

空间活动的"共同利益"原则和商业化之间的内在张力是争论的焦点和根源。虽然根据《外层空间条约》确立的共同利益原则，在太空的科技发明应为全人类谋利益，但太空活动的显著特点是需要使用高度复杂的技术，参与太空开发的国家或私营公司都企望收回其大量投资，并要求对他们的产权利益给予绝对保护。因此，空间技术及其所需专门技艺理应被视为知识产权保护的对象，保护空间发明创造的知识产权是促进太空事业和太空商业化发展的一个重要因素。然而，空间科技的知识产权保护是一把"双刃剑"，它可能同时限制发展中国家未来对空间的自由利用以及对后继技术的开发，给空间科技的发展与国际社会的和谐公正带来消极影响，在特定情形下，保护知识产权可能妨碍后继研究的进行。相关技术被授予专利的"智能轨道"（Intelligent orbits）就是一个典型的例子。"智能轨道"是位于赤道上空以外的椭圆形的准地球静止轨道，这就意味着"智能轨道"上的卫星不需要占用地球静止轨道上有限的无线电频谱资源，应用于电信领域将获得巨大的优势。[1] 对"智能轨道"注册专利就意味着谁若出于研究或商业目的利用这些轨道就得支付专利费。这一做法事实上限制了对空间的利用，很难被认为是合理的。

当前，美国垄断了国际空间站平台上做出的发明的专利申请，这就引发了将空间技术据为己有的问题。各空间国家以及空间产业界在空间技术研究开发上投入了巨额资金，它们要求获得相应的回报是正当合理的。此外，未来国际空间站将成为在各个领域产生重大影响的实验室，关于知识产权保护的一系列问题将随着国际空间站的建成而变得更加紧迫。如果获得的发现不能得到法律上的适当保护，实业家将不再愿意在耗资巨大的空间科技领域投资。[2] 国际社会普遍认为应当明确区分对太空物体享有知识产权的主张和将太空据为己有的意图这两类不同性质的问题。鉴于太空探索和利用是全人类的事情，而知识产权的保护只限于

---

[1] *Intellectual Property and Space Activities*, International Bureau of WIPO, Geneva, 2004, p. 18.

[2] Alain Pompidou, *The Ethics of Space Policy*, UNESCO COMEST Publication, Reykjavik, 2000, p. 20.

一国国内（国际知识产权保护问题需要国家间条约做出规范），对于太空相关的发明创造的知识产权问题应由各国协商解决，并充分考虑发展中国家的利益。

第三节 积极参与推动太空国际安全合作

作为主要航天大国之一，我国应积极推动太空军备控制，促进国际安全合作。根据太空活动拓展中空间技术进步的现实要求，在逐步增加各国太空活动透明度和信任措施（TCBM）的基础上，通过控制体系暴力、引导选择性社会化、优化施动者—结构—进程，不断加强太空安全领域的契约合作。

一 继续推动禁止发展、测试和部署太空武器的谈判

世界各国日益认识到，太空军备控制将弱化太空国家对安全的关注，有利于聚合性政治认同与合作性偏好的形成。为此，2003 年 1 月 23 日，比利时裁军大使以阿尔及利亚、智利、哥伦比亚、瑞典大使的名义，向裁谈会全体会议提出《五国大使工作计划建议》（CD/1693），其中专项提出"防止太空军备竞赛"的议程项目，主张设立一个特委会来处理防止太空军备竞赛问题。2004 年 8 月，中国与俄罗斯在裁谈会联合散发了关于《现有国际法律文书与防止太空武器化》和《防止太空军备竞赛的核查问题》两份专题文件。2005 年裁谈会第一期会议 2 月 24 日的全会上，荷兰大使桑德斯在"五国大使方案"的基础上提出了工作计划的具体设想，简称"荷兰非文件"。2006 年 6 月，中国和俄罗斯代表团在裁谈会全会上联名散发了题为《防止太空武器化法律文书的定义问题》的专题文件。7 月，中国在裁谈会全会 2 期散发了关于《确保太空安全：防止太空军备竞赛》国际研讨会的总结报告。

2008 年 2 月，中国与俄罗斯共同向裁谈会提交了《防止在太空放置武器、对太空物体使用或威胁使用武力条约（草案）》（PPWT）。2009 年 8 月，中俄共同提交工作文件，回应裁谈会各方对中俄太空条约草案的问题和评论。中俄希望各方早日就这一草案展开谈判，达成新的太空条约。美

国以"无法证实"为由拒绝了中俄之间的草案，但是中俄两国仍在继续努力以促成此草案发挥实际效力。① 中俄提议签署《防止在太空放置武器、对太空物体或威胁使用武力条约（草案）》的目的主要是为了弥补《太空条约》第四原则的不足。第四原则禁止在绕地球轨道及天体外放置②或部署核武器，或任何其他大规模毁灭性武器；但是，第四原则并没有禁止非核武器或者"潜在的"大规模杀伤性武器。③ PPWT 强调"禁止太空武器"：各缔约国承诺不在环绕地球的轨道放置任何携带任何种类武器的物体，不在天体上安置此类武器，不以任何其他方式在太空放置此类武器；不对太空物体使用或威胁使用武力；不协助、不鼓励其他国家、国家集团或国际组织参与本条约所禁止的活动。④

美国不但屡次否决太空军备控制倡议，还积极在太空进行全方位的备战，"美军不单是在大气层外部署武器系统，同时还包括导弹防御在内的地面武器系统，用美军术语说，这就是'全频谱能力'，目的是保证美国拥有'全频谱优势'"。⑤ 因此，防止太空武器化已是十分现实和紧迫的问题。国际社会不仅要敦促美国放弃部署以反恐需要为借口的导弹防御系统，还要探索满足各国安全需要的替代性技术和机制，呼吁相关各方合作，完善太空物体发射登记制度、导弹和火箭发射预先通报制度、军事热线机制等，并通过发展高性能侦察监视卫星，确保其不受干扰地运行作为

---

① 2009 年 8 月 18 日，中俄代表团在联合国裁军会议上回应了其他几个常任理事国对该草案的关注。中俄指出：（1）PPWT 禁止对"太空物体"的攻击和威胁，但是并没有禁止在太空建立军事力量。（2）PPWT 并没有更改《联合国宪章》第 51 条所规定的自卫权利。然而，如果一个国家签署了 PPWT，那么该签约国将不能使用 PPWT 所禁止的武器装备。（3）PPWT 没有禁止对反卫星武器的研发、试验和部署，因为这些并不满足 PPWT 对"在太空武器"的定义。（4）PPWT 没有禁止对地基激光武器和电子抑制系统的研发、试验和部署。（5）PPWT 没有讲到拥有"双面目的"的空间技术，即既出于和平目的，又出于攻击性目的。（6）PPWT 没有包括任何认证机制。
② PPWT 草案还讲道：《放置》系指武器如果至少绕地球一圈，或在离开此轨道之前沿这样的轨道运行一段，或被置于太空某个永久基地，则被认为是放置在太空。
③ PPWT 给"在太空的武器"下了定义："在太空的武器"系指位于太空、基于任何物理原理，经专门制造或改造，用来消灭、损害或干扰在太空、地球上或大气层物体的正常功能，以及用来消灭人口和对人类至关重要的生物圈组成部分或对其造成损害的任何装置。
④ 斯年：《媒体称中俄太空条约草案未禁止反卫星武器研究》，《环球时报》2011 年 4 月 6 日，http：//www.sina.com.cn 转美国 Examiner.com 网站 4 月 2 日报道。
⑤ 滕建群：《太空实力竞争与限制太空武器化》，《2009：国际军备控制与裁军报告》，世界知识出版社，2009，第 132 页。

技术核查手段和建立信任的措施。[1] 目前，能与美在太空决一高低的国家只有俄罗斯。为维护太空的战略力量平衡，"中俄联手提案，对于促进国际社会凝聚在太空问题上的共识将会产生积极影响，得到世界大多数国家响应"。[2] 同时，国际社会应争取联合更多的国家就未来国际法律文书的主要内容向裁谈会提出具体建议，积极与相关国家、国际组织共同研讨确保太空安全，防止太空军备竞赛的相关对策和措施。

二　积极参与太空活动行为规范的制定

在太空武器化和军备竞赛得到约束的同时，从相对较易达成的太空活动行为规范制定入手，有利于将相关国家纳入国际安全合作机制中来。2009 年 2 月 10 日，美国铱卫星公司的"铱 33"卫星和俄罗斯的"太空 2251"军用通信卫星在西伯利亚上空相撞，这是太空中首次发生的在轨卫星相撞事件。美俄卫星相撞事件则使得制定太空安全规则的合作安全观念得以凸显。[3] 太空活动行为规范主要涉及的是太空环境和太空秩序。在新的体系观念结构下，各国认识到共处于太空的恶劣自然环境下，他者并不必然是自我生存意义上的敌人，反而可以成为合作共荣的伙伴。所以，制定太空活动行为规范是要求相关国家确保在其管辖范围内或在其控制下的太空活动，不致损害其他国家或在各国管辖范围以外地区的环境和资源。现有的太空安全国际法往往只有原则性规定，缺乏实施细则和监督执行机制，因此还需要进一步完善。根据目前太空活动的形势，我国应特别注重积极支持有关各方推进太空活动行为规范的制定。[4] 美国时任助理国务卿罗斯·高特莫勒（Rose Gottemoeller）在联合国裁军会议上表示："美国还在就欧盟提出的发展一套广泛、多边的透明与互信模式（也即《太空活动行为规范》）与其进行会谈。"

---

① 仪名海、马丽丽：《太空非军事化的意义》，载《2009：国际军备控制与裁军报告》，世界知识出版社，2009，第 152 页。
② 滕建群：《太空实力竞争与限制太空武器化》，载《2009：国际军备控制与裁军报告》，世界知识出版社，2009，第 138 页。
③ 李滨：《美俄卫星相撞事件中的国际法问题探析》，《北京航空航天大学学报（社会科学版）》，2011 年第 4 期。
④ 李彬、吴日强主编《国际战略与国家安全——科学技术的视角》，中国传媒大学出版社，2008，第 70 页。

太空行为活动准则的重点有以下两个方面：一是建立太空飞行器的交通规则，以避免发生太空碰撞和事故，就像在陆地上行驶有交通安全法规，在海洋中行船有海洋交通法规一样；二是如果出现事故，该如何处理。例如，迅速有效地处理太空碎片，防止污染扩大；区分肇事者和非肇事者，以责任大小来进行处置等。[①] 一个全世界认可的、对各缔约国具有强制性法律效力的国际太空行为活动准则要强调通过友好协商找到一个各方都能接受的方案，以协调各国行动，反对霸权国家单方面主导规则的制定。目前，一些国家和共同体及有关机构已制定了较为具体的太空活动行为规范。如美国于2007年8月颁布的《美国国家宇航局限制太空碎片的技术标准过程》，美国著名军控研究智库史汀生中心（Stimson Center）于2007年10月发布了《太空大国示范行为规范》，欧盟于2008年12月颁布的《太空活动行为规范》。中国目前也颁布了第一份控制太空碎片产生的航天业界行业标准——《太空碎片减缓要求》。

国际社会应在联合国框架内通过与美国在太空安全领域各种形式的互动，使美国更充分地考虑到太空武器效应逆序的后果。"如果美国决策者了解太空战的严重后果，他们可能转而支持用合作的方式解决其安全关切。"[②] 2011年美国曾一度关注与欧盟就《太空活动行为规范》签署协议。美国政府试图建立有关太空发射和卫星活动的国际规则，强调"美国将为负责任的太空活动提供数据标准、最佳实践、透明度、信任建立措施以及行为规范的支持"。美国政府曾表示它将准备接受欧盟的"太空活动行为规范草案"，并对文件做最小的改动。2011年1月，一个针对该行为规范的旨在减少可能撞到卫星的太空残骸物的政府跨部门审查得出了结论，它将不会损害美国在太空的利益或是会限制相关研究及项目的发展。"行为规范"会对行为做出一些限制，但不会对硬件做出限制。欧盟的《太空活动行为规范》不会以任何有效方式限制部署太空武器。《规范》只会限制武器使用，除非"依照联合国章程属自卫，或出于紧急安全考虑"。[③] 美国

---

① 张田勘：《用法律法规来维护太空环境，卫星相撞催生太空行为准则》，《大众科技报》，2009年3月12日。

② 李彬、吴日强主编《国际战略与国家安全——科学技术的视角》，中国传媒大学出版社，2008，第70页。

③ 《科学家回答美国参议员对〈太空行为规范〉提出的问题》，美国《航天评审》，2011年3月7日报道。

准备接受太空行为规范主要是考虑到太空探索利用活动的增加已经导致太空碎片的风险日益威胁到自身的安全。"我想我们需要一个多层的方法来威慑相关的国际惯例，以及所涉及的与盟国的合作伙伴关系，以此来诱发对太空活动的约束。"但这一战略还声称美国保留在太空的自卫权利。[①] 美国原打算将欧洲版"太空活动行为规范"改造成美式"太空活动行为规范"，后终因美国国会保守势力反对而未果。

三　大力促进太空开发利用中的合作共赢

随着空间技术的深入发展，太空探索利用正由一种国家行为向非国家行为扩散，各种开发主体间呈现出高密度利益博弈与交织的状态。飞速发展的空间技术正以无与伦比的广度和深度将各国社会逐步地从微观、宏-微观和宏观等层面融为一个呈现出混沌状态的整体，并形成一种"一荣俱荣，一损俱损"的关系团。空间技术及其应用在越来越大的程度上将成千上亿的个人纳入地球村相互依存的生活中来，与此同时，也改变和塑造着个人观察分析国际政治，尤其是太空安全问题的眼界和方式。技术进步、机制建构，以及公众支持都有可能为太空安全注入活力，并增强对人类共同利益观念的强烈支持。

太空主体的多样化除体现为太空利用主体复合化外，太空活动的参与主体也越来越多元化。"联合国和平利用太空委员会的成员国由最初的24国增加到现在的69国，除了美、俄、欧洲国家等太空大国外，还出现了印度、以色列、巴西、日本、韩国、泰国等许多新兴太空国家。此外，各种政府间国际组织和私人实体也广泛参与太空活动，并日益扮演重要角色。"这种高密度利益博弈与交织是空间技术开发利用中个人对个人、个人对公司、公司对公司、个人对国家、公司对国家、国家对国家等高度交叉、串联、并联、平行等异常复杂的依存关系，并且这一"关系团"将继续增大、复杂化为真正意义上的混沌世界，然后发展到你离不开我、我离不开你，最终达到彼此难分的共同体。在太空安全互动中，我国应倡导各太空主体沿着理性认知的战略思路，逐步树立、强化合作安全的观念。空间技术具有鲜明的军民两用属性，我国应审时度势，推进航天事业的军民融合

①　张颖：《奥巴马欲建立太空行为规则》，《东方早报》2011年2月9日。

式发展。通过提供不同形式的公共产品或商业服务，不断加强利益汇合，促进相互间的复合相互依存状态，寻求合作共赢的机遇。

在维护太空安全方面，我国政府必须要有认识、知识、承诺和行动，与所有利益攸关方一道共同加大对空间技术的研发与推广。为此，我国应在坚持自主创新的基础上，充分利用后发优势，争取参与国际航天合作，进一步提高在太空探索领域的技术和管理水平。与此同时，我国应积极拓展和广大发展中国家一切有可能的航天国际合作，如以亚太太空合作组织为平台，通过成员国之间的合作扩大影响力。通过卫星领域的联合研发、制造、测试等活动，增大我国在国际发射市场的份额。我国应通过星箭一体出口，以"交钥匙工程"的形式向发展中国家提供卫星制造、发射、保险和应用培训的一揽子服务，开辟和拓展发展中国家太空应用市场，既展示自身和平利用太空的形象，又增进合作安全的意识与动机。

在太空特定资源国际管理方面，国际社会已经达成一系列多边条约，如《禁止在大气层、太空和水下进行核武器试验条约》（简称《部分禁止核试验条约》）《外层空间条约》《空间物体所造成损害的国际责任公约》（简称《责任公约》）《禁止使用改变环境的技术公约》《关于各国在月球和其他天体上活动的协定》（简称《月球协定》）等。它们确立太空资源为全人类所共有的观念，各国都可以对其自由勘测、利用和开发；对于太空环境全人类都有保护其不受破坏的义务。这些太空条约和有关文件已经得到国际社会的普遍认可，既是指导各国太空特定资源和平开发利用的依据，也是太空安全国际法框架的主要组成部分。[1] 在坚定维护这些太空条约和有关文件的基础上，各国应在太空开发利用实践中，逐步制定、完善保护太空资源与环境的国际条约、实行太空天体资源的国际开发制度。"具体的制度要以自然资源开发权为核心予以建立，并包括自然资源勘探权、矿藏的技术标准、开发后自然资源的所有权、矿藏附属天体地表和地下的排他使用权以及可能产生的环境保护责任。"[2] 国际上对太空资源的开

---

[1] 滕建群：《2008 年国际军控与裁军形势综述》，载《2009：国际军备控制与裁军报告》，世界知识出版社，2009，第 11 页。

[2] 贾海龙：《太空自然资源开发制度的缺陷和展望》，《北京航空航天大学学报（社会科学版）》，2010 年第 6 期。

发与利用，其动机、目的、技术水平以及国内政策有极大差别，其中更含有政治、军事等因素的影响。由此可见，需要国际社会在合作共赢的实践中形成共识，才能使国际合作机制发展完善。①

譬如，由于频率轨道资源是一种有限的、不可再生的自然资源，而且卫星轨道位于世界各国共处的宇宙空间，是全人类共有的国际资源。② 因此，频率轨道资源的获取不能完全机械地遵循"先到者先接受服务原则"，必须考虑随着空间技术发展，越来越多逐步踏入太空的发展中国家的利益。这意味着国际电信联盟及其《无线电规则》也有一个与时俱进、不断改革完善的过程。"地球静止轨道是一种有限的自然资源，其利用不仅应该合理，还应向所有国家开放，不管其目前的技术能力如何。这将使各国能够在公平条件下利用该轨道，特别是要重视发展中国家的需求、利益以及某些国家的地理位置，并考虑到国际电信联盟的程序以及联合国的相关准则和决定。各个国家间旨在利用地球静止轨道的协调都应以合理、公平的方式进行，并应符合国际电信联盟③的《无线电规则》。④ '先到者先接受服务原则'就轨道位置的利用而言是不可接受的，该原则对那些希望享有空间技术效益但尚未具备必要能力的国家造成歧视。对地球静止轨道问题的讨论应着眼于寻找确保为所有国家的利益利用该轨道的方式。"⑤ 随着太空实践活动的频繁而日益加大的这种外部环境压力，从一个更宏观的层面推动着太空特定资源管理机制必须走向完善。

总而言之，在和平发展的时代背景下维护太空安全，需要积极参与和推动太空开发利用中的合作共赢，从而使得太空和平探索利用能真正满足全球融合和人类共同发展的需要。目前世界商业航天市场总额已高达数千

---

① 徐祥民、王岩：《太空资源利用与太空环境保护法律制度的完善》，《中国人口·资源与环境》2007 年第 4 期。

② 欧孝昆、李勇、张日军：《卫星频轨资源极为紧张，美俄已占 80% 黄金导航频段》，《解放军报》2010 年 5 月 7 日。

③ 国际电信联盟（ITU）是联合国负责国际电信事务的专门机构，其职责包括采用国际规则和协议来管理无线电频谱和卫星轨道位置的分享，这些有限的自然资源被大量的设备所使用，包括电视、广播、移动电话、卫星通讯系统、航空和航海导航安全系统等。

④ 该《规则》作为一项国际协定，对所有成员国有法律约束力。

⑤ 《联合国和平利用太空委员会的报告》第五十三届会议，大会正式记录，第六十五届会议补编第 20 号（从 2010 年 6 月 9 日至 18 日），第 23 页。

亿美元，且每年以 10% 左右的速度稳步增长。① 各个具有发射能力的国家都期望能从此中得到更多的市场份额。空间技术发展催生出越来越大的共同利益，这既使国际安全合作更具有可能，同时也更显紧迫。② 因此，我国在加强太空能力发展的同时，也应大力促进太空开发利用中的合作共赢。

---

① 据美国国家航空航天局（NASA）提供的权威报告，1996 年，全球空间技术产业创造的利润为 750 亿美元左右，到 2000 年利润就攀升到 1250 亿美元。到 2010 年，全球商业航天活动的收入达到了 5000 亿～6000 亿美元。而其中全球卫星产业市场的规模达到 2000 亿～3000 亿美元。一份研究报告指出，今后 10 年，全球预计发射卫星 1000 颗左右，其中商用卫星将占 70%。
② 张浩：《太空军控的机制设计——以建立信任措施为例》，《国际问题论坛》2007 年夏季号（总第 47 期）。

第五章 网电技术与网络空间安全

杜雁芸

自 20 世纪 90 年代以来，以互联网为代表的信息技术革命，及其引领下的全球化浪潮，正在推动着人类社会步入信息时代的崭新阶段。互联网的横空出世，对人类社会的价值已全面超越蒸汽机革命、电气革命等技术革命范畴，被视为继陆、海、空、天之后，人类发展所开启的第五空间。[①] 与此同时，随着网络空间重要性的不断提升，人类对于网络空间的依赖性逐渐加大，网络技术也给国家安全带来了复杂、多样的挑战。近年来，网络空间博弈的"龙卷风"席卷全球，"舒特"攻击、"震网"病毒、"维基揭秘"、"棱镜门"事件接踵而来，给世界带来极大的冲击和震撼。可以说，在当今世界，一国如果没有网络空间安全，政治、经济、军事、文化和科技安全都无从谈起。正如习近平总书记在中央网络安全和信息化领导小组第一次会议上指出的："没有网络安全就没有国家安全，没有信息化就没有现代化。"[②]

第一节 网电技术发展的历史沿革及现状

一 网电技术发展的历史沿革

网电技术的发展最早源于计算机的发明。20 世纪 40 年代中期，美国宾夕法尼亚大学为美国陆军军械部阿伯丁弹道研究实验室研制了一台用于炮弹弹道轨迹计算的"电子数值积分和计算机"（Electronic Numerical Inte-

---

① 惠志斌：《中国互联网的法治之路》，《社会观察》2013 年第 2 期。
② 《习近平：把我国从网络大国建设成为网络强国》，新华网，2014 年 2 月 27 日，http：//news. xinhuanet. com/politics/2014 – 02/27/c_119538788. htm。

grator and Calculator 简称 ENIAC）。这台计算机的问世，标志着电脑时代的开始。到了 20 世纪 80 年代，电子计算机进入了高速发展期，世界上最新型的计算机的运算速度已经超过每秒 1000 亿次。截至 2015 年 11 月 17 日，国防科学技术大学研制的"天河二号"超级计算机，峰值运算速度达到每秒 5.49 亿亿次，持续运算速度达到 3.39 亿亿次，获得六连冠殊荣，成为世界上第一台连续 6 次夺冠的超级计算机。①

计算机技术兴起之后，信息通信技术（尤其卫星通信与光纤通信）的发展为网电技术的快速发展提供重要支撑。1965 年 4 月 6 日，美国发射了一颗实用静止轨道通信卫星——国际通信卫星 1 号。1977 年，美国又铺设了世界上第一条光纤通信干线。信息通信技术的日新月异使计算机的互联互通成为可能。

计算机技术和通信技术为网络的发展提供了物质基础，而冷战的爆发进一步加速了互联网的发展，互联网从诞生之日起就刻上了国际权力斗争的烙印。作为对苏联于 1957 年发射的 Sputnik "伴侣号"（第一颗人造地球卫星）的直接反应，基于对其潜在的军事用途的恐惧，美国国防部组建了高级研究计划局 DARPA（Defense Advanced Research Projects Agency）。美国人认为，如果仅有一个集中的军事指挥中心，万一这个中心被苏联的核武器摧毁，全国的军事指挥将处于瘫痪状态，其后果将不堪设想，因此有必要设计这样一个分散的指挥系统——它由一个个分散的指挥点组成，当部分指挥点被摧毁后其他点仍能正常工作，而这些分散的点又能通过某种形式的通信网取得联系。由此，该局开始对兰德公司（RAND）所提出的无明显中心节点的网络进行研究资助。

1969 年 11 月，美国国防部高级研究计划局开始建立阿帕网（ARPA-NET），开始只有 4 个节点，分布在洛杉矶的加利福尼亚州大学洛杉矶分校、加州大学圣巴巴拉分校、斯坦福大学、犹他州大学 4 所大学的 4 台大型计算机。这就是互联网的雏形。最初，ARPANET 主要用于军事研究目的，之后开放给与美国国防部有合作关系的各研究中心使用，并成为当时网络的主干网。1983 年，阿帕网分化为两部分，ARPANET 和纯军事用的 MILNET。同时，局域网和广域网的产生与蓬勃发展对 Internet 的进一步发展起了重要的作用。其中最引人注目的是美国国家科学基金会 NSF（Na-

---

① http://news.xinhuanet.com/mil/2015 - 11/21/c_128453141.htm.

tional Science Foundation）建立的 NSFNET。NSF 在美国建立了按地区划分的计算机广域网并将这些地区网络和超级计算机中心互联起来。NFSNET 于 1990 年 6 月彻底取代了 ARPANET 而成为 Internet 的主干网。1992 年，美国高级网络服务公司（ANS）建立了 ANSNET，又取代了 NSFNET。

自 20 世纪 90 年代以来，互联网发展突飞猛进。全球互联网用户在 1996～1999 年，从不到 5000 万增加至 2 亿。研究机构 we are social 发布的《2014 年全球社会化媒体、数字和移动业务数据洞察》报告指出，截至 2014 年 1 月，互联网已经覆盖了全球 209 个国家和地区，用户达到 24.8 亿多，占全球 70 亿总人口的 35%[1]［这是一个保守估算，按照国际电信联盟（ITU International Telecommunications Union）估算，全球互联网用户数量可能已接近 30 亿］。然而，互联网的全球化发展存在着严重的地区不均衡现实，发达国家在工业化时代积累的经济技术优势在信息时代表现得更为明显。北美地区互联网渗透率目前已高达 81%，欧洲和大洋洲地区也分别达到 78% 和 63%，但南亚地区使用互联网的比例只有 12%，非洲则是 18%（见图 5 - 1）。也就是说，发达国家每百人中有 77 人是互联网用户，

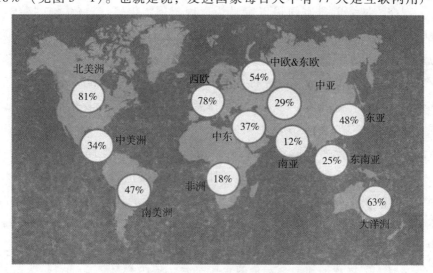

图 5 - 1　2014 年 1 月 we are social 研究机构发布的
世界各地区的互联网普及率

资料来源：http://www.199it.com/archives/194540.html。

---

[1]　中文互联网数据资讯中心，http://www.199it.com/archives/194540.html。

而发展中国家仅有 31 人，世界平均水平则是 39 人，可以看出"数字鸿沟"的问题仍然相当严重。亚、非、拉美的广大发展中国家在互联网普及应用以及融入全球性网络经济方面还有很长的路要走。另外，还要注意的一个突出问题是，发展中国家内部的数字鸿沟也在扩大，比如印度的班加罗尔、孟买，墨西哥北部边境地区等在新的网络经济中已经繁荣起来，但贫穷国家的最贫困人口在"知识传播越来越通信化，贸易管理越来越电子网络化、通讯越来越即时化"的时代里，越来越处于不利的竞争地位。

二　网电技术发展的现状

"网电空间"，又称"赛博空间"，该词来源于英文单词 cyberspace，是由 cybernetics 和 spae 这两个单词组合而成。1984 年美国科幻小说作家威廉·吉布森（William Ford Gibson）出版了《神经漫游者》（*Neuromancer*），cyberspace 在书中首次出现并开始为人所熟知，这本书也预示了 20 世纪 90 年代电脑网络世界的出现。"网电空间"原意是指将电子信息设备与人体神经系统相联结后所形成的一种虚拟空间。

现在，网络电磁空间可以定义为以因特网、传感器、信号连接与传输、嵌入式处理器和控制器等各种信息基础设施为平台，通过电子技术和电磁能量调变来开发、访问和利用的电磁域空间，并借助此空间实现更广泛的通信与控制能力。它通过网络将信息渗透，并充斥到陆、海、空、天实体空间，依托电磁信号，传递无形信息，控制实体行为，从而构成实体层、电磁层、虚拟层相互贯通，还拓展到影响人们交流的虚拟心理环境，形成无所不在、无所不控、虚实结合、多域融合的复杂空间。

网络电磁空间的发展大致经历了计算机网络空间、电磁与网络融合空间、泛在网络电磁空间等三个阶段，目前已经发展成为一个从抽象到具体，从单纯虚拟空间到物理、信息、认识、社会多维空间的泛在系统，成为承载政治、经济、文化、外交、军事的全新空间，成为影响社会稳定、经济发展、文化传播和国家安全的重要平台，成为继陆、海、空、天战场之后的"第五维战场"。

网电技术是网络电磁空间存在的前提和基础。网电技术为人们所广泛关注，源于最早的网络攻击。1988 年 11 月 2 日晚上，美国国防部战略 C41 系统计算机主控中心和各级指挥中心相继遭到计算机病毒入侵，约 8500 台军用计算机感染病毒，其中 6000 台无法正常运行，直接经济损失达上亿美元。这起由美国康奈尔大学计算机系 23 岁的研究生莫里斯制造的恶性事件，初步展示了网络攻击的基本方式和巨大威力。

而首次把网络攻击手段投入实战的是在 1991 年的海湾战争期间。1991年海湾战争爆发前，伊拉克从法国购买了一种用于防空系统的新型电脑打印机，运到伊拉克前，美国特工将带有病毒的芯片置换到这批打印机中，当多国部队发动"沙漠行动时"，美军用无线遥控装置激活了隐藏的病毒，致使伊拉克防空系统瞬间陷入瘫痪，指挥失灵。① 1999 年的科索沃战争，网络战争的规模和效果有增无减。电子图像、电子公告栏和黑客袭击都成了战争武器。可以说，科索沃战争是史上第一场较大规模的网络战争。南联盟使用多种计算机病毒，组织黑客实施网络攻击，北约军队一些网站被垃圾信息阻塞，部分网络系统一度瘫痪。北约一方面强化网络防护措施，另一方面实施网络反击，将大量病毒和欺骗性信息注入南联盟军网系统，导致其防空系统瘫痪。随着地面战、空战的继续，南联盟政府和平民纷纷上网发动宣传战，互联网不仅成为宣传和发布新闻的主要场所，而且成为攻击和袭扰敌人的主要阵地。

当前，美俄等网络大国越来越重视网电空间技术，赋予网电空间作战技术与空天技术和核技术同等的地位，加强网电武器的研发力度，并积极开展网电空间作战科目的演练和实战运用，主要聚焦在以下几种技术和能力。

（一）网电态势感知技术

网电态势感知，是指在大规模网电环境中，对能够引起网电态势发生变化的安全要素进行获取、理解、显示以及预测未来的发展趋势。② 网电态势感知主要侧重网电预警，即从有危机征兆到危机开始造成可感知的损失这段时间内，化解和应对危机所采取的必要、有效行动。网电安全态势感知对于提高网络的监控能力、应急响应能力和预测网络安全的发展趋势具有重要的意义。③

---

① 《海湾战争的信息战运用》，战略网，2011 年 2 月 14 日，http：//news. chinaiiss. com/html/20112/14/a33ba5. html。
② 马林立：《外军网电空间战》，国防工业出版社，2012，第 77 页。
③ 席荣荣：《网络安全态势感知研究综述》，《计算机应用》2012 年第 1 期。

由于网电威胁多数来自互联网，网电部队经常通过获取公共互联网活动态势图，来预测是否对关键基础设施和军方网电构成真正的威胁。此外，网电部队还将军事网电与国土安全部、各军种和各战斗司令部共享视图。那么，如何进行网电态势感知呢？例如，网络上突然发出了成百上千个蠕虫警报，那么网络战士会评估这是否会影响战斗力，并对预警会采取相应的有效措施，因为网络病毒、网络攻击不仅对计算机等网电安全产生直接影响，而且还会对真实的战场产生巨大影响。因此，当前的军事作战、攻击对抗行动的成与败和网电空间的态势感知息息相关。

网电空间态势感知的方式有两种：一是要积极防止来自网电空间的入侵图谋，并有效阻止其恶意攻击；二是要对授权用户的异常行为进行监视和审查。例如，在虚拟的网络空间中，拥有先进网络技术的行为体可以从第三方（实时或离线）攻击另外一个行为体的网络。类似 bot 程序（僵尸程序）病毒，就是借用第三方进行攻击。攻击者采用一种或多种传播手段，将大量主机感染 bot 程序（僵尸程序）病毒，在控制者和被感染主机之间形成了一个可一对多控制的僵尸网络（Botnet），并远程、隐蔽地控制这些"僵尸主机"。Botnet 构成了一个攻击平台，攻击者可以向自己控制的所有 bots 发送指令，让它们在特定的时间同时开始连续访问、攻击特定的网络目标，从而达到分布式拒绝服务攻击（DDoS）的目的。网电空间态势感知需要对此类的"僵尸主机"或"特洛伊"木马加强探测和预警。① 目前，网电内数据的数量、速度和多样性，也使网电空间态势感知进一步复杂化。受到攻击的系统非常复杂，以致网电内的数据总是无法轻松地进行解读。

当前，美国在网电态势感知方面走到了世界前列。为了避免"网络珍珠港事件"的发生，美军积极加强网电实时态势感知能力建设。2010 年11 月，波音公司的基础设施安全监控系统（SMIS）在堪培拉军事通信和信息系统大会上进行展示，该系统可以探测并报告网络异常，具备更广泛的态势感知能力。② 美国的网电态势感知经历了从"基础建立"的基本组件构建阶段，到"监听感知"的基本能力构建阶段，再到"探测感知"扩

① 杜雁芸：《网络军备控制为何难以施行？——基于客观层面视角分析》，《国际论坛》2015年第 2 期。

② 《波音在澳大利亚展示网络安全产品》，国防科技信息网，2010 年 11 月 5 日，http：//www.dsti.net/Information/News/63222。

展能力构建阶段的三个演进历程。

（二）网电攻击技术

网电攻击是指基于对方在网络电磁空间存在着技术漏洞和安全缺陷，通过网电的指令或者专用软件侵入敌方网电系统，窃取、修改或破坏敌方信息，散布对敌方不利的信息，或者是使用强电磁武器摧毁敌方硬件设备，从而降低或瘫痪敌方网电的作战效能。① 网电攻击技术可以分为以下几种。

（1）网电破击技术。主要是采取突然袭击的方式，通过摧毁敌方网电的物理设备以此瘫痪敌方指挥系统的技术。由于未来战场指挥控制系统和通信系统主要由计算机构成，系统中某一个零件失灵或一条线路中断时，就有可能丧失全部系统功能，从而导致计算机信息网电阻塞，整体瘫痪。网电破击战一般可分为火力破击和电子破击。火力破击是指以敌方网电"节点"，如指挥通信中心、计算机网电中心、发电站、信息兵器、微波站等为攻击目标，运用电子战武器、精确制导武器、定向能武器、高能电磁脉冲武器等物理手段对其进行物理摧毁，以达成作战目的的进攻样式。电子破击是指利用电子邮件阻塞信道、电子生物武器和计算机渗透，通过侵入、破坏敌方的军用计算机系统及相关数据库，削弱敌方指挥控制能力直至使其指挥系统瘫痪。

（2）网电虚拟攻击技术。网电虚拟攻击技术是运用计算机成像、电子显示、语音识别和以合成、传感等技术为基础的新兴综合应用技术，在网电空间以虚拟现实的形式实施的网电作战技术。其方法是运用信息化战场"信息网"上的某一节点，把己方计算机与敌方联网，或战前通过各种途径，将虚拟现实计算成果植入敌方的指挥控制信息系统中，把己方战术伪装的假情报、假决策、假部署传输给敌方，以迷惑敌方，诱敌判断失误；向敌方指挥官和士兵发布敌方军官假命令、假指示、假计划，屏蔽或欺骗敌方情报系统，以改变敌方作战意图，从而使其军事行动陷入混乱；使敌方在三维声、像环境中，看到酷似在真实环境中发生的有利于己方的立体交战图像，以扰乱敌方军心，消解敌方士气。

（3）网电情报攻击技术。互联网的飞速发展，给从事间谍活动提供了

---

① 马林立：《外军网电空间战》，国防工业出版社，2012，第94页。

前所未有的良机和条件，也大大拓展了情报的获取方法和渠道。1991年海湾战争时，美国五角大楼的网电系统遭到极其猛烈的攻击，数百件美国的军事机密文件被黑客们从计算机中窃取出来，提供给了伊拉克。荷兰一个叫哈卡的10岁男孩通过互联网侵入美国国防部的电子计算机系统，盗走了部分机密情报并公之于众。除此之外，还发生了多起针对美国军用计算机网络系统的"黑客"行为，使美军饱受惊吓。实施网电情报攻击，最关键的就是窃取和破解对方的密码，通过网电直接或间接地进入敌方的计算机系统。为了提高网电情报攻击能力，美国空军的情报局成立了第92信息战入侵队。2014年2月，斯诺登公布的最新文件显示，英国的政府通信总部GCHQ的"联合情报威胁研究小组"针对英国的敌人开展一个名叫"效力"的计划，宗旨是四个D：否认（Deny）、干扰（Disrupt）、贬损（Degrade）、诓骗（Deceive）。该计划采用网络技术获取信息并加以利用。①

（4）网电病毒攻击技术。把具有大规模破坏作用的计算机恶性病毒，传入敌方雷达、导弹、卫星和自动化指挥控制中心的计算机信息系统中，在关键时刻使病毒发作，并不断地传播、感染、扩散，侵害敌方系统软件，使其整个系统瘫痪。计算机病毒有多种，比如可通过运行一种能自动产生大量无效信息的病毒程序，造成敌方网络饱和，通过制造各种欺骗信息、虚假信息或者大量垃圾信息，干扰敌指挥机关的控制活动，使其陷入处理各种复杂信息的事务性工作中，不能集中精力创造性思考和处理有关作战的重大问题。这是一种很具隐蔽性的网电病毒技术，可以达到瘫痪敌方指挥、控制系统，使敌方信息情报系统完全失效的目的。此外，美国还开发了专门定向攻击真实世界中基础设施的"蠕虫"病毒，例如，"震网"、"火焰"病毒已显示出其巨大的破坏力。2010年，美国与以色列联合研发病毒"震网"（Stuxnet），并利用间谍手段，将病毒送入与互联网物理隔离的伊朗核设施内网系统，导致伊朗境内包括布什尔核电站在内的5个工业基础设施遭到"震网"病毒攻击，其浓缩铀工厂内约1/5的离心机报废，从而大大延迟了伊朗的核计划。被誉为"精确制导网络导弹"的"震网"病毒，通过使核设施中离心机感染病毒，然后更改离心机的供电

---

① 《斯诺登最新爆料：英情报机构攻击对手不择手段》，新华网，2014年2月11日，http://news.xinhuanet.com/world/2014-02/11/c_126111850.htm。

频率，从而导致离心机组运行速度异常并被迫暂停运行。这开创了运用网电手段攻击国家电力能源等关键基础设施的先例。[①]

（5）网电黑客攻击技术。网电黑客攻击技术是指有计划、有目的地组织网电专家或黑客人员，对敌方网电系统进行侦察、破坏的技术。它可以穿过"防火墙"进入敌方核心信息系统，达到夺取和保持网电制信息权、控制敌方的目的。

（三）网电防御技术

近年来，随着信息技术的飞速发展和网络的普及应用，网络电磁空间面临前所未有的巨大冲击。对此，各国加大资金投入，加速开发新的网电安全防御技术，以确保信息系统的安全。

（1）网电密码技术。当前，网电密码技术被视为网电安全的核心技术，因此，各网络大国加大研发力度，逐步提高网电加密能力。美军提出了"密码现代化"的计划，要在15年内投入数十亿美元，确保美国的密码设备在其寿命周期内都有过硬的密码算法支持。为了防范黑客攻击，美国国防部早在2000年就提出用人体特征（声音、指纹、眼睛的虹膜，耳垂的形状等，甚至包括计算机使用者的气味）作为密码，以阻挡黑客的攻击。为此，国防部在五角大楼附近建立一个人体特征的分析中心，并建立一个数据库中心，将国防部所有雇员的这些特征都存储起来。另外，各国还积极开展仿生物学加密技术和量子密码技术的研究，并在某些领域取得了突破性进展。美军研究的重点包括利用生物酶功能进行高级逻辑运算和数学运算；利用生化反应过程制造新型生物计算机，或为密码编码和分析寻找理论依托。理论上，量子密钥分发（QKD）是不可能泄密的加密方法，而且QKD使用量子偏振状态集进行密钥编码，在传输过程中的任何窃听都将使让量子偏振状态发生变化，使得密钥无法被人拷贝，这就从根本上避免了数据泄露的可能。另外，量子数据传输速度极快，在2013年美国洛斯阿拉莫斯国家实验室的一次测试中，量子信息在传输25千米仅耗时120微秒。基于以上优点，在2002年下半年，英国军方和德国科学家通力合作在量子密码

---

① 参见杜雁芸《美国网络司令部5岁，多起网络战已初见成效》，澎湃网，2015年7月9日，http://www.thepaper.cn/newsDetail_forward_1350562。

技术研究中取得重要进展。他们在德国和奥地利边境的两座山峰之间用激光成功地传输了光子密钥，传输距离达 23.4 千米。这项试验的成功使通过近地卫星安全传送密钥并建立全球密码通信网络成为可能。

（2）网电安全监控技术。为了能及时发现网电攻击的威胁，防患于未然，美军积极开展网电安全监控技术的研究，以确保实时监控网电数据流，快速发现网电攻击的行为与路径，确定网电攻击源或病毒的传播途径，从而迅速进行安全预警。美军国防信息系统局计算机应急响应小组研发和使用了"深查威胁管理系统"和"深查报警服务"网电攻击告警系统，以获得计算机系统自身脆弱性及遭受威胁情况的报告。哈里斯公司与美军合作研发一种称为"安全威胁防避技术"的漏洞扫描软件，它可能对网电系统存在的漏洞进行分析，提示每个漏洞可能受到攻击的危险级别，告知相应的堵漏方法，并定期提供更新软件包。美国陆军的网电计算机系统、海军/海军陆战队的内联网、国防部和空军的计算机事故应急处理小队，以及国民警卫队都使用了"安全威胁防避技术"的漏洞扫描软件。美国国防部委托泰尔科迪亚技术公司，开发一套能够技术探测网电传播病毒并在计算机感染之前将其有效隔离的系统，以保护军网免受病毒的攻击。该系统将颠覆传统的从实时探测到响应后修复系统的防御模式，实现在感染前即做出响应的主动防御。美国海、空军正在联手研制"网电狼"分布式网电攻击智能嗅探系统。该系统可实时收集、记录来自遥感器、软件及计算机的入侵信息，自动提取、审查、分析入侵数据并及时向管理员报告。

（3）网电应对技术。美军在十分重视网电安全监控技术研究的同时，还积极开展对网电遭受入侵后应对技术的研究。美国海军研究办公室委托伊利诺斯大学的超级计算机应用国家中心建立一个新型研究中心，专门开发防御黑客攻击的安全技术。该中心是一个高性能的计算中心，负责为政府部门和企业开发和配置计算机、网电及新型安全技术。目前，美军已经研发出和正在研发的安全技术有：①诱骗防御技术。美国空军信息战实验室研制出了一种"网电诱骗"软件，主要用来检测、追踪和确认潜在的网电入侵者。在网电管理员不知晓网电入侵的情况下，该软件会建立虚假网电，诱惑敌方攻击并浏览其中的虚假情报，届时将入侵者的行踪通知网电管理员。②追踪和分析技术。美军已研制出一种新的网电安全系统，它具备对网电入侵进行实时追踪和分析的能力，可在 4 秒内确定黑客身份，从而提前向网电安全员发出信号。③自动探测和隔离技术。美国国防先进技术办公室政治研究蠕虫病毒自动探测和隔离技术，提供实时和离线能力，开发基于网电和单机应用的探测和响应系统，并检测系统的综合能力。④正在制定一种瞬时电磁脉冲辐射标准，研究和获取防止计算机屏幕被监视的技术，使用铜和其他金属包裹放置在有计算机的房间，避免出现电磁辐射泄漏，使外国间谍无法从国防实验室或美国使馆的计算机上收集散射信号。

除了以上技术，还要加强纵深防御，其措施包括：基于生物识别和数字签名等的强大认证系统、哈希密码、防火墙和隔离区、入侵防护系统、网络行为分析器、先进的恶意软件探测器和反病毒系统、虚拟专用网、完善的安全管理日志和访问控制系统、漏洞评估和审核等等。尽管纵深防御对信息安全来说非常重要，但如果不遵循安全设计的思想，防御本身会存在缺陷。

第二节　网络空间安全面临的威胁和挑战

网络空间作为当今全球最庞大的信息资源载体，人们在享受网络技术所带来的丰富多彩生活的同时，也不可避免地要承受来自网络空间的传统安全和非传统安全的威胁，正如习近平总书记指出的，互联网是一把双刃剑，用得好，它是阿里巴巴的宝库，里面有取之不尽的宝物；用不好，它是潘多拉的魔盒，给人类自己带来无尽的伤害。①

一　网络舆论斗争日益加剧

互联网的广泛应用重塑了媒体格局、舆论生态，特别是论坛、博客、微博、微信等新兴媒体，打破了传统媒体制作和传播的方式，使网络成为兼具信息发布功能、舆论传播功能、社会动员功能的聚合器。同时，网络舆论的负面效应也日益显现，例如，虚假信息泛滥，非理性言论大肆扩散，侵权行为越演越烈，网络诈骗问题突出，国内外敌对势力利用网络舆论蓄意渗透和政治颠覆等。具体来说，网络舆论对国家安全的影响主要体

---

① 《鲁炜：互联网是一把双刃剑》，新华网，2014 年 10 月 31 日，http://news.xinhuanet.com/live/2014－10/31/c_1113054576.htm。

现在以下几个方面。

（一）意识形态领域的竞争更加激烈

互联网实现了信息在全球范围的自由流动，而这些信息中很多带有明显的意识形态色彩。西方国家借助书籍、广播、电影、电视音乐等传统媒体在意识形态、价值观念和思想理念的传播中一直处于强势地位。现在，它们进一步加强对互联网的全天候、集多媒体于一身等特点的发掘和利用，以确保它们在该领域的竞争中优势更加明显。为了推行"网络自由"战略，经国会批准，美国政府和军方斥资数千万美元打造"网络水军"，研发"翻墙软件"，建立"黑客部队"；美国国务院在 2010 年支出 500 万美元用于加强网络通信和信息传播，2011 年总投入 3000 万美元，主要用于支持各国网络活跃分子。与政府直接的资金支持相比较，美国基金会和非政府组织的资金支持发挥着更重要的功能，早在 1994 年，人权观察、大赦国际、人权律师委员会等西方的非政府组织就在互联网上开辟了所谓的"数字自由网络"，专门给各国的"持不同政见者"提供发表反对本国政府言论的"论坛"。从 1997 年起，"美国之音"的汉语广播就开始进入互联网，ABC、CNN、PBS、MSNBS 等广播公司也已经上网开播新闻，其中CNN 的网络版是世界上最忙的新闻网站之一；其他像英国的 BBC、"德国之声"、法国国际广播电台等也陆续上网。这些传统媒体的网络版凭借强大的技术和财力支持，提高了对其他国家进行意识形态渗透的能力。

（二）网络政治动员的角力形势更加严峻

古往今来的一切传播媒介都是政治动员的工具和手段。互联网的发展已经逐渐超越技术层面，正在将传统的"权力决定信息分配"的关系改变为"信息决定权力分配"的新范式。互联网成为一种新的赋权工具，各种行为体借重网络进行的政治动员的博弈和角力变得更加激烈。组织各类型网络政治动员和社会运动、向国家的政治权威发起挑战的主体，除了传统的国家行为体之外，还有邪教、宗教极端和种族主义者、民族分裂势力、恐怖主义组织、各类型的反政府势力和政治极端主义势力等。例如，在西方有一定市场的达赖集团分裂势力，就是在西方敌对势力和境内外反动分裂势力的支持下，在境外建立了专门的藏文网站，不断散布谣言，大肆鼓吹"藏独"，使国外很多对西藏历史不太了解的人士和组织上当，滋长了国际反华势力的气焰。美国等西方国家的官方机构还暗中与海外达赖集团分裂势力组织勾连，资助其成立了"哲瓦在线"这样一个专业网络渗透组织，并提供相关培训，在互联网上对中国网民，特别是藏族聚居区的网民进行煽动蛊惑和渗透策反，制造政治谣言，进行以引发政治动乱为目的的政治动员并搜集中国的情报。"西藏流亡政府"头目之一的桑东仁波切（Samdhong Rinpoche）在接受印度亚洲新闻社（Indo-Asian News Service）采访时就直言："互联网是不时反击中国的有力武器，运用互联网对突出宣传'藏人的目标'而言是个很好的武器。"①

（三）引发社会政治舆论的斗争更加白热化

根据德国学者诺依曼的理论，舆论的形成与大众传媒营造的"意见气候"有直接关系。互联网强大的渗透性、整合功能和放大器作用，无形中削弱了传统舆论传播中新闻审查和把关人的权限，为谎话、谣言提供了机会和便利，同时跨国大型传媒集团对于网络空间的全球控制，使互联网越来越成为舆论控制和思想控制的主战场。正如阿尔温·托夫勒所说："世界已经离开了暴力与金钱控制的时代，而未来世界政治的魔方将控制在拥有信息强权的人的手里，他们会使用手中掌握的网络控制权、信息发布权，利用英语这种强大的文化语言优势，达到暴力、金钱无法征服的目的。"② 利用这一条件，美国对外高举"信息自由"大棒，党同伐异，批评、制裁甚至颠覆所谓的"压制信息自由国家"。在"颜色革命"和"阿拉伯之春"中处处可见美国通过网络信息进行政治渗透的踪影，导致了多国政权更迭、政局动荡。③ 2009 年 6 月，伊朗总统大选后，一度局势动荡，美国政府下令"推特"帮助伊朗反对派散播信息，为伊朗局势动荡推波助澜，煽风点火。美国政府还曾经以"抵制所有助长反美情绪的中东电视台"为由，将三家中东网络电视台列入黑名单。2011 年开始的西亚北非动

① 《流亡'藏独'分子向中国发起网络战》，环球网，2008 年 6 月 25 日，http：//china.huanqiu.com/roll/2008-06/148254.html。
② 〔美〕阿尔温·托夫勒：《权力的转移》，吴迎春等译，中信出版社，2006，第 105 页。
③ 阚道远：《"棱镜事件"与美国网络霸权地位的动摇》，《思想理论教育导刊》2013 年第 12 期。

荡中，以美国为首的西方国家运用互联网对本国意识形态的颠覆起着推波助澜的作用，反对派运用网络和新兴媒体进行思想渗透、组织动员和煽动闹事，其政治能量呈现几何级数倍增。

二 网络犯罪呈上升趋势

网络社会的发展在给人们带来极大便利的同时，也为网络犯罪提供了一个崭新的空间。网络犯罪是指行为人利用网络专业知识，以计算机为工具对存在于网络空间里的信息进行侵犯、破坏的严重危害社会的行为。网络犯罪大体包括以下几种类型。一是涉网盗窃类犯罪。这是指犯罪嫌疑人通过计算机技术，利用盗窃密码、控制账号、修改程序等方式，以秘密窃取的方式，将事主有形或无形的财物、货币据为己有。目前较为普遍的涉网盗窃主要包括利用职务之便获取网络用户个人信息，诱使事主点击链接将键盘记录程序植入事主电脑获取信息，利用"黑客"手段入侵他人计算机信息系统获取信息以秘密窃取事主财物等多种作案手段。二是涉网诈骗类犯罪。2012年北京地区受理的涉网诈骗类案件，占全部涉网案件受案的93.9%。高发的涉网诈骗手段主要有：网购诈骗、QQ好友诈骗、中奖诈骗、"钓鱼"网站诈骗、招工诈骗、交友诈骗等。三是涉网"黑客"类犯罪。这是指利用计算机技术，非法入侵他人计算机信息系统、非法获取他人计算机信息系统数据、非法控制他人计算机信息系统，以及其他破坏计算机信息系统的行为。四是涉网敲诈勒索犯罪。这是指犯罪嫌疑人在网络上利用事主的相关信息，借机对事主进行敲诈勒索钱物的行为。五是涉网淫秽类犯罪。六是涉网赌博类犯罪。七是新型涉网类犯罪。这是指近几年来新出现的涉网犯罪类型，较为普遍的是利用互联网侮辱、诽谤、诬告、陷害他人；利用互联网寻衅滋事；利用互联网贩卖公民个人信息；利用互联网侵犯知识产权；利用互联网贩卖枪支弹药等行为。

据赛门铁克诺顿公司于2012年发布的安全报告推测，在2012年，网络犯罪致使全球个人用户蒙受的直接损失高达1100亿美元。全球范围内，每秒就有18位网民遭受网络犯罪的侵害，平均每位受害者蒙受的直接经济损失总额为197美元。据估测，报告调查时间段内，全球遭受过网络犯罪侵害的网民多达5.56亿，超过了欧盟的人口总额。同期，中国有超过2.57亿网民成为网络犯罪受害者，直接经济损失达人民币2890亿元。报告显示，84% 的中国网民曾遭受过网络犯罪侵害。报告调查的一年时间内，被网络犯罪侵害的网民比例高达 72%（每天有超过 70 万名中国网民遭受网络犯罪的侵害，每分钟有 489 名受害者），平均每位网络犯罪受害者蒙受的直接经济损失达到人民币 1126 元。调查报告还显示，新型网络犯罪相比去年有所增加，如社交网络或移动设备网络犯罪。这一迹象表明，网络罪犯开始转战这些日益流行的平台。在中国，43% 的网民遭受过社交网络或手机网络犯罪的侵害，而 42% 的中国社交网络用户沦为社交网络犯罪的受害者。①

三　网络军事化和网络军备竞赛越演越烈

当前，美国、俄罗斯等大国非常重视网络在军事作战中的重要作用，不断加强网络军备建设。美俄积极组建网络部队，纷纷出台网络战略，加大网络武器的研发力度，在网络攻击和网络战中已崭露头角。

（一）美俄网络军备建设加强②

网络军备建设是网络军事化的建设。网络军备包括网络战略的出台、网络部队的组建和网络设备、网络武器的研发。

美军十分重视网络军备建设，已将网络军备建设纳入国家战略层面，相继在 2011 年 5 月、7 月分别出台《网络空间国际战略》和《网络空间行动战略》报告。通过两份报告的发布向国际社会宣告美国要在网络空间秩序构建中处于主导地位，并明确指出对美国发动的任意网络攻击都被视为战争行为，美国对此保留军事回击的权利。③ 在网军建设方面，多年来美国致力于打造一支攻防能力强的网络部队。2009 年，美国正式建立世界上

---

① 赛门铁克诺顿公布 2012 年网络安全报告，http：//netsecurity. 51cto. com/art/201209/356134. htm.

② 参见杜雁芸《美俄如何绸缪网络战》，澎湃网，2015 年 4 月 8 日，http：//www. thepa-per. cn/newsDetail_forward_1318854。

③ The White House, "International Strategy for Cyberspace: Prosperity, Security, and Openness in a Networked World," May 2011, http://www. whitehouse. gov/sites/default/files/rss_vie-wer/international_strategy_for_cyberspace. pdf; Department of Defense Strategy for Operating in Cyberspace, July 2011, http://www. defense. gob/home/features/2011/0411_cyberstrategy/docs/DoD_Strategy_for_Operating_in_Cyberspace_July_2011. pdf.

首个"网络司令部"。网络司令部下设 3 支部队，分别是："国家任务部队"，分管关键电网、发电厂和其他基础设施的计算机系统；"作战任务部队"协助指挥海外项目、执行攻击或其他进攻任务；"网络保护部队"保护国防部自己的网络。① 美军网络司令部前司令基思·亚历山大（Keith B. Alexander）在出席参议院军事委员会听证会时，特别强调了美军新增 40 支网络部队，其中 13 支是专门用于进攻性的，这 13 支部队将会进行全球部署，从任意地点对特定目标发动攻击。② 2014 年 9 月，美国网络司令部现任司令迈克尔·罗杰斯（Michael S. Rogers）指出，美军正在组建一支新的网络防御部队。这支拥有 6200 名成员的部队应在 2016 年之前具备完全作战能力，旨在强化对黑客活动以及由其他国家发起的网络攻击的防御。③ 随着海军信息优势的提升，2014 年 9 月 30 日，美国海军成立了首个网络司令部。④ 与此同时，美国加大力度进行网络武器的研发制造，仅病毒武器就已达到 2000 多种，这些病毒武器早已进入美军武器序列。"震网""火焰"病毒的出现显示出了网络武器的强大破坏力和威慑力。美国还在研制新概念、新机理网络战武器。例如，嗜食硅基电子芯片的细菌、用来破坏电子电路的微米/纳米机器人和"网络数字大炮"等设想，⑤ 这些技术一旦成为现实，其有效破坏力堪比原子弹，将进一步加剧美俄在网络武器技术上的争夺。

俄罗斯也加速筹建网络军事力量，网络力量组织架构基本成型，实战能力强。2013 年 2 月，俄联邦委员会提交《俄罗斯网络空间安全战略（草案）》，提出建立国家数字化主权，明确了俄罗斯联邦网络安全战略的原

① 黄朝辉，刘杨：《2013 年全球信息安全建设大扫描》，《中国信息安全》2014 年第 1 期。

② U. S. Department of Defense，"Statement of general Keith B. Alexander commander united states cyber command before the senate committee on armed services，" 12 March 2013，http：// www. defense. gov/home/features/2013/0713 _ cyberdomain/docs/Alexander% 20testimony% 20 March% 202013. pdf.

③ "US bolstering cyber defense with new corps：NSA chief Michael Rogers，" *The Economic Times*，September 16，2014，http：//m. economictimes. com/news/international/world-news/us-bolste-ring-cyber-defense-with-new-corps-nsa-chief-michael-rogers/articleshow/42644102. cms

④ "Navy Creates Command to Manage All Cyberwar Units and Resources，" *Navy Times*，October 2，2014，http：//www. matthewaid. com/post/98969149251/navy-creates-command-to-manage-all-cyberwar-units.

⑤ 袁艺，李华，彭默馨：《揭开网战武器的面纱》，《中国青年报》2012 年 2 月 10 日，ht-tp：//zqb. cyol. com/html/2012 - 02/10/nw. D110000zgqnb_20120210_3 - 09. htm。

则、行动方向和优先事项。① 目前，俄罗斯正积极筹备组建网络部队，同时将建立专门应对网络战争的新兵种。俄国防部网络司令部的组建，使俄在网络力量组织架构上的"三驾马车"基本成型。内务部设有"K"局，"K"局负责调查境内网络犯罪活动，将罪犯绳之以法；安全局设有信息安全中心，其负责对抗利用虚拟空间危害俄国家和经济安全的外国情报机构、极端组织和犯罪组织；俄国防部的网络司令部将负责遏制其他国家在网络空间对俄国家利益的公然侵犯。② 内务、安全与军队三大系统下辖的网络力量分工明确，各司其职。由此，真正意义上的"网军"在俄军序列中出现已是指日可待。网络战在俄罗斯被称作"第六代战争"，政府由此招徕大量网络精英。俄罗斯的计算机和数学基础学科在世界上名列前茅，因此其反病毒技术也处于世界前列。目前，卡巴斯基和 Dr. web 两家公司在查杀计算机病毒方面不仅在市场占有率方面走在了世界的前列，也给俄政府提供有力的信息安全保证。③

（二）　美俄网络战呼之欲出

目前，网络战的实战能力已成为各国军事实力的重要组成部分。为此，各国纷纷采取措施，加强自身网络军备建设，新一轮的网络战正在拉开序幕，美俄竞相闪亮登场。早在 1991 年的海湾战争中，美军通过激活隐藏的病毒以此瘫痪伊拉克的防空系统，拉开了网络战的序幕；在 1999 年的科索沃战争和 2003 年的伊拉克战争中，美国和北约加强了网络攻击在战争中的运用；2007 年爱沙尼亚政府网站和 2008 年格鲁吉亚政府网站分别遭到网络攻击后，被视为国家间发动网络战争的开端；之后的"震网"病毒和"火焰"病毒对伊朗和中东国家的攻击，显示出了网络武器的有效性和强大威力。

俄罗斯的网络战部队起步虽然较晚，但其网络斗争能力和实战能力效果突出，其在对爱沙尼亚和格鲁吉亚发动网络攻击的案例中可见一斑。

① 黄朝辉，刘杨：《2013 年全球信息安全建设大扫描》，《中国信息安全》2014 年第 1 期。

② 马建光、夏鹏：《俄加速筹建网络军事力量，网军"三驾马车"成型》，新华网，2013 年 07 月 30 日，http：//news. xinhuanet. com/mil/2013 - 07/30/c_125091198. htm。

③ 《俄罗斯：对于网络战我们不主动但绝不畏惧》，新浪网，2009 年 8 月 6 日，http：//tech. sina. com. cn/s/2009 - 08 - 06/11301016041. shtml。

2007年4月，爱沙尼亚因苏联时期纪念铜像搬迁问题与俄罗斯交恶后，爱沙尼亚许多重要机构的网站——包括议会、政府部门、银行、报纸和电视台等——遭到大规模网络袭击，袭击者通过分布式服务拒止攻击（DDOS attacks）使目标网站短时间内承载过量访问而陷入瘫痪。爱沙尼亚政府指责袭击是俄罗斯指使或直接发动的，而许多战略分析人士更是将此次袭击视为第一场国家间的网络战争，俄罗斯也被西方视为"第一个发动国家间网络战争的国家"。① 类似的情景在俄罗斯与格鲁吉亚冲突中重现。2008年8月8日，俄罗斯和格鲁吉亚的军队因南奥塞梯问题交火后，格鲁吉亚互联网受到大规模攻击。交通、通信、媒体和银行的网站纷纷遇袭，政府网站系统全面瘫痪。尽管俄罗斯政府对发动网络袭击的指责始终采取否认态度，但袭击的发生处在国家间的紧张对峙甚至武装冲突期间，其规模和破坏力远超出黑客间的网络攻击。《纽约时报》获取的一份2009年的美国国家安全局绝密文件中估计，俄罗斯是美国在网络空间里最老辣的对手。火眼（计算机安全公司）的报告还指出，俄罗斯政府的攻击和俄罗斯网络犯罪分子的攻击是很难分辨的。② 可以看出，俄黑客或网军通过两次网络实战，已将网络攻防、网络战由概念设想变为实践操作，为其网军的建设和发展提供至关重要的实战经验。

（三）世界网络军备竞赛越演越烈

2007年，北约成员国爱沙尼亚遭遇网络攻击后，北约国家首脑就更加重视网络安全问题，北约全体成员国认为应整合资金和技术优势，大力发展网络战能力。首先，于2013年3月15日发布《网络战争适用国际法塔林手册》，提出了国际网络战争应遵循的一些规则。其次，在爱沙尼亚网络战防御中心的基础上建立了北约第一个网络战防御中心，之后又组建网络安全快速反应小组。同年10月22日至23日，北约各成员国国防部长批准了新的网络防御措施，共同应对网络袭击问题。北约计算机事故反应能力（NCIRC）进行技术认证，届时将达到完全运行能力。再次，举行网络防御演习。北约举行了"锁定盾牌2013""2013年网络联盟"等不同规模

---

① 程群：《网络军备控制的困境与出路》，《现代国际关系》2012年第2期。
② 《外媒：中美俄上演网络安全大博弈》，参考消息网，2014年10月30日，http：//china. cankaoxiaoxi. com/2014/1101/549731. shtml。

的国际网络空间防御演习，在共同应对网络袭击方面开始了同步协调与务实合作。

英国政府于 2010 年 10 月公布了《国家安全战略》，将网络战列为英国今后面临的最严重威胁之一。在大幅削减国防预算的同时，戴维·卡梅伦政府宣布投入额外 6.5 亿英镑（约合 10 亿美元）用于保障国家网络安全、发展军事电子防务。

日本致力于打造大规模网络部队，并解析计算机攻击病毒。日本《网络安全基本法案》中规划设立统筹网络安全事务的"网络安全战略总部"，防卫省决定组建一支名为"网络空间防卫队"的网络部队。作为陆海空三大自卫队的联合部队，防卫队将打造专业、完整的网络分析及防护措施。网络部队将不仅对被用于网络攻击的计算机病毒进行解析，同时着手研制具有攻击能力的新型病毒。这支"网络空间防卫队"将分作四个部门：获取病毒情报的民间调查部、分析病毒入侵形态的动态解析部、分析病毒本体结构的静态解析部及模拟网络战争的应对演习部。防卫省还计划和美军的网络部队实施联合训练。[①]

韩国军队网络司令部从民间招募了一大批拥有很强实战经验的黑客。除了培养和招募网军，韩军网络司令部还在韩美"关键决心"联合军演和"乙支自由卫士"演习期间，进行网络攻防演习。对于网络司令部的升级，韩国《中央日报》曾发表文章认为，目前网络战争被认为是最具杀伤力的战争形式，因为网络战争能够盗取整个军队的作战计划。

伊朗新成立的网络警察部门在 2011 年 1 月份已正式运转，该部门的职责是阻止有人利用互联网从事针对伊朗的间谍及破坏活动。2005 年时，伊朗革命卫队第一次筹划组建网军并在此后得到迅猛发展。据悉，美国国防部下属的机构"防御科技局"，将伊朗列为世界上五个最厉害的黑客国家之一，并估计伊朗网军每年有 7600 万美元的经费。

四　网络霸权对各国信息安全构成威胁[②]

第二次世界大战结束至今，美国一直位居世界霸主的地位，其霸权足

① 《日本拟设立网络安全战略总部强化应对网络攻击》，中国新闻网，2014 年 11 月 26 日，http://www.chinanews.com/mil/2014/11-26/6818145.html。
② 杜雁芸：《美国网络霸权的路径选择》，《太平洋学报》2016 年第 2 期。

迹从陆地、海洋、天空、太空扩展至虚拟的网络空间，无处不在。近年来，美国为确保在互联网领域的绝对优势，逐步从技术、资源、制度、意识形态及话语权等五个领域掌控互联网，以巩固其霸主地位。

（一）网络技术霸权

自从世界第一台计算机"ENIAC"的诞生和全球第一个网络"阿帕网"的问世，美国就把握住先占者的权力，牢牢掌控着互联网主动脉和核心技术，因为"初创者往往是标准的创立者和信息系统结构的设计者，该系统的路径依赖发展反映了初创者的优势所在"。[1] 虚拟网络空间中，每台计算机都有一个专有的 IP 地址，每个国家和机构都被分配了相应层级的域名，通信中使用的网址最终由处于网络顶端的 13 台 DNS（域名服务器 Domain Name System）根服务器来决定。[2] 域名系统是整个互联网稳定运行的基础，域名根服务器则是整个域名体系最基础的支撑点。支撑互联网运转的根服务器共有 13 台，其中 1 台主根服务器设在美国，其余 12 台均为辅根服务器。每天域名主根服务器列表会被复制在 12 台辅根服务器上。12 台辅根服务器中有 9 台设在美国，被其完全控制；另外 3 台分布在美国的盟国，分别设在英国、瑞典和日本，间接受到美国的控制。（如表 5-1 所示）目前所有的根服务器均由"互联网域名与地址管理机构"ICANN（Internet Corporation for Assigned Names and Numbers）统一管理，它负责全球互联网域名根服务器、域名体系和 IP 地址等的管理工作。虽然 ICANN 自称是非营利性的私营公司，却是由美国商务部授权，并根据与美国商务部达成的谅解备忘录进行运作。这就意味着美国商务部有权随时否决 ICANN 的管理权，美国政府通过 ICANN 掌握了对域名和地址的封疆权，管理并控制着全球互联网。[3] 另外，由于美国掌握了对域名和地址的分配权，导致网络空间疆域分配严重不均。美国 3 亿多人口，却拥有约 16 亿 IP 地址，占已经分配地址的 44%，平均每个美国人有超过 5 个 IP 地址。相比之下，亚洲占据了世界约 60% 的人口，但分配的 IP 地址却严重不足，中

---

① Keohane, Robert O., and Joseph S. Nye, "Power and Interdependence in the Information Age," *Foreign Affairs*, September/October, 1998, 77, p. 5.

② 杨剑：《开拓数字边疆：美国网络帝国主义的形成》，《国际观察》2012 年第 2 期。

③ 杜雁芸、刘杨钺：《中美网络空间的博弈与竞争》，《国防科技》2014 年 6 月。

国只占全球 IP 总数的 9%，印度只占 1%，每个中国人只有 0.2 个地址，每个印度人只有 0.03 个地址。[①] 从技术上讲，域名根服务器是可以多元化的，只要在不同的域名组织之间制定连接规范就可以达成，但美国一直反对域名根服务器的多元化。

表 5-1　全球互联网根服务基本分布情况

主机名	IP 地址	运营者	地理位置
a. root-servers. net	198. 41. 0. 4，2001：503：ba3e：：2：30	VeriSign, Inc. 威瑞信公司	美国 弗吉尼亚
b. root-servers. net	192. 228. 79. 201	University of Southern California 南加州大学	美国 加利福尼亚
c. root-servers. net	192. 33. 4. 12	Cogent Communications Cogent 通讯公司	美国 华盛顿特区
d. root-servers. net	199. 7. 91. 13，2001：500：2d：：d	University of Maryland 马里兰大学	美国 马里兰
e. root-servers. net	192. 203. 230. 10	NASA（Ames Research Center） 美国航空航天管理局	美国 加利福尼亚
f. root-servers. net	192. 5. 5. 241，2001：500：2f：：f	Internet Systems Consortium, Inc. 互联网系统协会有限公司	美国 加利福尼亚
g. root-servers. net	192. 112. 36. 4	US Department of Defence（NIC） 美国国防部（网络信息中心）	美国 弗吉尼亚
h. root-servers. net	128. 63. 2. 53，2001：500：1：803f：235	US Army（Research Lab） 美国陆军研究实验室	美国 马里兰
i. root-servers. net	192. 36. 148. 17，2001：7fe：：53	Netnod Netnod 网络公司（瑞典）	瑞典 斯德哥尔摩
j. root-servers. net	192. 58. 128. 30，2001：503：c27：：2：30	VeriSign, Inc. 威瑞信	美国 弗吉尼亚
k. root-servers. net	193. 0. 14. 129，2001：7fd：：1	RIPE NCC 欧洲网络资源协调中心	英国 伦敦
l. root-servers. net	199. 7. 83. 42，2001：500：3：：42	ICANN 互联网域名与名称管理机构	美国 弗吉尼亚
m. root-servers. net	202. 12. 27. 33，2001：dc3：：35	WIDE Project 日本	日本 东京

---

① List of countries by IPv4 address allocation，https：//en. wikipedia. org/wiki/List_of_countries_by_IPv4_address_allocation.

基于美国独霸网络资源的分配权力，美国不但获得巨大的经济利益，而且还拥有巨大的政治权力。如果美国要对一个国家进行信息制裁，只需将根服务器与二级域名服务器的链接断开，就可以使该国成为信息孤岛，整个国家的互联网站随之瘫痪。如果美国不想让某行为体访问某些域名，也完全可以将其屏蔽，使其 IP 地址无法解析，这些网站就从互联网世界中消失。2009 年 5 月 30 日，微软公司遵从美国官方的意志切断古巴、叙利亚、伊朗、苏丹和朝鲜五国的 MSN 服务，凸显美国独霸网络资源的嚣张气焰。可以看出，目前美国掌控着网络空间的生杀大权，这也是美国传统霸权在互联网领域的投射与延伸。

（二）网络资源霸权

互联网产业链上每个关键环节，基本上都由美国主导。美国的计算机硬件、通信和系统软件的制造商垄断了全球信息技术产品硬件和软件的核心部分的生产。[①] 美国对互联网通信干线、基础设施和关键设备进行控制，操控信息源并主导网络语言的存在。从电脑的英特尔芯片到微软操作系统，从思科的路由器到 Google 的搜索引擎，处处都浸透着美国的身影。

（1）对互联网通信干线的控制。物理层面的互联网就像一个复杂的、四通八达的高速公路网，这个高速公路网中同样具有主干线和支线的区别，主干线密集的区域同样也是权力密集的区域。在当前的国际互联网通信线路中，主干线绝大多数都位于美国。世界上其他国家和地区之间的通信都要经过美国的主干线。例如，中国和欧洲之间的网络通信就必须经过美国才能实现，这就造成了其他各国在通信线路上对美国的严重依赖，而美国也将这种依赖顺理成章地转变成了网络权力。

（2）对基础设施和关键设备的控制。构成互联网基础的硬件技术和软件技术同样是网络权力的重要来源。计算机终端、大型存储硬盘、CPU、交换机等网络硬件是支撑互联网大厦的骨架。而基础设施主要是指网络软件层面的基础设施，包括各种确保互联网正常运转的操作系统，各种确保互联网的功能得到最大限度发挥的应用软件等。特别是操作系统更是大厦的精华部分。谁掌握了这些产品的核心生产技术，无形中就会拥有巨大的

---

① 杨剑：《开拓数字边疆：美国网络帝国主义的形成》，《国际观察》2012 年第 2 期。

权力。美国造就了一大批全球垄断企业，如生产路由器和服务器的思科公司、生产计算机芯片的英特尔公司、生产软件的微软公司、生产个人电脑的戴尔公司、IBM 公司和苹果公司。思科生产的网络路由器当年占全球市场的 85%，网络交换机的全球市场占有率为 69%；微软公司在软件市场的占有率曾一直处于 70% ~ 90%；英特尔公司也曾垄断了 80% 的中央处理器芯片市场。这些企业在国际互联网界至今具有无可动摇的垄断地位。

（3）对信息源的控制。信息源的存在主要有两种形式。其一是信息来源，通常是指各种门户网站。美国拥有世界上最大的网站访问量。在世界排名前 20 位的网站中，绝大多数都是美国的网站。其二是搜索引擎，搜索引擎决定了用户在网络空间可以得到何种信息。美国拥有全球访问量最大的搜索引擎 Google、最大的门户网站 Yahoo、最大的视频网站 YouTube 和最大的社交空间 Facebook，美国的 Intel 垄断着全球电脑芯片，IBM 推行着"智慧地球"，Microsoft 掌控着电脑操作系统，苹果主导着平板电脑。

（4）主导网络语言的存在及对网络信息内容垄断。互联网上的各种信息以何种语言进行发布是一个重大权力问题。语言是思想的载体，它体现了人的思维习惯，它深层次隐藏的是国家、民族的文化和价值观念，它是意识形态最有力而又最容易被网络受众忽视的重要载体。语言在网络世界的生存空间实际上反映了一个国家在网络空间中软权力的大小。在全球网络空间中，通行语言是英语，互联网中 70% 以上的内容是用英语传播的，全部网页中占 81% 的是英语，其他语种加起来不足 20%。在国际互联网的信息流量中超过 2/3 来自美国，位居第二名的日本占 7%，排在第三的德国占 5%。中国在整个互联网的信息输入流量中仅占 0.1%，输出流量只占 0.05%。① 可见，因特网中占主导性的语言是英语，美国是网络信息最主要的"制造"者，美国是名副其实的"网络信息宗主国"。②

（三）网络制度霸权

为了长期独霸网络资源的分配权力、垄断网络技术标准的制定权，巩

---

① 赵海建：《以网络自由名义美国巩固网络霸权》，http://media.people.com.cn/GB/10888213.html，2010 年 1 月 31 日。

② 王正平、徐铁光：《西方网络霸权主义与发展中国家的网络权利》，《思想战线》2011 年第 2 期。

固已有的技术、资源、信息等传统霸权的优势，美国通过构建互联网国际制度，使这些优势常态化、制度化。这也是美国制度霸权在互联网领域的折射。

美国有意主导全球网络空间"规范"的建立，"为所有国家提供一份路线图，使它们清楚应如何作为才不会违反网络空间的国际义务，并在任何环境下始终履行自身责任"。① 2011 年 5 月 16 日，美国发布首份《网络空间国际战略》，时隔不到两个月，美国国防部于 2011 年 7 月 14 日制定出台了该战略的详细实施纲要——《网络空间行动战略》。《网络空间国际战略》宗旨很明确："在日益以网络相联的世界里如何建立繁荣、增进安全和保护开放。"美国前国务卿希拉里强调，美国网络空间国际战略首次成为外交政策中不可缺少的一部分。她声称，美国将基于这一既定战略处理未来国际网络空间事务。可以看出，两份网络空间战略的出台，为美国取得网络空间的主导权或占据霸主地位制定了路线、方针和措施。在 2013 年出台的《塔林手册》中，以美国为首的北约强调先发制人自卫的合理性，一国遭受网络武装攻击可以"进行自卫"，行使"自卫权"的前提条件是必要性、适度性、迫切性和即时性。② 手册发行是"首次尝试打造一种适用于网络攻击的国际法典"，是目前"关于网络战的法律方面最重要的文献，将会发挥重大作用"。由此可见，美国及其北约盟国利用《塔林手册》抢占网络战规则制定权的意图明显。

另外，《网络空间国际战略》还明确指出，美国在网络空间推进国家规则既不需要重新构建国际法律习俗，也不需要废弃现有的国际法律规则。指导国家行为的长期国际规则，无论是和平时期或是冲突时期的规则，均可应用于网络空间。2011 年底，在伦敦举行的网络空间会议和海牙举行的网络自由大会上，美国副总统拜登和国务卿希拉里均直截了当地表示，"东西没有坏，就不要去修理"，放弃一个长期以来运行良好的系统是不明智的，没有理由以一个压抑性的体制来取代

---

① "International Strategy for Cyberspace: Prosperity, Security, and Openness in a Networked World," May 2011, http://www.white house. gov/sites/default/files/rss_viewer/international_s-trategy_for_cyberspace. pdf.

② NATO Cooperative Cyber Defence Centre of Excellence, *The Talliann Manual on the International Law Applicable to Cyber Warfare*, Cambridge : Cambridge University Press, 2013.

一个有效的体制。①

被斯诺登曝光的"棱镜门"等系列项目正是美国在网络空间采取行动"谋求霸权"的具体体现。曝光的文件显示，美国国安局和FBI通过进入各大网络运营商的服务器，监控普通民众的电子邮件、聊天记录、视频及照片等秘密资料。而且无论是普通大众还是国家政要，美国监控"大小通杀"，此举遭到了包括盟友在内多国的强烈谴责。按美国总统奥巴马和美国安全高级官员说法，这些项目是经过美国国会、司法机构和行政机构批准的"合法"项目，这反而说明美国高层对监视网络、控制网络方面达成了高度一致。"棱镜"项目通过和微软、谷歌、苹果等九大互联网公司合作，广泛监控用户的网络行为和挖掘情报信息，从而及时发现所谓的"安全隐患和恐怖信息"，是美国"积极防御""主动防御""先发制人"的理念的具体实施。而"棱镜"事件折射出的最本质问题，是一种由美国主导的网络空间秩序，在这种秩序环境中，界定了美国及其最亲密的盟友（英国、加拿大、新西兰、澳大利亚）可以凭借自身巨大的技术优势，对其他所有国家在网络空间的几乎所有信息活动展开严密的监听；而新兴国家则不被允许为了保障自身的国家利益，对网络空间的信息活动采取必要的管理措施。这种规则秩序显然是一种冷战时期遗留下来的旧秩序，是美国急欲建立以美国价值观为核心的网络国际规则。

（四）网络意识形态霸权

以美国为首的少数西方发达国家在互联网上大力宣扬、美化西方的"自由""民主""人权""平等""博爱""公正"等价值观，推广西方政治模式，把互联网视作西方在海外长期"推进民主"的重要工具。"网络自由"成了西方推行网络霸权主义的主要借口之一。

美国倡导"网络自由"，通过信息"自由流动"侵犯他国主权，加强美国意识形态的渗透。以美国政治界、学术界和产业界一些重量级人物为代表的互联网自由主义者主张，互联网无国界，对互联网的访问、管理都应超越单纯的民族国家的界限，实现一种不受限制的、完全自由的状态。

---

① "Conference on Internet Freedom," http：//www.state.gov/secretary/rm/2011/12/178511.htm，2011 - 12 - 17/2012 - 03 - 06.

对一些国家出于国家安全考虑，实施网络监管的做法，美国极力宣传"网络自由"，从法理上否定其他国家的网络主权。2011 年 2 月 15 日，希拉里发表演讲，对别国网络政治横加指责，她认为，互联网自由为"普世权利，是加速政治、社会和经济变革的巨大力量"，由于"互联网继续在许多国家受到多种限制"，因此美国要在全球范围内大力推动互联网自由。①希拉里还对中国、伊朗、朝鲜等发展中国家的网络审查进行批评，美国总统奥巴马、众议院议长佩洛西也批评中国的网络管理政策。一些西方媒体和政府以网络自由为借口，向中国政府施压。实际上，美国所定义的网络自由与西方的民主价值观等同，凡是不符合美国的利益、政治观点和价值观念的，美国便借网络自由的棍棒大加讨伐。美国所谓的"网络信息自由流动"，实质上就是让互联网信息按照美国的需要"自由流动"，是美国推行其价值观的政治工具。

为了实现信息的"自由流动"，美国不仅在政治上向相关国家打压，迫使其开放网络，而且还在技术上大力开发"翻墙"软件。奥巴马积极"支持正在利用尖端技术手段对抗互联网压制行为的新涌现的技术人员和活动人士"，在财政上大量支持，已投入数千万美元。美国前国务卿希拉里公开表示向"促进网络自由的草根运动"提供资金。美国甚至以网络自由为借口，通过互联网公开对他国进行煽动破坏和政治颠覆。当前，美国力推"互联网自由"是重蹈 21 世纪 40 年代美国主张"贸易自由化"的覆辙，是对其他国家网络主权的恣意侵犯。②

（五）网络话语霸权③

近年来，美国频频热炒"中国网络窃密案"、"中国网络黑客论"，上演了一场又一场"贼喊捉贼"的狗血剧目。事实证明，美国的指责都是捕风捉影、子虚乌有。美国之所以这样做，是想以互联网为传播平台，掌控全球话语权，为其自身利益服务。

---

① Hillary Rodham Clinton, Secretary of State, U. S. Department of State, "Internet Rights and Wrongs: Choices & Challenges in a Networked World," February 15, 2011. http://www. state. gov/secretary/rm/2011/02/156619. htm.

② 崔建树：《美国网络空间战略研究》，《和平与发展》2013 年第 5 期。

③ 参见杜雁芸《看清热炒"中国间谍"背后政治目的》，中国网，2015 年 5 月 26 日，http://opinion. china. com. cn/opinion_51_130551. html。

一是转移公众视线，转换舆论焦点。"棱镜门"事件之后，国际上包括美国国内对美国政府的质疑和批评纷至沓来，美国非但没有停止这种行为，没有对被监听国家道歉，反而"倒打一耙"，多次炒作中国"网络窃密""间谍威胁"等话题，借此从"网络攻击者"演变为"网络受害者"，将舆论矛头对准中国，妄图达到自身解压、对中国施压的目的。

二是鼓吹"中国威胁论"，遏制中国发展。继 2010 年谷歌公司退出中国市场，希拉里紧随其后对中国网络监管横加指责，凸显了中美两国在第五维空间展开新一轮的博弈与较量。之后，美国多次误导国际舆论，频繁制造事端，围绕一些敏感技术，由美国军方或情报部门，以及与中国有商业或技术竞争的对手提供素材，一些右翼保守团体或媒体大肆宣扬"中国威胁论"，炒作中国"商业窃密"和"网络攻击"，其冷战思维体现得淋漓尽致，妄图在虚拟空间里围堵中国的发展和崛起。英国《金融时报》认为，本次最新指控是美国对中国加大压力的最新迹象。

三是渲染网络安全困境，借机发展美国网络军事力量。近几年，美国对所谓"中国军方黑客"肆意进行炒作。2011 年 6 月，美媒铺天盖地炒作中国山东蓝翔技校是"中国黑客大本营"，还将衡水某企业、郑州某高校教师冠以"网络民兵组织"和"黑客高手"的称号。美国军方和多家媒体更自称是"中国黑客"攻击的"受害者"。巧合的是，每次风波过后，美国以其面临严峻网络安全形势为借口，加大力度进行网络监控和攻击行为，并积极强化其网络军事力量建设，美国相继在 2011 年 5 月、7 月出台了《网络空间国际战略》和《网络空间行动战略》报告，制定其网络作战规则，并将先发制人打击作为其网络战略重点。

四是设置议题障碍，满足美国国内政治需要。美国对中国的指控，政治色彩大于实际意义。莫斯科 PIR - 中心安全问题专家奥列格·杰米多夫认为："中国问题，其中包括中国在网络空间的活跃性，都可被当成'稻草人'来使用。对于美国公民和立法机构在讨论中国日益增长的实力来说，这些都可被当成佐证。中国不断增长的规模和其复杂的间谍行动，都是对国防预算进行辩论的'万能钥匙'。"可以看出，在美国缩减军费的情况下，渲染中国网络威胁论和间谍威胁论，成为美国网络战部队大幅增加预算、扩招人员的重要举措。另外，"中国阴谋说"，可以将美国公民的注意力从本国安全领域的漏洞中、从自身技术走下坡路的情况中引开。

从以上可以看出，美国不仅在互联网上拥有话语权，而且主导与掌控互联网的国际话语权，进而利用这种优势，以自身利益为准绳，对事物的是非曲直作出判断。[①]

第三节　网络空间全球治理的路径选择

如何妥善处理来自网络空间这一新兴疆域呈几何级数增长的安全威胁，如何积极化解网络大国间在非传统安全领域中的"结构性矛盾"，这是国际社会亟待解决的重大现实问题。各个国际行为体须积极采取行动推动网络治理，形成切实有效的网络合作机制。

一　制定公正合理的国际互联网规则

当前，全球网络空间仍处于"霍布斯式"的无政府状态，在国际社会中仍未提出行之有效、具有国际约束意义的互联网规则，规则的制定仍然处于"提出规则"的初始阶段。各国在打击网络犯罪和防止网络恐怖主义等方面可以达成共识、形成合作，而在网络攻击入侵、网络军备控制等方面仍未达成一致，有效合作难以推进。如果国际社会不能尽快通过平等协商制定出公正合理的网络国际规则，各国就会为了维护自身安全，发展自己的网络设施，制定自己的网络标准，限制网络开放，国际互联网就可能被肢解。因此，无序的网络空间亟须制定公正合理的国际互联网规则，这是各国必须遵循的国际信息安全准则，也应该按照《联合国宪章》的宗旨和原则，以尊重各国网络主权和个人隐私权为前提，维护各国和整个国际社会的网络安全。制定网络规则，各国需要凝聚以下几点共识。

（一）网络国际规则要维护各国的网络主权

网络主权，是指一国独立自主处理网络空间事务的权利，由网络政

---

① 余丽：《从互联网霸权看西方大国的战略实质和目标》，《马克思主义研究》2013 年第 9 期。

治、经济、文化主权和军事安全构成。主要表现为三个方面：网络最高管辖权，即国家对其网络空间内一切基础设施、软件、信息等的控制权、管理权、传播权；网络事务排他权，即国家拥有行使网络空间事务的排他性自主权，如网络犯罪司法管辖权；网络侵略的自卫权，即国家为维护网络安全而对外来侵略或威胁进行防卫的权利。

我们应当在国际社会中大力倡导"网络主权"理念，2010 年《中国互联网状况》白皮书就明确的指出，中华人民共和国境内的互联网属于中国主权管辖范围，中国的互联网主权应受到尊重和维护。[①] 2014 年 9 月，中国与俄罗斯、塔吉克斯坦、乌兹别克斯坦等国向联合国提交了《信息安全国际行为准则》的草案，指出互联网领域的公共政策问题是各国的主权所在。我们要将网络主权视为国家主权的最新"制高点"，网络主权的提倡，也是各国维护自身权益的重中之重。

（二）网络国际规则要体现和平利用的原则

网络空间互联互通，各国在网络空间利益交融、休戚与共，形成"你中有我，我中有你"的命运共同体。国际互联网是人类文明发展的产物，应该被人类和平利用。它应该成为不同国家人民友好交流、相互沟通的桥梁和纽带，而不应成为拥有这一领域技术和资源优势的个别国家谋求霸权的工具。人类不需要一个新的战场，一个和平安宁的网络空间符合所有国家的利益。为此，应摒弃"零和"思维和冷战时期的意识形态，树立互信、互利、平等、协作的新安全观，在充分尊重别国安全的基础上，致力于在共同安全中实现自身安全，切实防止网络军事化和网络军备竞赛。

（三）网络国际规则要体现普惠共治的原则

网络为世界经济增长和实现千年发展目标提供了强劲动力，在未来全球发展议程中也占据着极为重要的位置。我们应倡导互利共赢理念，鼓励开展双边、区域及国际发展合作，特别应加大对发展中国家的援助，帮助

---

① 国务院新闻办公室：《中国互联网状况》，2010 年 6 月 8 日，http：//politics. people. com. cn/GB/1026/11813615. html。

他们跨越"数字鸿沟"。应努力推动互联网的普遍接入，确保人人从网络发展机遇中获益，共享发展成果，实现信息社会世界峰会确定的建设以人为本、面向发展、包容性的信息社会目标。与此同时，网络属于每个人，也属于所有人，需要大家共同建设，共同治理。在不损害本国主权和安全的前提下，任何国家不能凭借自己的技术、资源优势垄断网络标准，对别国获取信息进行封堵。各国都有权平等参与网络技术标准的制定。应遵循多边、民主、透明的原则，努力实现互联网资源共享、责任共担、合作共治。

当前，国际社会积极推动网络空间国际规则的制定。从1998年起，俄罗斯每年向联大裁军与国家安全委员会提交进行网络军备控制的决议草案，但一直遭到美国的强烈反对。2011年，中国与俄罗斯等国共同向第66届联大提交了由俄起草的《信息安全国际行为准则》，呼吁各国"不利用信息通信技术包括网络实施敌对行动、侵略行径和制造对国际和平与安全的威胁；不扩散信息武器及相关技术"。① 该文件是目前国际上关于信息和网络安全国际规则的首个比较全面和系统的规范性倡议，就维护信息和网络安全提出了一系列基本原则。2015年1月9日，中国、哈萨克斯坦、吉尔吉斯斯坦、俄罗斯、塔吉克斯坦、乌兹别克斯坦常驻联合国代表联名致函联合国秘书长潘基文，请其将由上述国家共同提交的《信息安全国际行为准则》更新草案作为第69届联大正式文件散发，呼吁各国在联合国框架内就此展开进一步讨论，尽早就规范各国在信息和网络空间行为的国际准则和规则达成共识。

目前，中国在网络规则的制定以及双边的网络冲突中采取更加积极、灵活的态度，用全面长远的眼光做好多方面的准备，在确保国家利益的前提下，推动全球网络空间规则的制定。

二　通过双边、多边会谈增加网络空间的信任基础

网络空间的猜忌指责、网络攻击频发以及网络军备竞赛的升级，主要根源在于行为体间由对彼此意图不确定带来的"战略互疑"；而这种不信

---

① 中华人民共和国外交部军控司：《信息安全国际行为准则》，http://www.fmprc.gov.cn/chn/pds/wjb/zzjg/jks/fywj/t858317.htm。

任又加剧了双方在网络空间的对抗升级。因此，通过双边、多边乃至普适性的协定，可以增加国际行为体在网络空间的透明度与信任基础。一些网络大国以官方或非官方的形式对网络空间本身的属性、网络权力性质、网络空间中的行为准则等问题进行协商讨论。通过这种方式，双方可以澄清误解，培育互信，以及确认最终的合作基础。

例如，随着中美力量对比发生变化，中美非对称性均衡已打破，这增加了中美在新兴疆域呈几何级数增长的安全威胁，也加剧了中美两国在非传统安全领域的"结构性矛盾"，中美在网络空间可能会"修昔底德陷阱"。当前，美国指责中国政府封锁境外网站、限制网络信息自由流动和支持网络窃密用于商业用途。由此，美国在国际舆论场上掀起了一波又一波"中国黑客威胁论"的喧嚣热浪，从山东蓝翔技校的黑客攻击到去年起诉 5 名中国军方人士窃取美国商业机密等，美国已占据网络舆论主战场并对中国大肆攻击。中国揭露美国通过"棱镜""旅伴""肌肉发达"等监听计划推行信息霸权，既通过"信息自由流动"传播美国价值观、侵蚀中国意识形态安全，又对中国主干网络进行大规模监控、攻击以及入侵活动。

如何管控中美网络分歧，避免中美"修昔底德陷阱"，构建中美网络互信呢？这需将中美网络关系置于"不冲突、不对抗、相互尊重、合作共赢"的中美新型大国关系框架下。首先，中美双方可以通过建立网络战略透明机制和网络危机解决机制实现不冲突、不对抗。中美在网络空间的双边会谈可以增信释疑，减少彼此间的战略猜忌，扩大双方核心利益的"最大公约数"，而不是陷入网络空间的"修昔底德陷阱"。2013 年 7 月，网络安全问题被纳入中美战略与经济对话，被双方视为重点议题。中美学术界也积极开展对话，中国现代国际关系研究院和美国战略与国际研究中心已多次开展"中美网络安全二轨对话"，成为中美研究网络安全的重要平台。诸如这种半官半民、亦官亦民的灵活对话形式，构成了增进相互理解、减少战略误判、加强公民网络安全观念培育、探讨国际网络空间制度合作的重要途径。其次，中美可以从网络数据主权入手做到相互尊重。由于中美在网络主权问题上分歧很大，中国可以先从网络数据的主权管辖入手，使美国意识到其网络攻击实际上侵犯了中国境内网络用户的隐私权和企业的财产权，促使其放弃针对中国网络和通信系统的入侵，并以此为基础形成中美相互尊重对方网络空间权益的共识。再次，中美通过维护网络空间共同的安全利益实现合作共赢。中美在保障网络基础设施安全、维护国际网络连通、打击网络恐怖主义、反对网络犯罪行为上存在着共同利益，中美可以通过这些方面的合作实现共赢。① 中美应尽一切可能手段去有效降低横亘在前的、由对彼此意图之不确定性带来的"战略互疑"，努力培育惠及双方的"战略互信"，将互动建构新型大国关系的美好愿景延伸至网络空间。②

而对于复杂棘手相关的互信问题，在联合国等国际框架下采取先易后难、先简单后复杂的方式逐步推进。例如，网络攻击溯源问题是网络空间安全的主要障碍。基于此，联合国等国际组织可以发挥作用，组织各网络大国集体公关，共同解决技术难题，这也为网络空间的互信提供技术支持。以俄罗斯、中国为代表的新兴发展中国家出于对国家主权安全的考虑，希望在联合国框架下制定互联网空间的行为规范，要对网络空间实施有效控制以抵御来自网络空间的攻击与威胁。而对于美国的网络霸权行径，我们需要提醒美国对网络的高度依赖性，这决定了它的"不对称易损性"，让美国明白，只有努力与各国建立互信，加强合作，共同探讨建立网络空间安全互信机制，才是真正符合自身利益的正道。③

三 加快推进国际互联网治理权的改革

互联网的属性是用户驱动型，用户既是网络使用者和服务对象，也是网络开发者和服务提供者，其生存和发展主要依靠用户的支持。因此，从这个层面上讲，互联网最突出的特点就是其没有绝对的拥有者，它不应该也不能从属于任何国家、机构或个人。目前，没有一个绝对权威的管理机构对互联网进行集中统一管理和规划。现在负责协调互联网各方面关系、域名地址分配、技术标准的研究与发展等方面工作的部分机构如图 5-2 所示：

---

① 杜雁芸：《中美战略对话或将为网络空间安全建设答疑解惑》，国际在线网，2015 年 6 月 24 日，http：//gb. cri. cn/42071/2015/06/24/8211s5007705. htm。

② 檀有志：《跨越"修昔底德陷阱"：中美在网络空间的竞争与合作》，《外交评论》2014 年第 5 期。

③ 郭纪：《网络不应成为美国霸权新工具——从"棱镜门"事件说开去》，《求是》2013 年 8 月 1 日。

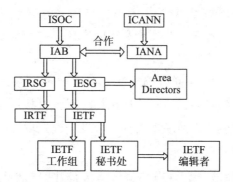

图 5 - 2　与互联网的管理运行有关的重要组织的结构图

互联网协会（Internet Society，ISOC）是一个国际性非营利会员制组织，其作用是促进计算机信息网络合作以建立全球性科研信息基础结构，促进互联网在全球范围的应用。ISOC 通过互联网网络委员会（Internet Activity Board，IAB）协调互联网技术管理与发展。

互联网名称与数字地址分配机构 ICANN（Internet Corporation for Assigned Names and Numbers）在互联网技术标准和服务管理中扮演核心角色。它是制定相关政策、管理 IP 地址和域名系统等互联网战略资源的非营利组织。互联网域名分配管理局（Internet Assigned Numbers Authority，IANA）在 ICANN 的管理下负责分配与互联网协议有关的参数（IP 地址、端口号、域名以及其他协议参数等）。IANA 与 IAB 是合作关系。

表面上看，对互联网的管理是以技术和业务为主，管理方式和形式也应该是开放松散的。但实质上，西方发达国家牢牢地掌握着互联网的管理权。一方面，ISOC 这一系组织，虽然偏重具体技术问题，并对外宣称其组织成员不代表任何国家利益。但其技术成员大多来自发达国家，其技术解决方案基本上是倾向维护发达国家利益的。另一方面，如前所述，ICANN 虽自称是非营利组织，但美国政府通过 ICANN 掌握了对域名和地址的封疆权，巩固和扩展着自身国家利益。[①]

因此，基于互联网治理权被美国等西方大国操纵的现状，国际社会积极加快推进国际互联网治理权的改革，发展中国家提出要保证各方平等参与互联网治理的权利，合理分配网络基础资源，共同管理网络关键基础设

---

① 申琰：《互联网与国际关系》，人民出版社，2012。

施等。尤其是，美国通过 ICANN 来维持对根域名服务器事实上的有效控制，包括美国一些盟友在内的部分发达国家和广大发展中国家均开始呼吁共同分享全球互联网管理权，并建议在联合国框架下设立一个国际组织以取代 ICANN，建立一个在联合国框架下、全球范围内经过民主程序产生的、权威的、公正的互联网国际管理机构。这个机构应体现各国都有参与国际互联网基础资源管理的平等权利，合理分配互联网基础资源，促进全球互联网均衡发展等原则。

2003 年与 2005 年，在日内瓦与突尼斯召开的全球信息峰会上，国际社会纷纷要求取消美国对互联网域名的支配权，国际社会希望把互联网治理权移交给国际电联。2010 年 12 月，联合国经济与社会理事会讨论了互联网治理问题，一些国家再次建议把治理权移交给国际机构。为了减轻国际社会的压力，美国同意减少与 ICANN 的"联系"，但是国际社会并不满意。随着"棱镜门"事件的发酵，在长期巨大的国际压力下，美国商务部下属的国家电信和信息管理局于 2014 年 3 月 14 日发表声明称，美国放弃对 ICANN 的主要管理权，美方将 ICANN 转变为一个"有效的多方参与组织"的时机已经成熟，要求 ICANN 尽快召集"全球利益攸关者"，提出一个能够获得"广泛国际支持"的移交方案，作为移交全球互联网管理权的第一步。与此同时，声明也特别强调，该移交方案必须遵循互联网开放性原则，美方不会接受任何一个"由政府或政府间机构主导的解决方案"。虽然被迫做出了一些有限的让步，但美国政府仍把持着实质性控制权，并且可以预见即便在移交方案出台之后，美方依然不太可能轻易将其一手操控多年的互联网管理权拱手让人。可以看出，国际互联网治理权的博弈仍在继续。

中国认为，各国都有参与国际互联网基础资源管理的平等权利，[1] 中国愿意同世界各国携手努力，本着相互尊重、相互信任的原则，深化国际合作，尊重网络主权，维护网络安全，共同构建和平、安全、开放、合作的网络空间，建立多边、民主、透明的国际互联网治理体系。[2]

---

[1] 国务院新闻办公室：《中国互联网状况》，2010 年 6 月 8 日，http://politics.people.com.cn/GB/1026/11813615.html。

[2] 《习近平向首届世界互联网大会致贺词》，新华网，2014 年 11 月 19 日，http://news.xinhuanet.com/world/2014-11/19/c_1113319278.htm。

第六章　军事技术交流与国家安全

马建光

　　军事技术（military technology）是直接运用于军事领域的技术，是建设武装力量和进行战争的物质基础与行为手段。包括各种武器装备的研制、使用、维修和保养技术，军事工程，军事系统工程等。有时也专指人们操纵、使用武器装备的技能，如射击技术、驾驶技术、电子设备操作技术等。军事技术是军事科学的重要组成部分，是构成军队战斗力的重要因素。世界上存在的每一种技术都有其特定的目的、手段、方法，而军事技术就是以战争为目的技术系统。苏联高等军事学院的哲学教材中提出，"军事技术是为了政治目的而进行"。按照日本《科学技术词典》的定义，军事技术"指包括研制、生产直至操作在内的武器系统的技术"。我国出版的《中国人民解放军军语》中则具体指出了军事技术包括两方面内容，即运用于军事领域的一切科学技术成就与操作和使用武器、军事装备等的军事技能。《中国大百科全书》更是详细地指出，军事技术及武器装备，是作为一种战争手段存在于战争和备战过程之中。

　　参见以上分解定义，我们可以将军事技术交流定义为国家间为了共同的政治目的而在军事领域展开的技术交流活动的总称。因此，彼时中国的火药技术作为民用传播到西方，并不能算军事技术交流，而19世纪70年代德国的克虏伯火炮技术转让给中国就是以政治为目的的军事技术交流。我们还应该看到，军事技术交流作为一种手段，一方面可以促进国家的军事技术发展乃至综合国力的提高；另一方面通过对军事技术交流对象的选择或限制，可以改变国家间实力的对比，甚至改变一定时期内的国际格局。历史上的主要国家都有军事技术交流的经历，而越是发达的国家，其军事技术交流的程度就越高，范围就越广泛。因此，对军事技术交流及其历史的了解是很有必要的。

第一节　军事技术交流的基本概况

交流是人类进步的阶梯，可以说，没有交流就没有绚烂多彩的人类文明。历史上的伟大王朝诸如汉、唐、罗马等，都对国家间交流持包容态度，能够以海纳百川的气概博采众长，创造出异彩纷呈的灿烂文明。而明清时期中华文明在科技、思想领域的落后，正是由于忽视了交流对文明发展的促进作用，以致在闭门造车、故步自封中走向被动。作为国家间交流的组成部分，军事技术交流对提高军事技术水平和优化国防力量将起到重要作用。特别是进入信息时代，科技发展水平日新月异，军事技术的差距更是以代计量，只有正确把握科技发展的趋势，做到博采众长为我所用，才能在新一轮军事变革中迎难而上，强军兴国。

一　军事技术交流的趋势

15 世纪末地理大发现后，历史的车轮便加速转动，将全球经济、政治、军事、文化等各个领域都紧密地联系在一起。时至今日，已经没有任何国家可以避免受到他国的影响。"兵者，国之大事"，牵一发而动全身，因此各国对于国防军事的看重及发展国防军事的有效手段——军事技术交流也被纳入通盘考虑的范畴。在世界一体化趋势的大背景下，军事技术交流主要有以下趋势特点。

（一）军事技术交流主体的多元化

冷战时期，美、苏两大军事集团长期对峙，由此形成军事技术交流的两极格局，突出表现为苏、美以争夺霸权为宗旨，将军事技术交流限定于集团内部并限制对外军事技术交流。这一时期同盟内部如法、德、英、意等北约国家及其他盟国之间与中、越、朝、古、南联盟等国家之间虽然也存在军事技术的交流，但是其规模程度和影响力相对较小。

苏东剧变后，国际军事技术交流并没有被美国所掌控，相反呈现出更加多元化的特点。一方面，英国、法国、德国、俄罗斯、以色列等传统军事强国在国际军事技术交流中扮演着越来越重要的角色。另一方面，第三世界国家的兴起更为军事技术交流注入新活力。由于第三世界国家在长期斗争过程中积累了一定的经验和技术基础，同时这些国家基于共同利益和相似国情在军事技术交流上拥有天然的优势，因此与发达国家在新兴市场的竞争中占据一席之地。例如中国和巴基斯坦在战斗机领域的技术交流，印度和俄罗斯在航母、飞机制造领域的技术合作，巴西与南美洲国家在防务技术领域的交流以及土耳其与中亚国家的对外军事技术交流等，都是军事技术交流格局改变的重要体现。因此，军事技术交流已不再是发达国家的专属行为，伴随着发展中国家参与程度的加深，军事技术交流主体多元化将势必成为长期趋势。

（二）军事技术交流动因的更加丰富

军事技术交流是着眼于国家安全的交流手段，但是在历史上，不同的时期又表现出不同的侧重点。如两次世界大战时期，军事技术交流主要受利益因素驱动。冷战时期，军事技术交流又表现出明显的意识形态色彩。进入新时期，国际军事技术交流的特点更加丰富，安全、政治、经济、文化等都成为驱动军事技术交流的因素。例如，战后美国、英国、加拿大、澳大利亚和新西兰组成的"盎格鲁－撒克逊"军事联盟团体，就是基于文化传统和语言上的相似性而形成的军事技术交流集团；俄罗斯与中亚国家的军事技术交流在一定程度上也是历史惯性和文化认同的反映；而中国与以色列"费尔康型预警机"项目的中断则体现了政治因素对军事技术交流的影响。由此可见，影响军事技术交流的动因在不同地区、不同时间段内各有特点，这也大大丰富了军事技术交流的基础。

可以肯定的是，当今世界是多元化的世界，基于多元价值观下利益定位的不同，军事技术交流动因的丰富化趋势将长期延续下去。

（三）军事技术交流途径的日益扩展

随着历史的发展，军事交流的途径不断增加，既有公开的，也有秘密的；既有双方直接转移的，也有通过第三方转移的；既有促进转移的，也有限制转移的。概括而言，军事技术交流的路径可概括为战争实践、军备贸易及联合研发三条主线。

战争既是检验军事技术的平台，也是促进军事技术交流的重要方式。历史上蒙古军队的西征虽然给欧洲国家带来了空前的危机，但是在客观上也促进了中国的火药技术在欧洲的传播。一战中坦克、飞机、航空母舰等先进装备应用于战场后，很快就受到其他国家效仿，这无疑也是战争促进军事技术交流的又一例证。进入信息化时代，美国在海湾战争中C3ISR系统和科索沃战争中C4ISR的应用引起了世界范围的关注，促使大国纷纷研制自己的自动化指挥系统。和平和发展是当今世界的主流，但是军事技术交流在局部冲突和战争中的进行仍然值得我们关注。

军备贸易无疑是最直接、最有效的军事技术交流手段。通过引入其他国家的军事装备或者技术，可以在短时间内提高本国的军事实力，增强国防力量。例如第一次中东战争时期，处于劣势的以色列政府利用为期四周短暂的停战期，从美、英、法等国购买大量的武器装备，迅速提高了军队战斗力，并成功扭转战局。而近年来，如印度、巴西等诸多国家通过军贸提高本国军事技术水平的案例更是数不胜数。

联合研发是指两个或两个以上的国家共同设计、开发、生产一种武器系统，在产品成熟定型后在各自的市场分别推销。联合研发不仅能够分担新一代武器系统日益上涨的研发经费和制造成本，风险共担，而且依靠合作方稳定的装备采购需求对第三方的市场产生辐射作用。比较典型的联合研发案例有中巴联合研发的"枭龙"战斗机、印俄联合研发第五代战斗机等。

二 军事技术交流的影响

军事技术交流作为贯穿整个人类战争史的实践活动，其对于国家利益、国际社会以及人类发展都有着重大的影响。

（一）军事技术交流对国家利益的影响

军事技术交流是国家出于自身利益的行为，其结果也必然会作用于国家利益本身。一方面，军事技术交流与战争有着密不可分的关系，有效的军事技术交流能够延缓甚至阻止战争的发生，对于国家利益起到捍卫作用；相反，交流不足或者过度的军事技术交流则会导致误判或引发战争，最终损害国家利益。另一方面，军事技术交流在某种程度上反映着国家间关系的热络程度，促进国家间在各领域的交流合作，为国家带来现实利益；同时，由于军事问题的敏感性，军事技术交流也可能将交流国卷入复杂的安全问题中，进而会影响国家利益。总之，军事技术交流与国家利益之间存在着密不可分的联系。

（二）军事技术交流对国际体系的影响

军事技术交流既是国际体系的产物，也是作用于国际体系的力量。以冷战为例，美国为了在战略上对抗苏联，与西欧盟国开展了广泛的军事技术交流，帮助西欧盟友迅速恢复起战后破败不堪的军事设施，并且有效地提高了盟国的军事实力。冷战结束后，西欧国家借助长期积累发展而持续壮大，试图脱离美国的控制，也成为阻止美国独霸全球、促进世界走向多极化的一支重要力量。因此，军事技术交流对于国际体系的作用和影响是不可忽视的。

（三）军事技术交流对人类发展的影响

一方面，军事技术交流的重要性不仅表现为对国家利益的影响，更在于其能调动国家对于高新技术的兴趣，实现在交流的基础上推动人类科技水平的提高，进而推动整个人类社会的进步。另一方面，军事技术交流和战争的紧密联系使其往往涉及人的生命乃至整个人类社会的安全。以核技术为例，尽管核武器掌握在少数国家之中，但核技术却有一种冲破"潘多拉盒子"的趋势，核扩散的阴影时刻笼罩在全世界人们的心头。而大规模杀伤性武器又不仅核武器一种，先进技术支撑下的生物武器、化学武器均对人类的安全构成威胁。对于国际体系中的每一个国家来说，为了保证自己的安全，必须获得先进的军事技术，可是先进军事技术的获得却又使整个世界变得更不安全。因此，军事技术交流需要国家在理性中进行，在以整个人类社会的福祉为前提下推动和发展。

第二节 美国对外军事技术交流

一 美国对外军事技术交流的特点及发展趋势

美国的军品出口历史悠久，早在19世纪上半叶，美国一些武器装备销售商就做起了军品出口生意。第二次世界大战更加刺激了美国的军品生产，这期间，美国通过《租借法案》向盟国提供了大量军品。此后，美国就一直雄踞世界军品交易市场榜首。进入 20 世纪 80 年代，随着世界军品供应国的增多，美国军品出口额有所下降，居于苏联之后，成为全球第二大军品供应商。苏联解体后，美国再次成为世界最大的军品供应商。从 1991 年起，美国一直控制着世界军售市场，每年出口的武器占全球军售总额的 50% 以上，1993 年甚至超过 60%。① 而在冷战结束前的 4 年里——1986~1989 年，美国共出口了 345 亿美元的武器，但从 1991 年到 1994 年的 4 年时间里，这一数字增加了 140%，达到 831 亿美元。1999 年，美国提供了世界武器市场 54% 的武器（价值 184 亿美元）。美国在 2000 年一年向外国出口的武器总额就达到 550 亿美元。2000 年美国签订的武器出口合同比 1999 年增长了 57 亿美元，达到了 186 亿美元，增长 44%，是连续第三个高速增长年，这一数字占该年全球军贸的 50.4%。长期以来，美国一直是世界上的军贸大国，它的军品贸易为其夺取世界霸权、充当国际警察、干涉他国内政以及平衡贸易逆差发挥着重要的作用。②

卡特里约在 1988 年将全球军火贸易市场分成四类，即在工业化的军火供给国与工业化的军火供给国间的军火贸易（第一类分市场）、工业化的军火供给国与不发达的军火接受国间的军火贸易（第二类分市场）、不发达的军火供给国与不发达的军火接受国间的军火贸易（第三类分市场）、不发达的军火供给国与工业化的军火接受国间的军火贸易（第四类分市场），③ 从全球军火交易量来看，交易量最大的是第二类分市场，其次是第一类分市场。美国占据了第一类和第二类市场的主要份额。

2014 年，美国军品贸易额达到 312 亿美元，在国际军贸市场上以 31% 的比重雄踞世界第一。④

（一）军事装备性能先进，久经战火考验

作为目前世界上唯一的超级大国，美国的军事力量堪称世界首屈一指。与其相匹配的，美国武器装备的先进性能也是众所周知。美国的许多武器装

---

① 李霖、刘汉荣：《国际武器贸易》，解放军出版社，2004，第 54 页。
② 邢朝晖：《美国 1986~1990 年军火出口概况》，《飞航导弹》1992 年第 6 期。
③ 马建光：《俄罗斯对外军事技术合作——现状与前瞻》，国防工业出版社，2013，第 3 页。
④ http://www.sipri.org/yearbook/2015/10.

备都大名鼎鼎，甚至成为一个领域内的标杆和象征，如 F-16、F-22 战斗机，B-2 轰炸机，"宙斯盾"战舰，"爱国者"防空导弹、"战斧"巡航导弹等等。

以空军为例，美国是世界上第五代战机唯一进入现役的国家，其第五代战机 F-35 已经出口至英、日、澳、加等大批盟友。而同为第五代战机的俄罗斯 T-50 仍在漫长的研制过程中，目前仅有印度作为联合研制的伙伴将装备该型战斗机。更为重要的是，冷战后美国积极发动、参与了多场局部战争或武装冲突，其武器装备可能是世界上经受战争考验最多的。诸如 F-16、"爱国者"、"战斧"导弹等都是在战争中因表现极为出色而名声大噪。与之相比，欧洲国家生产的武器装备性能上或许与之相比毫不逊色，但缺乏实战检验。

（二）军品贸易与国际政治密切关联

美国在军品出口方面管制极为严格，其对外军事技术合作伙伴的范围与其战略利益范围重合度极高，表现出美国的军品贸易重度政治化的特点。美国将购买其军品的国家逐步纳入政治势力范围，变前沿部署或前沿存在为"势力部署"或"利益存在"，以维护美国的全球战略利益。例如韩国和日本就是美国先进武器装备的倾销地，两国借购买美国武器装备之机讨好美国，而美国也欲借此加强其在东亚地区的军事存在和前沿部署。

美国的军品出口审查非常严格，武器性能随着出口目的的不同有着精确的调整。例如，美国向中国台湾地区出口的 F-16C/D 型战斗机，取消其发射巡航导弹的能力，以控制其对大陆的战略威胁，从而保证台湾没有能力发动一场不符合美国利益的大规模战争。近几年来，因民族、宗教、边界等问题，地区冲突接连不断，恐怖主义已对美国安全利益构成直接威胁，美国军品出口的地域不断扩大，已经从欧洲、中东，扩大到东南亚、拉美、非洲，甚至连独联体成员国都开始购买美国军品。另外，美国严格控制向社会主义国家出口军品，近年来虽有所松动，但仍实施严格控制政策。

（三）军品出口种类扩大化

一是出口军品种类繁多。涵盖防空、反舰、预警等各种装备。

二是高尖技术武器装备大增。只要不对美国安全构成直接威胁，就是美军还未装备的武器系统都可以用于出口。如批准向印度转让尖端军事技术，同意向拉美国家出售 F－16 战斗机、向日本出售"宙斯盾"指挥系统和爱国者－3 防空系统等。

三是研制专供出口的武器。针对一些国家和地区的特殊需求，专门研制适应这些国家和地区特点的先进武器。①

四是大力加强与军品有关的支援与劳务出口。提供技术保障、人员培训和基础设施建设等辅助项目。

（四） 对其友好国家与盟国提供优先和优惠

为推动武器出口，美国采取灵活做法，对其盟国及所谓友好国家的出口审批手续一律从简，如规定凡向北约盟国及所谓友好国家军品出口，国会审批期限一般由 30 天减为 15 天。美国还向其友好国家提供优惠的贷款，如以低于市场的利率提供直接贷款。美国政府还设立了"国防采办特别基金"，以缩短军品购买协定与交付的时间。②

从军事技术角度来看，美国的盟友往往能以最快速度获得美国最先进的装备。冷战时期，苏联在其对外军事技术合作中往往保留较多，将落后一代的武器或者经过改制的所谓"猴版"武器出售或援助给其他国家，而美国在北约范围内则往往以其现役主力装备出口。1982 年 6 月 9 日，在黎巴嫩贝卡谷地爆发了一场大规模空战。以色列空军精心准备，成功奇袭部署在此地的叙利亚"萨姆"导弹阵地。经过短短 6 分钟的攻击就彻底摧毁了叙利亚和苏联苦心经营 10 年耗资 20 亿美元的 19 个"萨姆"导弹阵地。在其后两天的多轮空战中以色列空军战机毫发未损创造了空战史上 82 : 0 的奇迹。在这场创造了历史的空战中，以色列空军使用的是美制 F－15、F－16 战斗机和 E－2C 预警机等最先进的武器和作战理念，而阿拉伯军队装备的还是苏联提供的米格－21 和米格－23，与以色列空军的装备存在整整一代的差距。尤其是没有预警机这样最先进的作战系统，导致了阿方空

---

① 《韩空军接收最后两架 F－15K》，环球网，2012 年 4 月 19 日，http：//mil. huanqiu. com/jianduan/2012－04/2634070. html。

② 王芳、赵兰香：《重大科技项目模块化创新管理方法研究——对美国国防采办管理方法的探析》，《科研管理》2009 年第 1 期。

军的完败。①

二　美国对外军事技术交流战略与政策

直接的军品出口是对外军事技术合作的重要方式，由于其可以为国家带来丰厚的经济利益，加强武器出口是美国的一贯政策。第一次、第二次世界大战中，美国大发战争财，不仅由债务国变为债权国，更在战后占据了全世界 2/3 的黄金储备，极大地支撑了其霸主地位。冷战期间，军品贸易成为美国拉拢盟友和打击社会主义阵营的有力工具，以向敏感地区通过军品贸易或军事援助的手段输送军火，挑动地区冲突以压缩共产主义阵营的战略空间是其惯用的手段。另外，在吸取了越南战争的教训之后，美国开始避免正面武装冲突，积极培植代理人和盟友，通过向盟友倾销武器装备以缓解自身的战略压力。

例如，美国向中国台湾地区和韩国出售的武器装备，进一步激化了地区紧张局势，既强化了盟友的军备，推动了国内军工产业发展，消化了积压的军火，又达到了美国压制敌对国家的目的。

（一）美国对外军事技术交流的政策基点

（1）国家安全利益。通过加强对盟国和友好国家的军事援助来间接增进美国的国家安全。美国认为，恰当的军事援助和军品出口有益于国家安全，可以增强盟国和友好国家的自卫能力，减轻有些地方原先由美国承担的军事负担，让这些盟国和友好国家承担一部分或大部分，还可以对外部的敌对国家起到威慑作用，借以维持地区力量平衡。

（2）政治利益。把军品出口看作增进美国其他政治利益一条途径。美国认为军品交易可视为供货国承担义务的明确体现，作为回报，进口国要支持出口国的政策。购买武器的国家，特别是购买了高尖技术武器系统的国家，要继续在备件和各种技术服务与训练上依赖出口国，不得不在所处的地区支持或默认出口国的政治行为。还有些特定需求，最常见的就是在进口国的国土上维持军事基地、领土飞越权、码头停靠优先权或提供收集

① 赵伟、周小宁：《贝卡谷地之战述评》，《军事历史》2009 年第 6 期。

与共享情报的条件等。①

（3）经济利益。对于美国来说，一是军品出口可带来巨额的外汇收入，增加就业人口数量，保证获取原材料；二是军品出口可以将一部分研究与发展费用分摊到武器进口国，减少研制风险，较大规模的军品生产可以降低单位生产费用；三是军品出口除了带来现实收入外，还可保证在国内军品需求萧条的情况下，重要武器装备生产线不会闲置。

（二）美国对外军事技术交流的具体法规

（1）《共同防御援助法》。1949年，美国于北约成立后颁布，正式向欧洲盟国提供军事援助。主要有三种方式：直接转让军品、提供有关技术和培训工作、为盟国军品生产提供设备与原材料。该法成为美国对外军品输出的基本原则。

（2）《对外援助法》。1961年颁布，重申对外军事援助作为美国国家外交政策组成部分的重要性，成为军事援助的法律依据，并赋予国防部长在军援方面有更大决策权。1974年，美国政府在该法的基础上颁布了新的《对外援助法》。

（3）《军品外销法》。1968年经美国国会通过。该法将军品销售同军事援助区分开来，明确了军品外销的目标、审批权限、运行机制、控制手段和有关限制，成为军品出口的法律依据。

（4）《军品出口控制法》。1976年，美国政府为加强对武器出口的控制，在修订《军品外销法》的基础上，颁布了《军品出口控制法》，成为军品出口的指导纲领。其内容包括：有关军品出口的国家安全政策；符合接受武器的国家条件；军品出口的审批管理权限；军品出口的条件、限制和基本程序。该法确认总统"控制国防产品及劳务出口的权力"，制定军火出口控制的项目清单《美国军品目录》，并列入《美国联邦法典》"国际军火贸易条例"卷中，由国务院定期修订。该法正式确定了武器出口的两条主要渠道——政府外销与商业销售。

（5）《国际军火贸易条例》。该条例是美国军品出口组织管理的实施细则，规定了包括技术出口在内的详细管理办法。该条例将所有战略物资分

---

① 杜农一编著《国际军贸论》，军事谊文出版社，1993，第64页。

为 27 类，列出各类清单，统称"美国军品目录"。

（6）《安全援助手册》。这是国防部军品出口管理指南，规定了有关军品外销与安全援助组织管理的实施细则。[①]

（三）美国对外军品出口的方式和程序

1. 美国军品出口主要采取两种方式进行——政府外销和商业销售

政府外销是美国政府与购买国政府之间的军品销售活动。商业销售是美国武器承包商直接与购买国政府进行的军品贸易。二者均为军品出口的形式，是美国对外军事技术合作的重要内容。

政府外销由美国政府与购买国签订协议，由美国政府代表购买国选择承包商。在政府外销合同中，一般采用相对灵活的协议定价方式，定价略高于实际价格。但政府外销纳入政府采办系统，最终总费用又比商业销售要低一些。合同管理纳入美国国防部的政府采购合同管理体系，由国防部合同管理局代替购买国政府进行管理。合同支付采用分期付款的方式，对于生产周期较长的产品，则采用分阶段渐进支付的方法以缓解资金支付的压力。采取政府外销时，美国政府为了促进军品出口一般会豁免部分费用。承包商的利润不能突破美国《联邦采办条例》和《联邦采办条例国防部补充条例》规定的上限。紧急情况下购买国有可能通过美国国防部的储备获得所需的军品，也可通过调整所购产品指标使交货更加迅速。购买国可以与美国签订"资金交叉流动"协定，该协定准许将政府外销账户上的存储资金在独立的对外军售项目间流动。美国政府还可提供或借贷一定的金融项目资金，用于对相关军售项目的资助。

采取商业销售方式时，由购买国政府负责选择承包商，双方根据美国与购买国的法律以及国际商业法条款直接订立销售合同，美国政府不直接干预军品的商业销售。在商业销售合同中，通常采用相对固定的价格。合同由购买国政府直接管理。在合同签署时即须支付资金，金额的大小取决于市场环境和承包商的风险水平。商业销售一般不享受豁免待遇，合同利润也由市场决定。市场竞争对商业销售的影响较大，如在购买国从两家以上生产厂家选择承包商时，由于激烈竞争，商业销售的价格一般低于政府

---

① 李霖、刘汉荣：《国际武器贸易》，解放军出版社，2004，第 236 页。

外销的价格。相对于政府外销，购买国在商业销售下签订采购合同具有更大的灵活性，这种灵活性表现在资金安排、联合生产、与生产商进行协调及生产补偿方面，但商业销售合同中的交货日程一旦确定下来，就很难再改动。

政府外销和商业销售各有优势。政府外销的优势表现在军品质量控制工作由美国政府代为完成，军品质量更有保证。《联邦采办条例》对利润率做出限制，又纳入美国的集中批量采购，可使采购成本和费用降低。信用资金的交叉流动，可以使购买国资金得到高效利用。产品的装备保障系统与美国国防部相同，也容易使购买国人员在美国的军事院校中接受训练。紧急情况下，能从美国国防部储备中获得所需军品。

2. 美国对外军品出口的过程

一是制订计划。美国政府为扩展军品出口，国务院负责安全援助、科学与技术的副国务卿办公室和国防部负责国际安全事业的助理部长办公室，都设有专门办公室，对世界各地区的军品需求情况进行综合研究，制订美国军品出口中长期规划。国务院和国防部还向国外派出大量军品销售代表团和工作组，通过驻外使馆和设在国外的安全援助办事处与外国政府和企业广泛接触，了解对方需求，在此基础上，制定出"综合数据报告"，详细列出应向各国提供的安全援助项目，纳入年度预算。

二是提出申请。通过政府外销出口武器，要由政府对武器购买国及所需武器类型、重要性及费用进行严格审查。输出武器根据项目大小、重要性、技术难度及费用多少分为"一般武器装备"和"重大军事装备"两种。美国政府规定，"重大军事装备"出口计划须报国务院军政事务局和国防部安全援助局审批。一般武器装备出口计划由美国大使馆、军援顾问团或安全援助办事处转交国防部三军安全援助机构、国防合同审计局、国防测绘局及联合参谋部下属各司令部审批。通过商业渠道销售的军品，也需首先征得政府同意，由出口武器的军工企业向国务院军政事务局军品管理处办理登记手续、申请出口许可证，有效期一年。然后由国务院和有关政府部门对不同类型、不同金额的出口计划进行严格审查，重大项目须事先通报国会审批。

三是签订合同与政府审批。出口计划获准后，购买国可从国防部有关部门获得参考资料，以确定是否购买。合同价格与交货日期确定后，通过政府外销出口，要填写军品转让的正式文件《报价与接受书》，该文件是美国政府对武器购买申请的正式答复文件，列出所有拟购武器装备和技术服务的价格、交货期。正式发出《报价与接受书》之前交国防部和国务院审批。如果销售超过《军品出口控制法》的规定限额，应提交国会审批。

四是国会通过。根据美国《军品出口控制法》有关规定，国务院与国防部必须在签发《报价与接受书》30 天之前，将 5000 万美元以上的国防产品及劳务计划、2 亿美元以上的设计及建筑服务计划以及 1400 万美元以上的重大军事装备计划提交国会审批。如果国会在规定期限内不同意该武器出口，将不得签发政府外销的《报价与接受书》和商业销售的出口许可证。但在特殊情况下，总统有权否决国会的决议。

三　美国对外军事技术交流的政治和经济因素

（一）美国对外军事技术交流的地缘政治因素

美国主要军售出口对象为其盟国和一些亚洲国家。

美国与欧洲国家的军事技术合作关系可以追溯到一战时期的军火贸易和二战时期罗斯福总统签发的《租借法案》。二战结束后，很快冷战开始，在苏联红军的巨大压力下，西欧其他国家不得不紧紧围绕在美国周围形成了北约军事集团，这一集团的形成为美式装备长期占据欧洲市场打开了"高速通道"。而购买或接收美国军事装备，也是西欧国家表明政治立场和加深与美关系的重要方式。同时，战后急于完成重建工作的西欧国家不愿意投入过多的资金和人力在军事工业领域，也是美式装备长期装备于西欧国家的重要原因。

近些年，欧洲国家努力寻求防务自主化，英、法、德等欧洲强国都开始着力发展军事工业。在其雄厚的工业基础上，军事装备生产水平起点高，技术含量高，在国际市场上打开了局面。但受到长期历史因素的影响，美式装备在欧洲仍然大行其道。近年来，美国军品出口开始向亚洲倾斜，中东地区和东亚、东南亚地区是其重点所在。中东地区地理位置重要，石油资源丰富，地区矛盾复杂激烈，武装冲突不断，历来是国际军火商极力争取的地区，美国是这一地区主要的军品贸易供给国，更是中东乱局的幕后推手。美国在中东地区采取培植友好国家和建立军事基地的方式大肆扩展势力范围，更借此向阿拉伯国家倾销其武器装备。自 2005～2009 年的 5 年间，美国主导了中东地区的军火贸易，所占份额达到 54%，其中还包括遭到以色列抗议而未获成功的向阿拉伯国家出售先进武器系统。位于瑞典斯德哥尔摩的国际和平研究所负责检测军火销售的机构表示，研究发现，阿联酋是一段时期内常规武器交易的最大市场。报告称，美国的防务企业赢得了这个国家 60% 的武器合同。美国表示，向这些国家出售武器主要是为了改善接受国的防御能力，加强与海湾国家的合作，并打下美国军队与当地武装力量进行可视化合作的基础。2010 年，美国与沙特达成的协议，美国将向沙特出售 84 架 F－15SE "沉默鹰" 战斗机、70 架 AH－64D "长弓阿帕奇" 武装直升机、72 架 UH－60M "黑鹰" 通用直升机和 36 架 AH－6 "小鸟" 直升机；还可能有 AGM－88 "哈姆" 反雷达导弹、联合直接攻击炸弹、"地狱火" 式反坦克导弹和更先进的战斗机飞行员头盔显示器等。美国还负责将沙特皇家空军现有的 70 架 F－15S 战斗机升级到 F－15SE 的水平。整笔交易将根据生产计划和训练需要在未来 5～10 年内执行完毕。这笔交易的金额达到 600 亿美元，是美国最大规模的一次军贸活动，将大大强化沙特阿拉伯的国防实力，达到美国在中东树立强力盟友和建造 "中东安全岛" 的目的。[①]

根据斯德哥尔摩国际和平研究所的报告，2009 年法国的军费开支为 639 亿美元，英国为 583 亿美元，俄罗斯为 533 亿美元。也就是说，美国和沙特的这笔军火交易相当于军事强国一年的军费开支。2012 年以来，美国提出重返亚太战略，对中国实施战略空间挤压，力图维持其太平洋霸主的地位。事实上，在此之前，美国在亚太及南亚地区的一系列军贸活动，都与其对中国的地缘政治关系有着密切的联系。例如，在中印边界自卫反击战发生后，美国由巴基斯坦的盟友迅速转向支持印度，试图利用印度牵制中国，并与印度发展了深度的军事技术合作关系，一直延续至今。近些年来，印度向美国购买了 C－17 战略运输机、P－8 反潜巡逻机等重要武器装备，而美国在印度拥有核武器和发展核电站等问题上也一反其反核扩散的立场，予以支持。

———————————

① 《美拟售沙特 600 亿美元军火，将成史上最大军售》，光明网，http：//mil. gmw. cn/2010 - 09/15/content_1255945_2. htm。

美国在中国周边其他军事技术合作关系还包括以下几点。

（1）日本。日本是美国二战后在太平洋地区最重要的盟友，美日之间的军事技术合作深入而广泛。日本自行制造的 F－2 战斗机几乎就是仿制了美国的 F－16，日本还进口了美国的 F－15J 战斗机作为其主战战机，而下一代主力战机也将是美国研制的 F－35。在海军方面，美国向日本出口了其"宙斯盾"武器系统，帮助日本建造了"金刚"级和"爱宕"级宙斯盾驱逐舰。

（2）韩国。韩国同样是美国在这一地区重要的战略支点，美国向其提供的武器装备主要有 F－15K 战斗机、"鱼叉"反舰导弹、SH0－60"黑鹰"直升机和各种雷达、导弹和电子系统，以及帮助其建造的配备"宙斯盾"系统的"世宗大王"级导弹驱逐舰。

（3）中国台湾地区。美国对台军售违反中美《八·一七联合公报》，一直以来是美国对中国大陆重要的牵制手段。美国军售的一个底线，就是要使台军在海空军方面对大陆拥有技术优势，尤其是要保持战机方面的优势。台湾自 20 世纪 70 年代将"反攻"战略改为"固守"后，也强调"制空第一"，购买武器长期实行"六分法"，即空军占 3/6，海军占 2/6，陆军只占 1/6（因其任务仅负责最后关头的滩头一搏）。美国是世界第一武器出口商，而台湾则是其最大的武器进口商，所购武器数量是大陆的 40 倍，其总金额甚至超过海湾战争后的沙特阿拉伯。迄今十年，全球总共生产出 3000 多架 F－16 战斗机和幻影式战斗机，台湾竟然购买了其中的 1/10。[①]

（二）美国对外军事技术交流的经济动因

（1）军品贸易是国际贸易的一个很重要的组成部分。军品贸易是美国获取经济利益、平抑贸易逆差的重要方式。美国进口额巨大，尤其是在和中东国家的贸易中，大量的进口石油导致美元外流，造成了巨大的贸易逆差。通过制造地区矛盾争端，出口武器装备，使得"石油美元"回流，成

[①]　邓安能：《美国对外军售的国际政治经济学分析——以对台军售为例》，华东师范大学博士论文，2008，第 37 页。

为维持经济稳定的重要手段。如果没有军品出口以平抑贸易差额，会严重影响其经济发展，而通过军品贸易获得的利润极高，美国军火贸易额如此巨大，已经成了美国国民生产总值的一个重要的增长极。

（2）军品贸易是美国经济的重要组成部分。表现在经济部门结构上，美国全国经济活动大约有 1/4 到 1/3 是靠军费来维持的，全国工业企业有 1/3 在不同程度上参与了军火生产。机械制造业、航空工业、船舶工业、电子工业、化学工业等部门很大一部分成为专门制造军械、军火的企业。军火工业生产每年大约要耗费全国 75% 的镁，50% 的锻钢、不锈钢和镍，15%～20% 的有色金属，10% 的石油和 23% 的工业用电。表现在产值结构上，作为世界上最大的军火供应商，美国生产了全球 60% 以上的军火，产值占其国内工业总产值的 23% 左右。军火贸易解决了美国大量的劳动力就业问题。据称，每 10 亿美元的军火出口将为美国提供 2.4 万小时的就业机会。据麦道公司称，单是向沙特阿拉伯出售 72 架 F－15 战斗机一项，价值 90 亿美元，就能提供 1.1 万个就业机会，并能保证其在生产线工作 3 年。

（3）军品贸易是美国国防工业生存发展的重要动力。美国联邦政府每年的政府预算中很大一部分是军费开支。美国政府每年向军火商采购大量军火，既满足了军队的需要，也支持了国防工业的生存和发展。① 但由于美国国防工业基础庞大，军火生产企业数量多，所以美国每年生产的军火是本国武装力量无法全部消化的。20 世纪 80 年代，世界形势有所缓和，美国自身的军火需求和对外军火贸易减少，以致不少军工企业困难重重，有些军火公司出现军火过剩。军火商一直向国会议员游说，强烈要求打开军火销路，美国政府迫于压力，进一步扩大对外军火销售。

四　美国与中亚五国的军事技术交流

自冷战结束后，中亚五国成为独立的国家以来，苏联解体在中亚留下的战略空间便吸引了美国的注意，随着中亚战略和能源地位的日益凸显，美国也逐步增大对中亚五国的军事技术输出力度，双方军事技术交流迅速

---

① 刘颂尧：《略论美国经济军事化的作用和反作用》，《武汉大学学报：哲学社会科学版》1978 年第 6 期。

展开。

（一）美国与中亚军事技术交流史分析

从美国与中亚五国军事技术交流的现实状况看，我们能够归纳其大致经历了以下两个阶段：第一个阶段是冷战结束后至"9·11"事件前，为美国单方主动阶段；第二个阶段是"9·11"事件后至今，为双方互动阶段。下面我们就这两个阶段分别进行分析。

1. 单方主动阶段

"9·11"事件前美国的军事技术输出更多是出于自身安全考虑和能源需求，而中亚五国出于自身安全角度，一味地接受美国的军事援助，借此不断壮大其军事实力。在单方主动阶段内，美国开展了多项目的性极强的军事技术输出项目。如 1993 年美向哈援助 9100 万美元，1994 年增加到 3.96 亿美元。美在物资援助上对哈萨克斯坦给予特别的优待，其主要目的就是为了让哈放弃苏联解体后遗留在其境内的核武器。

1995 年美宣布取消对哈的武器禁运，之后哈萨克斯坦便接受了美国提供的 8450 万美元援助，分期销毁部署在哈境内的战略性进攻武器。1995 年 12 月，美向乌提供了 5 亿美元贷款用于军转民计划。1999 年 5 月，美乌混合委员会在塔什干举行会议，签署了《1999～2000 年双边防御合作计划》，决定在军事教育、训练、演习、互派专家以及保障边境安全等方面进行合作。2000 年 2 月，美国国务院代表团访问乌兹别克斯坦，向乌提供了价值 265 万美元的 16 辆装甲输送车，乌军 30% 的装备已美制化，同时乌有大批军官在美各军事院校接受培训。4 月中旬，美国时任国务卿奥尔布赖特访问哈、吉、乌三国，带来了 1.3 亿多美元的军援，其中给乌提供了近 1 亿美元、哈 1000 万美元、吉 300 万美元。9月，时任美中央司令部总司令弗兰克斯访乌，向乌提供了一笔人道主义援助资金，帮助乌打击恐怖分子的活动，10 月，又拨出 3700 万美元用于巩固"古阿姆"边界。

表 6 - 1　"9·11"事件前美国与中亚的军事技术交流

时间	事项	参与国	活动内容
1993 年	提出"合作伙伴关系计划"	欧洲和前苏联国家	谋求军事合作

续表

时间	事项	参与国	活动内容
1995 年	军事合作	中亚国家	签署军事协议、许诺提供武器装备和培训军事专家、提供贷款
1996 年	参加北约联合军事演习	哈、吉、乌、美	军事合作
1997 年	组建北约中亚维和营	哈、吉、乌、美	500 名美国空降兵参加的"中亚维和"联合军事演习
1998 年	举行了四次联合军事演习	中亚国家	美国参加的军事合作
1999 年	签署 2000 年军事合作计划	哈、美	提供武器装备和培训军事专家、提供贷款
2000 年	建立情报信息系统，提供军事援助	哈、美、乌	使用美国通信及卫星、建情报信息中心；军事援助 1 亿多美元

通过第一阶段的努力，中亚五国在不影响国家安全的前提下，渐渐摆脱了对核武库的依赖，并建立起多元化的军事技术交流渠道，为其后续发展奠定了良好的基础。

2. 双方互动阶段

"9·11"事件后，中亚五国深感恐怖主义的威胁，急于增强自身军事实力维护本国安全，希望通过美国的军事技术援助来提升军事实力，维护政权稳定。而这也给美国进入中亚地区提供了绝好的机会。美国从地缘政治的角度考虑，力图进一步提高其对哈萨克斯坦等国军事政治领域的影响力，形成有利于其发动阿富汗战争和应对中东地区事务的战略格局。其通过资金技术援助和"反恐"军事合作，开始尝试把中亚诸国拉入美国的势力范围和地缘政治影响内。

以哈萨克斯坦为例，2003 年，美向哈提供了 9200 万美元的援助，其中用于安全方面的就达 4920 万美元。据称，美国以每架 200 万美元的价格向哈提供了 5 架阿帕奇直升机，用以提高其机动作战能力。两国还商定美国向哈军无偿转让一批非战斗用技术装备，其中包括通信工具和工程仪器等。此外，美还帮助哈在里海边的阿迪乌拉建立摩托化机动队，以加强对里海边境的控制，维护里海地区的安全，美还计划向哈转让排水量在千吨以上的轮船和军用运输机。2004 年 2 月，美国时任国防部长拉姆斯菲尔德访哈，同哈政府讨论了有关里海石油安全的问题。美计划 2004 年向哈提供420 万美元的军事装备，并且帮助训练哈军队。2005 年，美国向哈萨克斯坦提供了"休伊－2"型直升机、高性能"悍马"越野车、C－130型军用运输机等装备。美国还曾和哈萨克斯坦签署过哈向美空军提供备用机场的备忘录。其中特别规定：美军战机在出现技术故障、油料不足等特殊情况时，可以在哈前首都阿拉木图的国际机场降落，并接受技术服务、维修和保养等。

吉尔吉斯斯坦"颜色革命"和乌兹别克斯坦"安集延暴乱事件"爆发后，中亚五国与美国的关系直线下降，甚至连一贯亲美的乌兹别克斯坦也关闭了美军驻乌军事基地，使得中亚五国开始将军事安全领域交流的目光转向了俄罗斯，美国对该地区的军事技术输出受到阻碍。2008年过后，美国开始逐步意识到其在中亚地区军事技术输出的操之过急和意图明显，并尝试谋求更为务实和稳健的军事技术交流方式，在这种政策背景下，美国对中亚五国军事技术输出的程度又有所升温，并在很多领域达成了合作意向。

在美国与中亚五国军事技术交流的整个过程中，两个阶段的特点十分突出。由初期的美国带有明显主动性和强烈目的性的单向输出到"9.11"事件后，中亚五国开始谋求同美国的合作以壮大自身军事实力，保障国家安全和应对恐怖主义危机。同时，在这两个阶段中，中亚五国开始更多地强调自身利益，通过大国间彼此的制衡来寻求自身发展，尝试依赖性与主导性并存地接受美国的军事技术输出。这也是中亚五国军事技术交流走向成熟的表现。

（二）美国与中亚五国军事技术交流现状分析

随着与美国日趋密切的军事合作和美国对其逐渐增多的军事援助，中亚各国的军事改革和体系建设深受美国国防建设、军事管理制度理念的影响，已初步呈现较明显的"西化"，并逐步向北约的军事体制靠拢。除了装备领域，为了检验部队的作战能力，中亚五国还接受了美国联合军事演习的邀请。如：1996年，哈、乌、吉三国组成的中亚维和营参加在美国路易斯安那州举行的北约和平伙伴关系框架内的联合军事演习；1997年9月，和平伙伴关系计划成员国在哈萨克斯坦境内举行了"中亚维和营—1997"演习，该次演习的目的是提高"解决地区性突发事件"能力；1998年9月，美国派出由3000人空降兵组成的部队参加了在乌兹别克斯坦和吉尔吉斯斯坦境内举行的"中亚维和营—1998"大规模维和演习；1999年，中亚维和营再次到美国参加北约的联合军事演习。

进入新世纪后，美国与中亚国家举行的联合军事演习在此后历年从未中断过。如2005年7月美国与中亚国家的"和平之盾—2005"军演和近些年的美哈"草原之鹰"军演等。其中在中亚地区举行的联合演习，美国几乎承担全部费用，以利于推行其中亚政策。在联合演习中，通过军事技术的不断输出，既提升中亚各国的军事技术水平，也使美国逐步达成在中亚五国建立军事基地的常态化趋势。"9·11"事件后，美国顺利成为让中亚各国领导人认为值得信任的对象，他们一致认为美军在反恐战争中有着不可取代的地位。因此，五国领导人几乎没有任何异议地答应美国提出的建立军事基地的建议。乌兹别克斯坦是第一个向美国提供军事基地的国家，在阿富汗战争开始之前就把喀什的卡纳巴空军基地交给了美军。塔吉克斯坦政府和吉尔吉斯政府也为美国使用他们的军事设施而向国会游说，急切地希望美国的到来能刺激经济发展。另外，美国还得到了在哈萨克斯坦三个机场降落的有限权利。

透过美军"9·11"事件后在中亚的军事基地活动，可以看出其在中亚的军事影响力大幅度提升。美国对中亚五国进行军事技术的援助项目不断增多并且非常注重综合性，涉及的领域十分全面。1997年底，在哈总统和国防部长访美期间，美宣布哈为其在中亚地区第一个战略伙伴国，并与哈签订了1998年度军事交流合作计划。这表明，美哈两国在军事领域的合作已进入了实质性阶段。1998年，美拨款100多万美元为哈、乌培训高级军事指挥人员，还帮助哈筹建一所预备役军官学校，还向哈出售了价值150万美元的武器装备，签署了提供16艘海军舰艇的协议。

1999年5月，美国总统特使访哈时，签署了价值5000万美元的援助项目和边境保卫援助技术协定。此后，美国国防部长全权代表访哈，签署了美哈2000年军事合作计划，决定进一步加强军事领域的合作，当年美对哈军援1000万美元。美国和北约通过"和平伙伴计划"向中亚国家提供了大量的军事援助，其主要形式是提供专项资金和武器装备，为其培训人员，建设新式部队等。

表 6 − 2　美国对中亚五国军事援助明细表

		哈萨克斯坦	吉尔吉斯斯坦	塔吉克斯坦	土库曼斯坦	乌兹别克斯坦	总计
2002 财年（实际）	IMET	89.3	60	25.9	26.8	88	302
	FMF	476	1100	370	—	3620.7	5565.7
	总计	564.3	1160	395	28.8	3708.7	5867.7
2003 财年（实际）	IMET	100	110	35	45	120	410
	FMF	300	400	—	70	875	1645
	总计	400	510	35	115	995	2055
2004 财年（实际）	IMET	120	120	40	45	160	485
	FMF	300	600	70	70	1000	2040
	总计	420	720	110	115	1160	2525

注：IMET 和 FMF 分别是"国际军事教育与培训"和"对外军事资金"。
资料来源：http：//cast.ru/journal/。

自 1996 年 5 月中亚国家开始组建"中亚维和营"开始，美国就给以极大的支持，此外，美国还主张在和平伙伴关系的框架内由乌兹别克斯坦、哈萨克斯坦和吉尔吉斯斯坦军队组成维和部队，其目的就是取代塔吉克斯坦境内的俄罗斯军队。2001 年，土库曼斯坦边防部队获得 1 艘"波因特·杰克逊"级巡逻艇，其艇员在佛罗里达州接受了专门训练。美国高层也经常访问土库曼斯坦，商谈有关的军事技术合作事项。阿富汗战争期间，土库曼斯坦明确表示为美军飞机提供领空的界限。2002 年，美向塔边防部队共拨款 170 万美元。同年，美国向塔吉克斯坦提供了 4900 万美元的军事援助。与此同时，美国同塔吉克斯坦签署了相关协定，以在阿富汗进行反恐行动为名租用了库尔干秋别军用机场和库利亚布军用机场，以此增强其在中亚的军事存在。2008 年 2 月 1 日，哈美两国在哈首都阿斯塔纳签署了一项为期 7 年的军事技术合作计划——《2008 ~ 2015 年哈美军事技术合作计划》。此举有助于提高哈维护和平的潜在实力，发展哈军事教育和干部培养的国家体系，以及实现哈军事技术的现代化。

综上所述，军事技术交流为中亚五国走出单一的苏联体系，实现国防力量建设的多元化开辟了道路。引入美国和欧洲技术，在一定程度上削弱了俄罗斯在该地区的影响力，却提高了中亚五国的自主程度，并为其将来走向更加成熟的开放性交流道路打下了基础。

第三节　俄罗斯对外军事技术交流

一　俄罗斯对外军事技术交流的特点与发展趋势

冷战结束后，俄罗斯作为苏联的继承者跌落到与英、德、法同一层次，形成了美国一枝独秀，俄、法、德、英诸国竞争的格局。进入新世纪，俄联邦把军品贸易作为推动俄整个经济的支点，不遗余力推销武器，实现了军品出口的连续增长。

据斯德哥尔摩和平研究所发布的数据显示，2013 年，俄罗斯武器及军用装备出口额达 132 亿美元，在军品贸易出口方面位居世界第二。

五大主要武器供应国分别是美国（占全球武器出口量的 29%）、俄罗斯（27%）、德国（7%）、中国（6%）和法国（5%）。2012 年，俄罗斯与 60 多个国家签署了超过 1300 项的武器装备军售合同，这些合同的总价值接近 180 亿美元，这一数字与 2011 年相比增长了 50% 以上。这五大供应国的武器出口量占全球武器总出口量的 74%。美国和俄罗斯总的出口量占全球武器出口量的 56%。

自苏联时代开始，俄罗斯的军事装备一直在国际军品贸易市场上占有非常独特的地位，这一地位的形成既有军事技术上的原因，也有国际政治上的原因；既有苏联时期的历史因素，也有 90 年代后俄罗斯独特的军事技术合作政策的因素。大体上，俄罗斯在国际军贸市场上的特殊优势有以下几点。

（一）技术先进，种类齐全

作为冷战时期能与美国分庭抗礼的超级大国的主要继承者，俄罗斯的军事技术水平处于世界前沿。而且随着国际军品市场和国际政治形势的不断变化，俄罗斯政府依据需要适时调整出口武器的种类。

从以"米格"和苏 - 27 系列为代表的先进战斗机，到"基洛"级潜艇和"戈尔什科夫号"航空母舰为代表的先进军舰，乃至 S - 300 和"道尔"防空系统，从陆军的 T - 90 坦克和卡拉什尼科夫步枪，到各种导弹和弹药，俄罗斯武器的种类非常齐全，是世界上极少数拥有全系列军事装备生产能力的国家之一，俄系军事装备以其出众的先进性和可靠性赢得了大量用户的青睐。

（二）价格优惠，性价比高

由于独特的资源优势和较低的人力资源成本，俄罗斯的军贸产品在与欧美同等水平的武器装备比较时通常体现出价格优势。俄罗斯常规武器装备相比美国武器来说差别不是非常大，但价格方面比美国优惠不少；俄美两国在战略武器上的差距较为明显，但各国一般采购战略武器的次数并不多，因此俄罗斯武器在价格上对各国有较大吸引力。

举例来说，美国出售给韩国的 F - 15K 战斗机单价大约为 1 亿美元，而同一时期俄罗斯出口给印度相同档次的苏 - 30MKI 单价仅为 4000 万美元。在 2013 年土耳其举行的防空系统投标中，美国的爱国者 - 3 防空导弹系统报价 78 亿美元，而俄罗斯类似的 S - 300 系统仅为 50 亿美元。

（三）地位特殊，限制性小

美国及其他北约成员国在出口武器时受到其政治立场的影响极大，西方世界又惯常将军品贸易与政治挂钩，导致许多国家在选择购买西方武器装备时顾虑重重。而作为超级大国苏联的继承者，俄罗斯在国际社会上具有巨大的影响力，无须看着西方的脸色行事，在对外军事技术合作方面具有完全的独立性。

同时，军品贸易不是一般的国际贸易，两国之间的军事技术合作同时也是两国关系的晴雨表。就国际政治领域而言，在国际格局"一超多强"的现在，面对超级大国的霸权主义威胁，发展与俄罗斯的友好关系，相互借重，是许多国家与俄罗斯进行深入的军事技术合作的重要考量。

基于上述优势，俄罗斯对外军事技术合作发展迅猛，近些年来主要出现两大趋势。

一是数额不断增长、市场不断扩大。据俄罗斯世界军火贸易分析中心评估，2008～2011 年全球军火进口（出口）总额 2195 亿美元，其中俄罗斯以 358.7 亿美元居世界第二。仅在 2012 年，俄罗斯就与 81 个国家进行了军事技术合作，向 65 个国家出口了武器装备，收到订单 1535 份。俄罗斯主要军售出口对象为非西方国家，如非洲、亚洲等。2003～2010 年，中国、印度和阿尔及利亚的订单总额就占到了俄罗斯军事出口总额中的 63.1%。[①]

在非洲的主要军售对象包括中非、北非地区的发展中国家，这些国家以前与苏联就有过亲密合作，因而具有良好的贸易基础。这些国家中部分因为国内政局不稳，时常发生动乱而市场需求旺盛，每年贸易总额都在增长。

在亚洲的主要军售对象是印度、中国及东南亚各国。其中俄罗斯与印度、东南亚各国的军事合作密切，不仅在军事贸易方面往来频繁，在军事技术研发和人才交流培养方面也有全方位合作。因中国技术破解及研发能力强，近些年俄罗斯在对与中国的军售上一直持保守态度。在非西方国家中，其军售对象主要是与西方对立的国家，如伊朗、叙利亚、朝鲜、伊拉克等均是技术不够先进的国家，其中俄罗斯退出在 1995 年与美国秘密签订的不对伊朗出售武器协议，恢复对伊朗出售武器。独联体国家也是俄罗斯主要军售对象，俄罗斯与独联体国家是长期可靠的军事战略合作伙伴，并为了与西方国家抢夺市场，在武器技术与价格方面都给以巨大优惠，以缩小与西方国家的军贸额差距。

特别是近年来，俄罗斯积极拓展东南亚这一新兴市场，其与东南亚的军售合同总额超过了与印度、中国签署的合同总额，在过去十年中，越南成为俄罗斯在该地区的主要军火购买商，成为仅次于印度、委内瑞拉和中国的俄罗斯武器第四大进口国。这不能不引起相关国家的忧虑和关注。

在其他地区，拉美是俄罗斯对外军事技术合作的新兴市场。2011 年，俄罗斯武器出口额的 14% 被拉美国家购买，通过有效的军事技术合作，俄罗斯将自己的触角伸到了这一地区。

另外，俄罗斯还特别重视与独联体国家的军事技术合作。俄罗斯从国家利益出发，加大对独联体国家等核心盟友的军事技术合作的经营力度。俄 2010 年版军事学中强调，"要在独联体安全条约组织框架内强化集体安全机制，提高该组织实力，也要在独联体、欧安组织、上合组织框架内加强国际安全领域的互动，并与其他跨国组织（欧盟与北约）发展在该领域的关系"。

俄罗斯将独联体国家看作其战略后院，历来重视通过军事、政治、经济等各种手段加强其在独联体国家的影响力和控制力。俄罗斯以优惠价格在独

---

① 陈君、王峰：《俄罗斯武器出口现状与趋势》，《现代国际关系》2009 年第 2 期。

联体国家内部交付武器装备，仅在2011年就达8000万美元，涉及S-300导弹、T-90主战坦克、苏-30战斗机、米格-29战斗机、米-17直升机等自身装备的现役主战武器。而出售给白俄罗斯和哈萨克斯坦S-400，打造与俄罗斯协同的一体化防空网络在其对外军事技术合作中是绝无仅有的。

　　二是主要出口军事装备技术含量高，海空武器成主力。世界政治格局风云变幻，尤其是在个别地区局势紧张并持续升级的情况下，俄罗斯的高技术军事装备销量持续增长，以科技含量高著称的海空军装备明显突出。2013年，俄罗斯对外武器出口中，航空技术装备出口占出口总额的38.3%，海军装备占17%，陆军装备占14.2%，防空装备占26.2%。[①]

　　目前，俄罗斯空军的苏-30，米格-29系列战斗机，"卡""米"系列直升机，海军的"基洛"级潜艇，以及S-300、"道尔"、"铠甲"-S1防空导弹系统都是国际军贸市场上非常受欢迎的产品。2008年，空军装备出口额首次超过了海军装备，在2009年、2010年、2011年俄罗斯武器出口结构中，也都是空军装备独占鳌头。

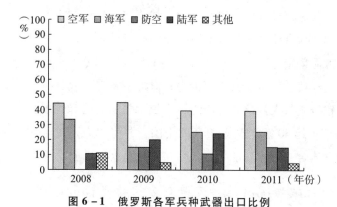

图6-1　俄罗斯各军兵种武器出口比例

二　俄罗斯对外军事技术交流战略与政策

（一）加强政府的宏观指导和调控能力

　　冷战的结束极大地冲击了世界军火市场。一方面，和平与发展成为时代主题，一些军事大国间的军备竞赛开始降温，一系列限制军备竞赛的协

---

① http://world.huanqiu.com/exclusive/2014-01/4798742.html.

议相继签订。从总体上看，世界上大部分国家为了集中精力发展本国经济，都不同程度地对军费开支进行了削减，从而客观上造成军事装备订购经费的萎缩。另一方面，一些主要军事大国由于安全政策的调整，都在急切地为多余的、过时的武器装备寻找出路。这种武器装备的供求矛盾导致世界军火市场上的竞争日益激烈。针对这种情况，为了扭转武器出口下降之势，增强竞争力，俄罗斯加大了政府的宏观指导和调控力度。1994年俄罗斯专门成立了"武器装备和军事技术进出口公司"，加强对军火出口的国家垄断。1996年又设立了跨部门的国家"军品出口政策委员会"，负责制定统一的军品出口政策和协调出口计划。[①]

（二）政府给予优惠政策大力扶持

俄罗斯在加紧制定一系列措施的同时，也对军工企业给予了一定的倾斜和优惠政策，进行大力扶持。1996年俄为了加大对科技政策的宏观调控力度，专门成立了由总统叶利钦任主席的"总统科技政策委员会"，并陆续出台了一系列具有权威性的国家科技发展战略与计划：制定军工生产、军事技术合作及出口检查法规，加强对科研及实验设计成果的规划管理，堵塞外流漏洞；多方筹集资金，加大科技投入，尤其是保证重点军事科研项目和高科技武器生产经费，以增强其生产能力；对那些各自为政、分散孤立的军工企业和工业银行进行大规模合并改组，实施大集团战略和规模化经营，力争在1998年底前组建30家大型军工金融集团，并将权力下放给它们，以提高军事工业的整体合力和应变能力，增强在世界军火市场上的竞争力。

（三）打破传统思维，开辟全方位的武器出口市场

第二次世界大战后，全球在冷战的阴影下自然而然形成了泾渭分明的两大军火市场。对立双方的武器进出口不仅完全相互隔绝，而且互相严加控制，唯恐落入对方。冷战后世界军火市场发生了巨大变化：俄罗斯传统的军火主顾要么大大减少武器进口，要么另辟他径；世界主要武器进口国和地区发生转移；军火进口来源出现多元化；等等。为了适应世界军火市场变化后的新情况，摒弃意识形态界限，广开出口市场渠道，实行全方位

---

① 马建光：《俄罗斯对外军事技术合作——现状与前瞻》，国防工业出版社，2013，第10页。

的武器出口战略就成为调整后的俄军贸政策的重要特点。一方面，俄极力恢复和稳定自己传统的军火市场，最大限度地阻止西方将自己完全从传统市场上排挤出去；另一方面，大力向西方传统市场进军和渗透，抢夺新伙伴，挤占西方的市场份额。目前，俄罗斯同 50 多个国家恢复或发展了军贸合作关系，其中绝大部分为发展中国家。武器出口地区主要集中于 7 大市场，它们分别是独联体、东南亚、中东、东欧、拉美、印度和中国。据美国国会研究局统计，俄罗斯仅在 1995 年就同上述地区的上述国家签订了 60 多亿美元的武器合同，约占上述国家武器合同总额的 39%，已成为发展中国家的头号武器供应国。全方位武器出口市场的开辟，不仅使俄武器出口的对象国不断增加，而且使其军火贸易额不断上升，赚取了大量的外汇。

（四）积极推动先进武器出口，抢占国际武器市场

海湾战争曾一度使世界军火市场上的西方武器备受青睐，苏联的武器备遭冷落。为了改变这种局面，抵消西方武器的影响，俄罗斯开始大肆兜售长期秘而不宣的先进武器装备，采取什么武器赚钱就卖什么武器的政策，以增强同西方武器的竞争力，扩展武器出口领域，扩大出口量。

俄罗斯最早将自己的先进武器装备投放国际市场是参加 1993 年的阿布扎比世界武器展。当时，俄带去了 370 多件最新的武器装备参展，其中近一半为首次在国外亮相，并借此成功地挽回了本国武器在海湾战争后几乎丧失殆尽的威望，而且获得了可观的一笔笔订单。之后，世界各地的武器展，俄罗斯无不踊跃前往，且每每推出更多、更新的武器装备。

（五）采取灵活多样的武器促销方式

冷战时期，苏联的武器出口更多地服从、服务于同美国的全球争霸和控制其他国家的政治需要，大多采用"军事援助"形式进行。俄罗斯立国之后对整个军火贸易制度进行了改革，摒弃了过去那种以谋求政治、军事利益为主要目的的模式，武器出口更加强调经济利益，除保留"军援"形式外，更多地采用"现汇贸易"和"武器抵债"形式。[①] 俄的武器出口主

---

① 齐斌：《浅谈俄罗斯武器出口政策的调整》，《国际政治研究》1998 年第 2 期。

要采取当今世界军火贸易通行的"现汇贸易"，以便更快、更直接地为国家赚取急需的外汇。"武器抵债"不仅是当今世界军火市场上的一大特色，也是当时债台高筑的俄罗斯万般无奈而采用的另一大武器出口形式。出于外汇短缺，以武器代为偿还债务，不失为一条有效途径。对此，一些债权国或无可奈何，或乐见其成。比如，1995～1996年，俄罗斯向韩国出售了2亿美元的武器装备以偿还债务。

俄罗斯根据自己的特殊情况，采取灵活多变的武器出口形式，不仅有效地解决了长期困扰的债务问题，而且对其保住部分传统军售市场，开辟西方的传统市场起到了一定的促进作用。从1991～2000年的近十年中，俄罗斯政府每年都对俄罗斯军工企业的结构调整不断地提出意见指导，尤其是在1995年俄罗斯政府针对其远东地区军工企业的调整改革提出了一系列具体的要求，如：保持和发展国防综合体的科技发展潜力；充分利用闲置设备，保证最新民品的生产，实行军品和民品生产一体化；调整军工企业的所有制关系，在军工企业建立大型康采恩、技术园区等；充分利用转产企业生产民用产品的条件，发展燃料动力系统的基础设施，解决生产问题。从俄罗斯政府对俄军工企业的关注，不难看出俄罗斯军工企业在俄罗斯经济恢复增长中的作用与影响，反映出俄罗斯经济结构的一个重要特点。

三　俄罗斯对外军事技术交流的政治和经济因素

（一）俄罗斯对外军事技术交流的地缘政治因素

亚欧大陆是世界上最大的一块大陆，拥有最多的国家和领土，是当前世界主要经济发展地区。而俄罗斯占据东欧与西亚这一广阔的领土，控制着北冰洋及整个西伯利亚冰原，俄罗斯东与美国加拿大相连，西与北欧各国靠近，南与中国接壤，与日本等亚洲各国交通方便，横跨亚欧的海上、陆上交通运输线是连接亚欧大陆的桥梁所在，因而其地域优势不言而喻。俄罗斯与欧洲经济联系密切，但也存在着一定的矛盾。所以近年来加强了与东南亚及其他非亲西方国家的合作，诸如叙利亚、越南、伊朗等国家，不断在军事贸易及技术方面开展合作，多方拉拢建立事实上的同盟关系，为俄罗斯的强大寻找坚定盟友，以打击潜在的敌对势力。

从地缘政治角度出发，俄罗斯通过军事技术合作着力经营与印度、委内瑞拉、叙利亚、越南等战略位置十分重要的"地缘政治支轴国家"的友好关系。①

例如，2013 年 5 月 13 日，俄罗斯国防产品出口公司向俄罗斯国会通报，目前俄罗斯与委内瑞拉签订的军事技术合作合同总价值达 110 亿美元。这一数据占国防产品出口公司于 2001～2013 年向拉丁美洲出口军事装备及相关服务的总价值的 75% 以上。俄罗斯已向委内瑞拉交付了 10 万支 AK - 103 突击步枪，目前正致力于创建两条装配线，以便在本地许可组装俄罗斯突击步枪和弹药。

俄罗斯向委内瑞拉出售 24 架"苏" - 30MK2 战斗机、34 架"米" - 17V - 5 直升机、10 架"米" - 35M 直升机以及 3 架"米" - 26T 直升机的合同已经完成。委内瑞拉还订购了 T - 72V1 主战坦克、9K58 式"旋风"多管火箭炮、米 - 28NE 攻击直升机、"山毛榉"M1 - 2 和 S - 300VM 防空系统、BMP - 3 步兵战车、BTR - 80A 装甲车、2 - S19 自行榴弹炮、BM - 21 式"冰雹"多管火箭炮、"诺娜" - SVK 自行迫击炮以及军用卡车。

通过与委内瑞拉密切军事技术合作，俄罗斯成功挤入美国视为其"后院"的拉美地区，进一步扩大了自己的战略影响范围，在国际政治舞台上赢得了主动权。

（二）俄罗斯对外军事技术交流的经济动因

1. 发展军品贸易，有利于俄罗斯经济产业结构调整和经济稳定发展

苏联解体、俄罗斯独立以来，俄罗斯经历了长达近十年的经济下降的艰难时期。从 1991～1998 年经济形势未有明显好转，国内生产总值下降近 50%，尤其是 1998 年 8 月发生的金融危机更是严重地影响了俄罗斯经济发展。俄罗斯种种经济危机的发生无不与其继承的苏联时期的经济结构体系有很大的联系。而在其原有经济结构体系中，军事工业在国民经济中达到近 70%，属于严重畸形的工业体系。

苏联时期的军工产品大约 80% 供应本国军队，15% 供应给《华沙条

---

① 李爽、马建光：《俄罗斯与拉美国家军事技术合作的特点与发展前景》，《国防科技》2013 年第 4 期。

约》集团，5%供应其他友好国家。苏联的解体使世界军火市场一度萎缩。俄罗斯经济生活的急剧动荡不安，一定程度上促使俄罗斯军工企业处于减产和停产的状态；同时在俄罗斯经济体制转型当中，庞大的军工企业实现所有制改造所面临的困难十分复杂。外国投资者向俄罗斯投资时不能不考虑对军工企业投资所产生的难以预料的种种风险，因而不愿向军工企业投资（涉及俄罗斯国内政策与社会形势的相关制约），国内资本和外国资本投入的不足必然影响到俄罗斯经济的恢复增长。军品的生产属于科技含量较高的工业制造产品，而俄罗斯工业体系中制造业占的比例十分大。苏联时期对军工企业的某些倾斜政策在苏联解体后给俄罗斯产业结构的调整带来许多不利后果，比如国内轻工业发展严重滞后等。虽然冷战已经结束，俄罗斯军工企业的调整也面临着巨大的资金投入的压力，但毕竟俄罗斯军工企业的技术装备与技术人员素质是属于基础较好的经济部门，因此军工部门始终是俄罗斯政府重视的经济发展的一个重要领域。

2. 军贸出口可以换取大量的外汇资源，有利于国家经济的平衡发展

俄罗斯经济转轨以来，国家的外汇收入主要依靠石油等原材料的出口，其经济形势的好坏在一定程度上取决于石油等原材料产品的国际市场行情的好坏。1999～2000 年的经济回升很大程度上得益于世界市场石油价格的上涨。俄罗斯政府意识到石油、能源等原材料出口不应是唯一的外汇来源，需要再开拓其他外汇收入的来源。而原来庞大的军工企业的转产又难以在很短的时间内完成，那么只有重新重视军工企业产品、技术出口创汇所带来的潜在能力。从叶利钦到普京主政，都十分重视军工企业恢复生产的问题。2000 年 3 月，普京总统在全俄国防工业综合体会议上再次强调了必须使经济增长达 7%～10%，表明了军火贸易出口创汇对经济增长的影响。

3. 军贸出口可以提高其大国地位，扩大国际影响力

冷战结束后，虽然俄罗斯已经放弃了原苏联意识形态斗争的对外政策，转而在对外军事技术合作中强调国家利益特别是安全利益和经济利益，但随着北约东扩的加速、在东欧部署战略导弹防御系统和欧美等西方力量的步步挤压，战略生存空间大大压缩的俄罗斯在普京的带领下重拾现实主义的政治武器。一方面俄罗斯加快国防体系现代化建设，重启新军事革命进程，加强自身国防力量建设；另一方面，俄罗斯修改军事学说和军事战略，以不危害国家安全、不违背国际义务和不影响地区力量平衡为基本原则，开始大力以军事技术合作为武器，扩大其地缘政治影响力，寻求大国地位的提升和重拾苏联时期的国际声望。①

四 俄罗斯对外军事技术交流的战略影响与面临的挑战

在未来相当长的一段时间内俄罗斯武器还将火爆世界军火市场，但仍将面临各种困难与挑战，俄罗斯正积极寻求应对之策。②

（一）国防工业现状堪忧，技术储备不足，未来高科技装备缺乏核心竞争力

首先，随着军事技术革命的迅猛发展，武器装备正以惊人的速度向高技术化迈进，世界军火市场上涨、新技术的武器装备的竞争力越加激烈，而俄罗斯却因近年来受外部环境影响，经济困难，科技水平停滞不前，造成武器装备的研究和开发远远落后于世界军事技术革命的发展步伐。除了像苏霍伊这样的少数几家企业通过拓展海外市场等渠道成功实现转型外，大部分的军工企业只能靠吃苏联留下的老本勉强维持基本运转，装备研发、创新更是举步维艰。俄罗斯打击叙利亚境内恐怖分子行动时，主力机型苏－24和苏－25就是苏联时期的"老兵"。使用这两种机型，一方面有战略战术层面的考虑，另一方面，新一代战机难以及时补充作战任务需求，老旧装备库存较多，使用起来更加经济，也是一个重要原因。在2008年俄罗斯对格鲁吉亚采取的军事行动中，俄军亦大量使用了库存的非制导弹药。

其次，苏联解体后，俄大批科技人才流向西方，许多科技新成果被西方国家攫取，并被很快应用到新的武器装备研制之中，极大地增强了西方军火出口大国的竞争力。根据美国有关方面提供的数据，仅在苏联解体后的10年时间里，就有50万名一流的俄罗斯科技人才流失海外，而且绝大

---

① 张超、马建光：《现实主义视角下的俄罗斯对外军事技术合作》，《俄罗斯东欧中亚研究》2013年第4期。

② 马建光：《俄罗斯对外军事技术合作——现状与前瞻》，国防工业出版社，2013，第225页。

多数都流向了美国和其他欧洲国家，留下的工程设计人员目前的平均年龄也已向退休年龄逼近。而新一代的年轻科技工作者出于薪资的考虑不愿到军工企业工作，纷纷流向能源和金融部门，造成了人才的断档，直接导致俄罗斯科研实力的滑坡和研发能力的下降。

再次，当今世界军火市场上，以电子装置为中心的高科技武器的需求十分旺盛，而这正是西方的强项、俄的短项，短期内俄罗斯很难形成同西方匹敌的竞争力。而目前俄罗斯军工企业生产设备严重老化，成为影响产品质量的一个重要因素。很多企业里的车床都严重老化，使用时间普遍达到30年以上，接近报废年限。如果不对这些基本的生产设备进行必要的更新，随着老化的加剧，俄军工企业的生产将会更加难以为继，生产出来的产品恐将会出现更多问题。

最后，苏联解体后，俄罗斯虽然继承了一大批军工企业，但随之而来的社会、经济转型却给俄军工企业的生存、发展带来了巨大冲击。军工企业的生产和再研发主要依赖于政府拨款和本国军队订单，而苏联解体后俄罗斯经济一蹶不振，低迷的经济状况使得俄军费规模大幅缩水，政府也难以从微薄的财政收入中拨出足够的经费来满足庞大且数量众多的军工企业的需求。由于失去了财政上的支持又缺少国内订单，大批的军工企业陷入了生存困境，在建的大型武器装备也不得不纷纷停工。

（二）俄制武器价格连年上涨，性价比优势逐渐失去

俄制武器历来以技术简单、造价低廉而闻名于世，性价比高，能够在价格、数量、作战性能等许多方面占据优势。然而在新军事革命的背景下，少数高科技高性能的先进武器就足以承担过去大量部队才能完成的作战任务，在不得不提升技术含量后，俄制武器价格低廉的优势正在逐步丧失。更何况，俄罗斯军工企业仍存在作风拖沓、效率低下的问题。在现今的俄罗斯军工企业中，等、靠、要思想依然严重，竞争意识普遍淡薄，缺乏自主创新意识。军工企业领导层难以将经营观念从过去等待政府拨款、向政府索要订单的旧思维中转变过来，造成军工企业适应不了苏联解体后的市场现状，没有及时将生产力转化为市场竞争力。军队订单不足甚至长期没有订单造成了军工企业长时间处于空闲状态，逐渐养成了企业内部人浮于事的风气，完成任务拖沓，效率低下。

更何况，劳动力、原材料价格上涨，配套费用提高，俄罗斯知识产权思想日渐浓烈带来的专利费用等原因也大大促进了俄制武器价格不断上涨的趋势。由于俄罗斯传统的军事技术合作伙伴大多是不发达国家，这一趋势将直接影响这样的军事技术合作关系。

表 6 - 3　苏 - 30 价格变化

	苏 - 30MKK	苏 - 30MKK2	苏 - 30MKN	苏 - 30MK2	苏 - 30MK
进口国	中国	中国	马来西亚	委内瑞拉	阿尔及利亚
数量	38	24	18	24	28
合同额（百万美元）	1800	1200	952	1500～1600	2000
单位价格（百万美元）	47.4	50	52.9	62.5～66.7	71.4
合同签订时间	2000	2003	2003	2006	2006

资料来源：http：//cast. ru/journal/。

（三）俄罗斯出口固有的售后服务差、产品寿命短、零部件供给不足等问题

由于苏联时期对外军事技术合作展开的模式主要以军事援助为主，商业意识的不足导致其长期没有对售后服务等至关重要的领域投入足够的关注，同时俄制武器寿命周期短、返修率高、损耗快等缺点因此而进一步放大。相比之下，欧美武器虽然昂贵，但寿命长，性能先进，安全性和人性化措施更好，配套零部件供给和合同履行都更有保障。

冷战期间，当苏联与埃及交好时，提供了大量武器装备给埃及军队；自从埃及为实现与以色列的和谈而开始与美国接触之后，苏联即撤回其全部军事参谋和技术人员，导致埃及大量武器装备报废，迫使埃及全面转向购买美式装备。

（四）腐败严重，官僚主义严重，出口手续烦琐复杂，人为干扰多，军品出口乱象丛生

受苏联时期计划经济体制和国有企业的影响，俄罗斯军工企业运作与政府有着密切的联系，同时也沾染许多政府机关所固有的作风拖沓、效率低下、官僚主义等不良习气。按俄国家杜马安全委员会主席亚历山大·古罗夫的说法，俄罗斯在世界各国贪腐程度排名中名列第82，紧随津巴布韦和尼加拉瓜，贪腐形势非常严峻。自上而下的贪腐之风更是深深地植根于俄军高层，同时俄军工企业高层也是腐败丑闻频传：军工大鳄"玄武岩"公司总裁弗拉基米尔·科连科夫遭到检方逮捕，原因是用于修建莫斯科—武器试验场观礼台的资金下落不明；俄政府拨给伊尔库茨克航空公司的用于新机研发的6500万美元经费中有5000万不知所踪。此外，俄武器弹药也频频失窃，俄坦克部队甚至将完好无损的坦克当作报废金属向外界出售，这些给俄军造成难以估量的经济损失。

然而随着俄罗斯政府对军事技术合作领域政策大刀阔斧的修改，这一方面的不足正逐步得到弥补。

（五）传统市场受欧美步步紧逼，政治动荡影响俄罗斯传统贸易伙伴

中东、北非地区战略位置重要，更有得天独厚的石油资源，是世界政治版图重要的部分。然而该地区内部民族矛盾尖锐、地缘政治复杂、局部战争频发，始终是世界上军费开支居高不下的地区之一。特别是海湾战争和伊拉克战争后，该地区对武器装备特别是高科技武器装备的需求有增无减。

长期以来该地区就是国际军火商争夺最为激烈的区域市场。2010年12月以来，中东政局持续动荡，"茉莉花革命"席卷阿拉伯国家，突尼斯总统本·阿里下台，在埃及执政近30年的穆巴拉克独裁政府下台，巴林、也门、利比亚等诸多阿拉伯国家爆发了广泛的抗议运动，其中利比亚领导人卡扎菲在西方军事力量的干预下最终被赶下台。

阿拉伯的地区的政治形势变化深刻地影响着该地区的军贸市场。一方面，"阿拉伯之春"使俄罗斯失去了一部分传统军贸伙伴，因为许多阿拉伯国家在持反美立场的独裁政府执政期间只能从俄罗斯获取武器，而在政治动荡、民主政府上台之后则难以预料；另一方面，阿拉伯政局动荡又刺激了周边国家加强军事准备，创造了新的军贸需求。西方国家对利比亚的空中军事打击，导致俄制防空导弹系统需求呈大幅度增长趋势，许多阿拉伯国家把采购武器装备作为避免重蹈利比亚、伊拉克覆辙的重要手段。

第四节　印度对外军事技术交流

1947 年，印度结束了大英帝国殖民的历史而获得解放。然而作为新独立的国家，印度的国防力量相当脆弱，依靠传统的安全观念难以维系当时的发展。因此，进入 60 年代后，印度加强了与苏联的合作，将军事技术交流作为高级政治领域内的一部分全面启动。通过对苏联技术的引入和仿制，印度成功地结束了独立初期的动荡，并渐渐地走上了稳定发展的道路，在南亚地区拥有很强的影响力。纵观印度与苏联（俄罗斯）的军事技术交流历程，其主要经历了以下三个阶段。

一　军事技术交流初级阶段：苏售印购

从 1960 年 10 月到 1962 年 5 月，苏联交付印度订购的飞机 94 架，喷气引擎 6 台。其中安－12 运输机 32 架、米格直升机 26 架、米格－21 战斗机 12 架、伊尔－14 运输机 24 架。因处于两国军事技术合作伊始阶段，两国技术合作方式集中体现为苏卖印买的军品采购格局。在合作内容上，苏联向印度提供的大多是西方国家拒绝提供的廉价军备和米格飞机等现代军火设备和技术，但这对于国防实力薄弱的印度来说却意义重大。

二　军事技术交流中级阶段：印度被特许仿制

随着印苏军事技术交流的开启，印度逐渐倒向苏联，并同苏联建立起准军事联盟性质的"特殊关系"，经历了 60～70 年代两国关系的"蜜月期"。而特许仿制合作方式正是在两国"蜜月期"中酝酿而成。

1962 年，印度对从苏联购买米格－21 战斗机进行了仿制，这是印度和苏联的军事技术合作之间首次出现特许仿制方式。其主要内容为苏联先交付 19 架米格－21 战斗机，然后在印度建立生产线，印度空军军官到苏联接受苏式飞机的作战和维护保养方面的训练，同时 40 名苏联飞行员、领航员和地勤人员到印度训练印度机组人员。自此，印苏间的军事技术交流真正地体现在了纯粹技术领域。1963 年后，苏联在向印度继续转让武器装备的同时，帮助印度在纳西克建立了飞机机架厂，在海得拉巴建立了生产空空导弹和雷达器材的工厂。1971 年，印度与苏联又签订了为期 20 年具有准军事同盟性质的《印苏和平友好与合作条约》，同时达成苏联向印度紧急提供武器装备的秘密协定，从此两国军事技术交流规模得到进一步扩大。

通过被特许仿制，印度获得了先进的军事技术，并推动陆、海、空三军于 20 世纪 80 年代进入全面发展期。先后被特许仿制了 T－72M1 主战坦克、BMP－2 步兵战斗车、米格－27M 和战斗轰炸机等，如表 6－4 所示。

表 6－4　印度被特许仿制苏式武器

订单年份	订单数量	武器名称	武器介绍	交付年限	数量
1980	500	T－72M1	主战坦克	1992～2000	500
1983	900	9M111/AT－4 Spigot	反坦克导弹	1992～1994	900
1983	54	MIG－27/Flogger－J	第五代战斗机	1992～1997	54
1985	400	BMP－2	多功能步兵车	1992～1995	400
1987	7	Tarantul/Type－1241	快艇	1992～2001	7
1988	—	9M113/AT－5 Spandrel	反坦克导弹	1992～2008	7800

资料来源：http://cast.ru/journal/。

至冷战结束时，这种被特许仿制的技术交流使印度在一定程度上避免了战时受制于人的被动局面，减少了对苏武器装备的依赖，而且在提高印度三军武器装备现代化和自给率上起了相当重要的作用。特许仿制方式的出现使两国互信加强，双边军事技术合作仍以俄罗斯对印度的军事援助为主，但此时两国军事技术合作呈现军事援助规模大、领域广的特点。

20 世纪 70 年代，印陆军从苏联引进数辆 T－54/55/62 坦克，海军引进了"卡辛"级导弹驱逐舰等舰艇。1973～1977 年，印度从苏联引进的武器装备占其外购装备总量的 85%。70 年代末，印度从苏联引进的武器装备包括米格－23 战斗机、米格－25R 侦察机、米－8 直升机、安－12 运输机和 T－72 坦克。至 80 年代末，印度陆军装备的 80% 的坦克、100% 的履带式装甲车、90% 的地导弹和 30% 的火炮，空军装备的 75% 的战斗机、60% 的对地攻击机和 95% 的防空武器，海军装备的 100% 的导弹驱逐舰、95% 的常规潜艇和 70% 的护卫舰，均从苏联采购。从此，苏制武器开始成为印军武器装备中的主角。

三　军事技术交流深化阶段：印俄联合研发

苏联解体后，印俄关系出现了三年的停顿和徘徊，步入"冷淡期"。但随着世界多极化进程的加快，印俄共同利益的增加，两国开始在新的国际格局中重温旧梦。通过一系列条约及协议的签订，两国军事技术合作面貌焕然一新，新的合作研发方式开始登上两国军事技术合作的舞台。

表 6 - 5　冷战后印苏相关条约一览表

签订年份	条约名称	条约主要内容
1993 年	《印俄友好条约》	删去了《印苏和平友好与合作条约》具有军事同盟性质的条款，确立了两国以互利为基础的、更加注重发展务实的经济贸易与军事合作关系。两国还签署了《俄印防务合作协定》，规定双方将在武器系统、防务设备及零部件供应，装备的使用、维护与更新，军队人员培训、互访以及情报交流等方面加强合作，并在技术转让、项目援助、共同研究与开发等领域开展合作
1994 年	《2000 年前的印俄军事合作协议》	签订在印度合作生产军舰、改进米格 - 29 飞机的合作，俄同意为印改进米格 - 21 型飞机及其他武器提供技术合作，帮助印度生产 C - 300Y 防空系统装备和舰炮，允许印度向第三国出售俄军事装备和为第三国俄军事装备提供服务的长期交易
1998 年	《2001 ~ 2010 年军事合作协议》	确立了两国首脑定期会晤机制；签署共同设计、研制、生产和销售"布拉莫斯"超音速巡航导弹的协议
2000 年	《印俄战略伙伴关系宣言》	确立了 21 世纪双边关系的性质与走向，签署 11 项协议，涵盖政治、经贸、防务、反恐、科技和文化等多个领域。两国在军事技术合作方面签署了 4 项协议，即建立政府间军事技术合作委员会；印度购买俄罗斯航空母舰和 T - 90S 型主战坦克；印度从俄罗斯购买和按照许可证生产苏 - 30MKI 战斗机
2002 年	《德里宣言》	强调促进两国人民的共同安全、发展与繁荣是战略伙伴关系的核心目标，同时签署《印俄关于加强和提高经济、科技和技术合作的联合声明》《打击国际恐怖主义谅解备忘录》以及其他 5 个涉及经贸文化技术合作的协议

1998 年俄印"布拉莫斯"科研生产联合体的成立可谓两国联合研发方式的先驱，这种深层次的合作标志着两国军事技术合作进入了深化阶段。在 2001 年召开的印俄政府间军事技术合作委员会第一次会议中，两国签署总值达 100 亿美元的一揽子军事合作协议，其中两国就未来共同研制开发

先进的"伊尔-214"型军用运输机、研发第5代军用战斗机以及合作开发新式潜艇和隐形战舰达成一致。2002年,俄印签署多项军事合作议定书,俄向印度提供多管火箭发射器及多用途的苏-30MKH歼击机并为印度火炮配备弹道测量系统,改造俄曾向印度出口的877EKM型常规潜艇并尽早向印度交付T-90C坦克,以及共同研制高科技武器等。2004年,俄印确立战略合作伙伴关系后签订了许可印度生产140架苏-30MKH战斗机,60架米格-27K航母战斗机,310辆T-90C坦克,以及俄罗斯帮助印度修建相关基础设施等数十项合同,贸易总额约20亿美元。2005年,印度计划与俄罗斯合作设计和生产高科技军事装备,希望在能源和空间技术方面扩展合作,并与俄罗斯签订了军事和空间技术合作等方面的4项协议。2006年,俄罗斯与印度政府间军事技术合作委员会第五次会议宣布,俄印两国2010年前双方的军事技术合作计划共包括200多个不同的项目,涉及总金额约200亿美元。2007年10月,在俄印军事技术合作委员会第六次会议上双方签署合作研制和生产代号为PAK-FA的"第五代"先进多用途战斗机协议。第五代战斗机的研制费用可能高达100亿美元,俄罗斯和印度将平均负担研制费用,印度科研人员从一开始将参与包括机载武器在内的第五代战斗机的所有研制工作。这一项目将成为俄印两国政府目前为止在军事领域内数额最大的一个联合研发项目。

2007年,两国又宣布了新的许可生产协议,包括40架苏-30MKI战机,24架斯莫奇多管火箭发射器,347辆T-90S坦克和80架米-17直升机,以及为172架米-8和米-17直升机及67架米格-29战机的升机。此外,随着第一批布拉莫斯巡航导弹交付印度陆军使用,印俄分别于2007年10月和11月签订了关于联合设计和开发第五代战斗机和多用途动运输机的多项政府间军事技术合作协定。俄罗斯通过与印度进一步开展联合研发新式武器深化了两国合作,达到了长期合作并维系两国良好的军事合作关系的目的。

综上所述,两国军事技术合作委员会的成立及联合研发合作方式的出现使两国军事技术合作逐步进入深化阶段,两国在国防合作领域正式结束了以往"俄卖印买"的合作方式,开始顺利迈入"共同研制和开发的战略伙伴关系"的轨道。

以印俄军事技术交流为主线,印度的国防工业逐步实现了由无到有、由弱到强的阶段。军事技术交流的开展也使印度拓宽了交流的范围，扩大了装备技术合作贸易的来源。"9·11"事件后，美国需要印度对其反恐政策的支持，印度便利用美国的需求不失时机地从美国购买先进武器并加强印美军事技术合作。同时印度还加强与欧洲国家的合作，在2003~2007年的军品贸易中，欧盟成员国占到了14%，以色列占6%，可见印度的开源化趋势越发明显。

综上所述，虽然印度军队的战斗力仍有待检验，但是最起码在其独立后建立起了不可小觑的国防工业系统并走出了自己的发展道路。在这一点意义上讲，军事技术交流功不可没。

第五节　日本对外军事技术交流

1853年，美国准将佩里率领四艘蒸汽军舰闯入了日本的江户湾，提出对日通商的要求。此时的日本由于闭关锁国，无论是技术还是观念都远远落后于欧美国家，四艘黝黑的钢铁舰船极大地震慑了日本的统治者，也正式打开了日本的国门。随着明治维新的开展，日本官方愈发认识到技术尤其是军事技术对国家安全的重要性。在考察过西方先进的军事技术和武器装备后，日本政府不计成本地引进西方先进技术，通过长时间的引进、模仿、创新，终于实现了由木壳帆船向生产"大和号"等先进装备的转变，由军事弱国向军事强国的转变。可以说，军事技术交流在二战前日本的发展史上写下了浓墨重彩的一笔。

二战结束后，日本以"和平宪法"为核心展开了战后重建，走上了"贸易立国"的道路。但是，"和平宪法"并不能完全禁止日本的军事技术发展和交流，在右翼势力不断泛滥的当前，日本的军事技术交流在日本国家安全乃至国家战略中的作用日益显著。

一　日本对外军事技术交流的历史演进

（一）战后初期日本的军事技术交流

二战期间，日本动员了全国120家军工厂和1000余家民用工厂夜以继日地生产武器，军事工业的生产能力达到顶峰。随着二战的结束，日本本土的武器生产全部停止，实验设施被拆除，生产线被用于战争赔偿，军事技术的发展、交流陷入停滞。以 1950 年朝鲜战争的爆发为契机，美军为了给朝鲜战场提供更为便捷的后勤基地，同时也为扶植日本作为美国在东亚的利益代表，转而主张恢复发展日本的军工产业。在美国的支持下，日本的军事技术发展走向复苏，以小松制作所、富士工业、新三菱重工、川崎航空机工业、日立造船、川崎造船、三菱造船、日产汽车等为主的民用企业迅速拓展军事装备业务，以制造轻武器和炮弹，修理飞机、船舶、汽车为主奠定了工业基础，成为日本防务领域的中坚力量。

朝鲜战争结束后，失去战争特需的日本军工产业急需另寻出路。在当时，日企的目标客户主要有两个，一个是日本政府，即为刚刚成立不久的自卫队提供装备和服务；另一个是东南亚国家和地区，向该地区出口武器装备。从 1955 年开始，以日本"经团联防卫生产委员会"为中心，军工产业界通过各种渠道对日本政府施加影响，积极推进装备的国产化，通过引进经过实战检验的美系装备，并实现国产化的途径，日本逐步跟上世界军事技术发展的潮流，为军事技术研发积累了经验。在出口方面，由于美国对东南亚地区军火市场的垄断和东南亚国家对日本"再军备化"的提防，日本的武器出口并不乐观。从 1953 年到 1968 年，日本除了美国之外仅向泰国、缅甸、印尼、南越，以及我的台湾地区出口为数不多的枪支和弹药。

日本在战后初期的军事技术交流受益于美国，同时由于"和平宪法"和冷战格局也受到了很大的限制。但总体上说，日本这一时期借助美国的支持重新开启了军事技术交流的大门，为其军事技术发展奠定了基础。

（二）冷战时期日本的军事技术交流

冷战时期，日本通过三次"防卫力整备计划"，尤其是 1967～1971 年的"第三次防卫力整备计划"，其装备生产的国有化目标基本实现，并确立了以两条腿走路的方式实现武器装备国产化路线。这一路线主要包括两项内容，一是从国外（主要是美国）引进先进装备生产许可证，由组装开始逐渐实现各个零部件的国产化和先进军事技术的本土化。二是加强自主开发，在原有的技术基础上吸收从国外引进的先进技术，开发一系列产品。由此，日本完成了由"特需产业"到"自主防卫产业"的转变，并打造了支撑战后日本军工产业的一批大型企业。如飞机及航空制造方面有三菱重工、川崎重工、富士重工、新明和工业等。造船方面有日本海洋联合公司、三菱重工等。战车及陆战重型机械制造方面有三菱重工、小松制作所、日立制作所、日本制钢所等。导弹方面有三菱重工、三菱电机、东芝等。通信器材及雷达方面有三菱电机、富士通、NEC 等。在生产环节上，日本军工产业界得到美国的帮助，建立了现代化的生产体系。

虽然日本的军事技术获得了较快发展，但反战的思潮也很大程度上制约了日本的对外军事技术交流。1967 年 4 月，在吉田主义"重经济、轻军备"路线的影响下，佐藤荣作内阁通过了以"不向共产主义阵营出售武器；不向联合国实施武器禁运的国家出售武器；不向正在发生或者可能发生国际争端的当事国出售武器"为主要内容的"武器出口三项基本原则"。1976 年 2 月，时任首相三木武夫首次提到对"武器出口三原则"对象以外的地区也不出售武器。在 1981 年 1 月，铃木善幸内阁通过《关于武器出口问题的决议》，限制日本对任何国家出口武器。至此，日本在防卫领域基本实现了"和平化"。

在"武器出口三原则"的影响下，日本军工产业界致力于确保政府采购的稳定性，军事装备采购形成了官民合作的超稳定性结构。一方面日本政府尽可能地先期明确采购计划，并以高价格采购国产武器。为避免过度竞争，大部分订单以指定厂商生产的方式发出。另一方面，虽然日本防卫省（厅）设有技术研究本部，但大部分的研究和先期投入都是以相关企业为中心展开的。待产品研发定型之后，相关企业再将先期投入计入产品的价格中。这种长期以来建立在买方和卖方默契之上的超稳定结构，对战后日本军工产业的发展起到了很大作用。

（三）后冷战时期日本的军事技术交流

通过上一阶段的积累发展，日本的军事技术达到了较为先进的水平。但面对狭窄的国内市场和被严格限制的国外市场，军品生产在日本大型企业的业务中处于微利甚至亏损的状态，军品业务的比重也相对较低，其中比重最高的川崎重工也不过 16.1%。具体来说，日本自卫队只有 23.8 万人，但生产战机、护卫舰的企业有 1000 多家，各种国产武器批量极小难以形成规模效应。以 90 式坦克为例，在过去 20 年里其采购总数量只有 341

辆,而美国 M1 系列坦克在十余年时间里生产了超过 12000 辆。这导致了 90 式坦克单价超过 850 万美元,两倍于比其更为先进的 M1 主战坦克,而 F-2 战斗机单价高达 1.1 亿美元,价格堪比美国的 F-22 战斗机。所以,从军工产业发展的角度考虑,日本政府和企业极力探寻国际市场,并通过两个途径开展军事技术交流。

一方面,日本企业通过输出军工零部件和操控系统等手段来开辟国际市场。虽然日本无法直接进入国际军贸市场,但其通过间接方式实现了军事技术交流。例如,日本承担着美军巡航导弹的核心部件——微电子芯片 80% 的供给量,日本研发的控制飞行系统广泛运用于 P-3C 反潜巡逻机等军用战机,雷达吸波涂料应用于美军 F-117 等先进隐形飞机。此外,日本在制造潜艇等所使用高强度钢材市场,在现代战争不可缺少的砷化镓器件、图像寻的器、光纤通信和精细陶瓷技术等领域都占据重要地位。不仅如此,日本还以民用方式变相出口军事装备,如 2005 年阿曼机动车工程公司展示的 Nimer1 号装甲车,正是以日本丰田公司出产陆地巡洋舰为原型所改装的。可以说,在国家政策禁止的情况下,日本仍然通过种种渠道开展军事技术交流,维持军工产业发展。

另一方面,日本政治家不断修改政策,减少对军事技术交流的限制。1983 年 1 月 4 日,中曾根内阁修改了"禁止武器出口三原则",允许日本在一定条件下仅向美国提供武器技术,日美联合研制项目作为特例单独审批。以此为起点,日本这艘"永不沉没的航空母舰"又渐渐走向武器化。伴随后冷战时期东南亚区域格局的日益复杂化,美国政府愈发注重日本在东亚地区的制衡作用,而这恰好迎合了日本国内企业对重启军贸市场的需求。

2004 年,为迎合美国在世界范围的反恐斗争,政治上"一边倒"的小泉内阁将与美国共同开发生产导弹防御系统,以及支援反恐反海盗武器出口作为特例进行研究。2011 年 12 月 27 日,鸠山内阁通过了《防卫装备物品转让标准》,标准规定"日本出于促进国际和平与国际合作目的,可以向海外出口武器装备;允许日本与他国联合研发生产的武器装备被转让给第三方;为避免助长国际冲突,继续谨慎对待上述规定范围以外的其他武器出口问题"。此次修改大大放宽日本武器研发和出口的限制,为日本扩大军事技术交流提供了政策便利。

而 2014 年 4 月 1 日"防卫装备转移三原则"的通过更是对原有制度的彻底背离，根据新的"三原则"，日本将在下述情况中允许出口武器装备和技术："①有助于促进和平贡献与国际合作；②有助于日本的安全保障。"其中"促进和平贡献"与"国际合作"的标准不明晰，给了日本极大的解释空间。同时根据第二点，日本还将可以与以美国为首的安保领域合作国共同研发和生产武器装备，加强与同盟国等方面的安保和防卫合作，以确保日本自卫队和日本人在海外活动的安全为由扩大海外军贸市场。至此，日本的军事技术交流之门几乎完全打开。

二　推动日本军事技术交流的影响因素

日本如此急切想要突破"武器出口三原则"，重启军事技术交流，一方面源于思想上长期受"新保守主义"思潮影响；另一方面则是其国内外综合因素的作用，主要表现为以下方面。

（一）实现"正常国家"战略的具体措施

"正常国家"战略 20 世纪 90 年代由民主党元老小泽一郎率先提出，实质是要实现"战后政治总决算"：打破战后体制，谋求在政治领域的国际影响。其核心就是以"修宪"为基础，实现日本"政治大国""军事大国"构想。

尽管安倍晋三在 2006 年当选首相时宣布"修宪是本届内阁的目标"，但是日本在"修宪"问题上始终没有突破性进展。历史上由鸠山由纪夫、岸信介还有安倍晋三等领导的三次"修宪运动"皆因民众反对和国际压力而以失败告终。因此"修宪派"改变策略，一方面修改宪法解释权，变相实现对宪法的突破。另一方面通过"迂回修宪"，将"海外派兵""集体防卫权""武器出口"三个核心问题各个击破，通过架空"宪法第九条"来减少修宪阻力。其中《PKO 协力法》《伊拉克特措法》《反恐特措法》的制定使日本突破了"海外派兵"的禁忌；《应对武力攻击事态法案》《自卫队法修改案》和《安全保障会议设置法修改案》等"有事三法案"的通过模糊了"个别自卫权"与"集体自卫权"的界限，使宪法禁止的"集体自卫权"名存实亡。而对日本武器装备发展影响至深的"武器出口三原则"却进度缓慢。因此，作为修宪运动的"三驾马车"之一，"防卫装备转移三原则"势在必行。

（二）日本国内军工企业的院外游说

日本军工企业非常发达，根据美国《防务新闻》发布的 2011 年《全球军工企业 100 强排行榜》显示，日本有三菱重工、川崎重工等六家企业进入百强，是上榜最多的亚洲国家，而同期中国只有两家企业上榜。但是受"和平宪法"和"武器出口三原则"的限制，日本军工企业只能依靠国内订单生存，市场的局限造成了其生产成本的高昂，政府的订单调控制度又影响了其企业的市场竞争力；加之全球金融危机的影响，使得军工企业不堪重负。

由于日本多数军工企业在创立之初就与政府有着千丝万缕的联系，经过百年继承发展已形成了颇具政治影响力的利益集团。2010 年 3 月，包括三菱重工、川崎重工和播磨重工在内的军工企业曾联合向政府建言，要求放松"武器出口三原则"。称"美国和欧洲的主要国家通过国际开发和生产获得先进的防卫装备……而日本独立的在国内研制和生产少量的如此复杂和昂贵的设备是低效率的"，不断对日本政府施加压力。

（三）制衡中国的战略考量

日本突破"武器出口三原则"不仅是出于国内政治的考虑，而且还暗含着制衡中国的因素。基于历史、地缘、意识形态及现实利益等因素，战后日本长期将中国作为假想敌。特别是进入 21 世纪以来，中国经济迅猛增长，国际影响力不断提高；同时期日本却面临长达二十多年的经济衰退，其构想的"雁阵经济模型"领头雁地位也渐渐被中国所取代。因此，在政治、经济上失去优势的日本试图在军事上和中国一较高下。一方面借助"美日同盟"和美国的"重返亚太"战略遏制中国；另一方面突破"武器出口三原则"，通过进入国际市场提高军事水平，以军事技术交流为手段介入亚太国际格局，实现对中国战略制衡。

三　日本军事技术交流扩大化的影响

日本以"防卫装备转移三原则"为特征的军事技术交流扩大化，必将引起连锁的国内和国际影响。就日本国内而言，其影响主要表现在：

（一）日本军事科技的发展

日本军工企业长期受"装备出口三原则"的影响，无法参与跨国合作和国际竞争，造成其技术相对落后和经济效益低的状况。通过参与国际合作，日本可以获得最先进的军事技术，提高军工业的整体水平；而国际市场的打开可以促使企业生产规模化，降低成本、提高效益，最终实现效益与技术的良性互动，推动日本军事高科技的发展。

（二）日本军事实力的提高

受制于"防卫出口三原则"，日本国产装备价格极其高昂。而开拓国际市场后，日本将逐渐实现武器价格与国际接轨，提升国家军费的利用率，实现自卫队装备数量和质量的进一步提高。同时，开辟国际市场后，日本军工企业的产能将实现质的突破，应对特殊情况时可迅速扩大武器装备规模，在很大程度上提高了日本的整体军事水平。

（三）日本"修宪"进程的加快

日本修宪派是"正常国家"战略的始作俑者，也是"正常国家"战略的最大收益者。在通过"防卫装备转移三原则"当天，日本政府又抛出修宪新计划，表示"预计在5月内向安倍晋三提交关于修改宪法解释以集体自卫权的报告书。"由此可见，作为能够左右日本政坛的强大力量，日本修宪派将日本军工实力的提高和军事水平的进步作为政治资本，以加快推行其"修宪"计划。

同时，日本"防卫装备转移三原则"对于亚太局势乃至世界军贸市场都会产生影响，主要表现在以下方面。

（一）日本国际影响力的提高

海湾战争中，日本虽然承担了高达130亿美金的军费支出，"战争结束后，西方国家批评日本只出钱，不出人"，使日本在政治上陷入被动。而伴随着"海外派兵"和"武器出口"问题的突破，特别是"不向正在发生或者可能发生国际争端的当事国出售武器"原则的改变，使日本可以借助装备出口达成战略意图，实现既可出人又可出枪。

（二） 对国际军贸市场的冲击

虽然日本军工企业长期受制于狭小的国内市场，但是其在诸多尖端技术，如光纤技术、半导体、超导技术、智能机器人等领域均居世界领先地位，而在软件处理、雷达、通信网络管理、微电子和特殊材料等军事领域更是有着美国无法比肩的优势。曾有专家估计日本突破武器出口限制将引起国际军贸市场动荡，可能占领军用电子设备市场的40%、军用车辆市场的46%、航空航天市场的25%～30%和舰船市场的60%。

（三） 亚太关系的复杂化

由于历史的原因，亚太国家之间政治上缺乏互信，为大国博弈留下了很大的活动空间。早在"防卫装备转移三原则"通过之前，日本就利用ODA政策向东南亚国家输送武器装备。2012年，日本更是向处在黄岩岛冲突中的菲律宾出售12艘1000吨级巡逻艇，"借此制衡中国"。伴随着日本武器出口限制的打开，不排除其将来利用军事技术合作和军品贸易援助的方式加强与东南亚国家甚至台湾地区的军事往来，以此在战略上掣肘中国，实现对华的战略包围。

综上所述，军事技术交流在日本国家发展史上占据重要地位，既帮助日本实现由封建落后国家向军事强国的转变，也一定程度上造成了日本在军事领域的膨胀，沦为二战的战败国。当前，日本国内右翼势力影响力扩大，"正常国家化"趋势不断加强，突破"和平宪法"的限制已经成为安倍内阁的既定目标。在这种形势下，扩大军事技术交流成为日本提高国际影响力、突破国内制度限制和实现日本军事大国野心的重要途径，而能否以区域和平和发展为目标开展军事技术交流，也成为影响日本国家走向的重要因素。

后　记

　　国防科学技术大学国际关系学科始终着眼新形势下国防和军队建设需求，放眼世界发展大势，从科学技术的视角关注国家安全战略问题。"科学技术与国家安全"是本学科重点研究的领域之一，经过多年的教学和科研积累，"科学技术与国家安全"课程被纳入国防科学技术大学研究生一流课程体系重点建设项目。本书注重从科技发展的视角开展跨学科的战略问题研究，遵循科学技术的发展和国家安全的内在逻辑关系，主要论述重大科技进展与交流对国家安全的影响和战略选择，较充分地体现了学科经典理论与学科前沿进展的紧密结合。

　　在本书编著过程中，国防科学技术大学人文与社会科学学院曾华锋院长、蔡渭滨政委、梁晓波副院长和李东主任在百忙之中审读了初稿，提出了宝贵的修改意见。熊杏林副院长作为研究生一流课程体系的负责人，对本课程的建设和本书的编著提供了诸多的指导和帮助。同时，学院曾立总工、谢志光副政委、龙方成主任、张伟超教授、李湘黔教授、黄朝峰主任、曾献军协理员、李志远副主任、钟珊参谋、许华干事、林小捷秘书、贺洁玲秘书等为本书的编写和出版提供了大量的帮助。谨此，深致谢意！

　　本书由杜雁芸、刘杨钺主编，具体分工如下：第一章（刘杨钺）、第二章（杨华文）、第三章（刘杨钺）、第四章（徐能武、黄嘉）、第五章（杜雁芸）、第六章（马建光）。

　　"科学技术与国家安全"研究是一项颇具挑战性的工作，难度很大，难免存在偏颇或纰漏之处，敬请专家和同仁批评指正。在书稿写作和修改过程中，借鉴了国内外同行的相关研究成果，并参考了诸多文献，特表示感谢。如有疏漏而未列出之处，敬请谅解。

二〇一五年八月九日于人文与社会科学学院

杜雁芸

图书在版编目(CIP)数据

科学技术与国家安全/杜雁芸,刘杨钺主编. —北京:社会科学
文献出版社,2016.4
ISBN 978 - 7 - 5097 - 8909 - 4

Ⅰ.①科⋯　Ⅱ.①杜⋯　②刘⋯　Ⅲ.①科学技术 - 关系 - 国家
安全 - 研究　Ⅳ.①G301 ②D035

中国版本图书馆 CIP 数据核字(2016)第 056949 号

科学技术与国家安全

主　编/杜雁芸　刘杨钺

出 版 人/谢寿光
项目统筹/祝得彬
责任编辑/赵怀英

出　　版/社会科学文献出版社·当代世界出版分社(010)59367004
　　　　　地址:北京市北三环中路甲 29 号院华龙大厦　邮编:100029
　　　　　网址:www. ssap. com. cn
发　　行/市场营销中心(010)59367081　59367018
印　　装/三河市东方印刷有限公司

规　　格/开 本:787mm × 1092mm　1/16
　　　　　印 张:13.5　字 数:223 千字
版　　次/2016 年 4 月第 1 版　2016 年 4 月第 1 次印刷
书　　号/ISBN 978 - 7 - 5097 - 8909 - 4
定　　价/69.00 元

本书如有印装质量问题,请与读者服务中心(010 - 59367028)联系